LE MIRACLE ÉGYPTIEN

Dans la même collection

SCHWALLER DE LUBICZ R.A.
Le roi de la théocratie pharaonique
SCHWALLER DE LUBICZ Isha
Her-Bak, disciple de la sagesse égyptienne
Her-Bak, « Pois chiche », visage vivant de l'ancienne Égypte

R. A. SCHWALLER DE LUBICZ

LE MIRACLE ÉGYPTIEN

PRÉSENTÉ PAR ISHA SCHWALLER DE LUBICZ

ILLUSTRÉ PAR LUCIE LAMY

FLAMMARION

ISBN 2-08-081031-6
Printed in France.

PRÉSENTATION DE L'OUVRAGE

Le monumental ouvrage du *Temple de l'Homme* est le plus précieux témoignage de la Sagesse pharaonique légué par le philosophe R.A. Schwaller de Lubicz.

Sa Connaissance innée de la doctrine des Sages trouve sa confirmation dans la révélation de la science surhumaine exprimée par l'architecture, les textes et les proportions des monuments, dont le Temple initiatique de Louqsor lui offrit un modèle parfait.

Douze années d'études sur place et de fructueuses méditations furent consacrées à la découverte des multiples procédés, symboliques et techniques, par lesquels ces Maîtres « firent parler la pierre », pour léguer à leurs successeurs leurs connaissances théologiques, cosmogoniques et géodésiques, et la plus précieuse branche de leur « Science sacrée » : la Science de l'Homme, depuis sa vie terrestre dans la perpétuité de ses renouvellements Osiriens, jusqu'à sa régénération Horienne qui le réintègre dans le Monde divin.

L'opportunité de communiquer ces trésors aux nombreux chercheurs en quête de la Science sacrée, décida R.A. Schwaller de Lubicz à publier ses découvertes avec la documentation nécessaire pour les authentifier.

Mais il arrive que l'importance et le volume du *Temple de l'Homme,* ainsi que ses dissertations mathématiques et géométriques, effarouchent certains lecteurs intéressés surtout par l'enseignement initiatique, et par les moyens de parvenir à sa compréhension intuitive.

En somme, dans la majorité des cas, ces lecteurs désirent surtout un *chemin d'accès* pour aborder l'enseignement des Sages, dont ils voudraient *d'abord* s'assimiler les bases élémentaires.

Pour répondre à ce désir, nous avons extrait du *Temple de l'Homme* les chapitres contenant la philosophie essentielle de cet ouvrage, mais dépouillés des aridités arithmétiques, géométriques et techniques nécessitées par les révélations extraordinaires des Connaissances pharaoniques.

Ces chapitres constituent la Deuxième partie de notre ouvrage.

De plus, nous avons constitué la Première partie avec des textes *inédits* de R.A. Schwaller de Lubicz où le Maître prépare ses lecteurs à la compréhension de la Haute Science Egyptienne et Pythagoricienne, en leur enseignant les éléments préliminaires indispensables, tels que : la signification ésotérique des Nombres, la clé du langage symbolique, et le mode de pensée nécessaire à l'acquisition de l' « Entendement » intuitif.

L'effort du Maître, pour rendre cet enseignement assimilable par les lecteurs les moins avertis, donne à ces textes le charme émouvant d'un enseignement oral, où le Maître s'identifie aux difficultés des élèves, et leur apprend à s'orienter dans la mentalité nécessaire à la pénétration de la Science des Sages (1).

ISHA SCHWALLER DE LUBICZ.

(1) Les sujets des illustrations étant pour la plupart assez rares nous croyons utile de donner en appendice quelques explications les concernant.

PRÉFACE

En 1958, M. Schwaller de Lubicz publiait l'essentiel de ses travaux sur la pensée philosophique et mathématique pharaonique en même temps que le résultat de ses recherches sur le temple de Louqsor.

Si les résultats de ses recherches sur les mathématiques pharaoniques confirmaient et dépassaient ce que nous savions déjà par les travaux de ses prédécesseurs, il semble que la collaboration spontanée de sa fille, Lucie Lamy, lui ait permis de nous donner sur cette pensée mathématique des précisions qui nous étonnent d'autant plus que dans un ouvrage récent, *L'Aventure de la Pensée occidentale* de Bertrand Russel, nous pouvons lire dans les premières pages : « *La philosophie commence quand quelqu'un pose une question d'ordre général, la science aussi — les premiers hommes à manifester ce genre de curiosité furent les Grecs. La philosophie et la science telles que nous les connaissons maintenant sont des inventions grecques.* »

Il est facile en vérité d'oublier que Moïse et Pythagore entre autres reçurent toute leur culture du temple égyptien, mais il m'apparaît beaucoup plus difficile de le nier formellement.

Schwaller de Lubicz rétablit la vérité ou tout au moins une partie de la vérité dans une série de publications et notamment dans son *Temple de l'Homme* qui est à mon avis la meilleure étude exhaustive qui ait été faite sur le Temple de Louqsor.

La lecture de cet ouvrage arrêtera malheureusement beaucoup de lecteurs car il devient de plus en plus difficile de rencontrer à notre époque l' « honnête homme du XVIIe siècle », c'est-à-dire l'homme ayant des connaissances suffisamment vastes pour pouvoir être un philosophe vrai.

Déjà dans le n° 358 des *Cahiers du Sud*, M. Arpag Mekhitarian traduit ainsi son impression première : « C'est lorsque j'ai entrepris d'analyser le livre de M. de Lubicz que j'ai réalisé à quel point la tâche était pleine d'embûches. S'il est vrai que beaucoup de chapitres sont accessibles à de simples archéologues, bien d'autres nécessitent une érudition mathématique qui est l'apanage d'une élite. Ils nécessitent aussi un bouleversement dans les méthodes de travail et d'approche des questions touchant l'Egypte antique. Pour suivre et s'imprégner de l'exposé de l'auteur, il faut, en d'autres termes, changer de mentalité, se faire « Egyptien », contempler les choses et les sentir davantage par l'intuition, l'intelligence du cœur, que les étudier selon le système préconisé par le rationalisme grec. M. de Lubicz s'est imposé cette discipline et a réussi à vivre plusieurs années en communion d'idées avec les maîtres de la pensée pharaonique... »

Il m'est apparu personnellement qu'il était impossible de séparer les travaux mathématiques des travaux philosophiques car cette œuvre forme un tout dont on ne saurait distraire la moindre parcelle.

Dans un ouvrage sur la symbolique de l'écriture pharaonique, M. et Mme Schwaller de Lubicz ont attiré l'attention sur l'hermétisme de certains textes pharaoniques en traduction littérale alors que ces textes s'éclairent d'une façon brillante si nous admettons leur traduction symbolique. Dans cet ouvrage le sens exact attribué au mot symbole est exprimé d'une façon précise.

En bref le mot symbole ne s'applique pas dans le sens coutumier que l'on accorde à ce mot, en effet la lettre pour nous est un symbole qui représente un son, une image ; pour le Chinois le mot est un idéogramme, pour l'Egyptien de la grande époque, le symbole est l'expression graphique d'une fonction vitale.

L'ouvrage actuel, en partie posthume, apporte au lecteur (curieux non seulement d'égyptologie mais encore de philosophie mathématique), une véritable clé car il comprend une série de définitions faciles permettant de donner, au langage philosophique et un peu hermétique de l'auteur, une traduction compréhensible pour tous.

Si j'ai l'honneur de présenter cet ouvrage, c'est que je crois avoir saisi l'essentiel de la pensée de Schwaller de Lubicz et que j'ai pris un plaisir infini à me plonger longuement dans la lecture de son œuvre.

Il serait trop long et sans doute superflu de pousser plus loin cette étude critique, chaque lecteur pourra à sa guise réfléchir et méditer, et j'espère que cette présentation — trop courte à mon gré — suffira à aiguiser la curiosité de ceux qui voudront bien nous lire, et j'aurai ainsi accompli mon devoir envers un homme que j'aimais beaucoup et qui a largement contribué à ma formation générale.

DOCTEUR J. RICORD.

PREMIERE PARTIE

LIMINAIRE

TOUR DE CONFUSION

En ce temps, plus qu'en aucun autre temps de l'histoire connue, je vois les hommes, fous d'orgueil, construire leur Tour de Babel.

Dans la confusion des langues et de l'entendement ils bâtissent avec des matériaux ravis à grand-peine à l'écorce terrestre. Avec le fer et le ciment et les produits d'une chimie destructive pour matériau, ils échafaudent et lient, en se servant comme mortier de théories mathématiques plus folles les unes que les autres, et ils poursuivent leur rêve enfantin de construire un monde qui va de leur Terre mortelle au ciel de la maîtrise de la vie et des formes.

Mais, à l'instar allégorique de la Tour de Babel de la Bible, il leur manque la pierre angulaire qui est la pyramide contenant le monde.

L'absence de cette assise fera s'écrouler l'édifice le mieux conçu et nous verrons bientôt les peuples dispersés, indisciplinés, s'entredévorer en un chaos effrayant.

ŒUVRE AVEC AMOUR

De nos jour, l'ouvrier ne « sent » et ne comprend plus le bois, le cuir, le métal... son œuvre est inanimée, elle ne peut émaner ni rayonner aucune vie, n'en ayant pas reçu. On doit alors avoir recours à des analyses, à des études statistiques des qualités du matériel livré à l'automatisme de la machine, car on a tendu un voile entre l'homme et la chose. Or la chose subsiste, mais l'être vivant conscient perd sa vie en étouffant sa conscience.

Observons les phases de l'histoire : les époques les plus fructueuses, les plus géniales et les plus « vivantes » ont toujours vu un artisanat florissant. On ne pourra rénover la conscience des peuples que par l'artisanat et non par des doctrines. La civilisation mécanisée est l'agonie d'un monde.

Ce vase est grandement beau, hâte-toi sur lui !

Bas-relief sculpté sur la paroi Est de la chambre A3 de la tombe de *Mer-r-ou-Ka*, VIe dynastie, Saqqarah.
Le très intéressant problème de la taille des vases en pierre dure n'a pas encore trouvé de solution satisfaisante. L'évidement des vases allongés reste un mystère que les figurations n'expliquent pas.

CHAPITRE PREMIER

SOMMAIRE DES NOTIONS NÉCESSAIRES A L'ÉTUDIANT DU TEMPLE

Pour transcrire leur pensée, les Anciens Egyptiens se sont servis d'images qui, par leur aspect concret, évoquent des notions abstraites. Dans nos langues à alphabet conventionnel, les mots fixant définitivement les notions évoquent l'idée abstraite de leur fonction, et invitent, au contraire, à concrétiser l'idée exprimée.

La Qualité est abstraction, mais tout se définit par la Qualité qui résulte de comparaisons quantitatives.

La notion est fixation, la Vie est mobilité.

Le sens de l'écriture hiéroglyphique (imagée) ne peut se transcrire en langue à notions fixées que sous forme parabolique.

Chaque hiéroglyphe peut avoir un sens convenu, arrêté, pour l'usage courant, mais il comprend : 1° toutes les notions qui s'y rattachent ; 2° la possibilité d'une intelligence personnelle. Ceci fait le caractère cabalistique des hiéroglyphes et exige dans l'écriture le déterminatif, et, pour les figures, un court texte explicatif pour guider la pensée. Images et figures font partie de l'écriture.

La Kabbale hébraïque — devenue plus tard prototype des doctrines ésotériques, traduisibles en plusieurs sens — s'appuyait, pour déchiffrer les secrets des livres de Moïse, sur la valeur numérique et sur le symbole conventionnel des lettres.

On peut appliquer, par extension, le terme « écriture cabalistique » aux systèmes hiéroglyphiques antérieurs. L'écriture hiéroglyphique a, sur l'hébraïque, l'avantage d'utiliser des images indiquant sans déviations arbitraires, les qualités et fonctions inhérentes à chaque signe.

L'écriture cabalistique maintient le secret, mais en offre une clé en mettant l'accent sur l'idée principale, inexprimable par des notions fixées. Elle se sert toujours d'une forme de transcription à plusieurs sens, *accrochant* la pensée par un fait ordinaire (par ex. : un site géographique, un fait historique, une fonction, un geste de métier, même une forme théologique commune, un mythe). Le sens ésotérique étant intranscriptible, la forme exotérique doit guider « l'intuition ».

Alors les mêmes vérités pourront être traduites par diverses écritures cabalistiques.

Exemple : la division de l'Unité, ou Dualisation, se retrouve toujours et partout dans l'histoire de la Nature, c'est-à-dire dans le monde manifesté. Le principe originel de cette division deviendra le sujet d'enseignements religieux diversement exprimés.

Ce que les paroles « fixées » de la Genèse ne peuvent dire, la Kabbale l'évoquera plus tard ; ailleurs, divers mythes le situeront.

Quant à la cabale phonétique, elle sera toujours « jeux de mots ».

La Sagesse est à l'origine de toutes ces expressions. Cependant la forme hiéroglyphique de transcription de la pensée est plus directement véridique et elle peut être plus facilement préservée de l'abus.

***

La pensée pharaonique choisit toujours pour les images et signes des réalités naturelles, quitte à les combiner et faire d'une figure un rébus complexe. Chaque partie analysée a un sens naturel, non conventionnel.

Le symbolisme pharaonique est naturel, jamais conventionnel, donc vivant.

Pour comprendre les sens d'un hiéroglyphe, il faut chercher les qualités et les fonctions de la chose représentée ; si un signe est composé, il faut faire la synthèse de ses parties dans leur sens vivant.

Ceci suppose une exactitude absolue dans la figuration et exclut la possibilité de laisser subsister toute malformation, toute négligence ; à noter également que la symétrie est un des modes d'expression, mais n'a pas de but esthétique.

Ainsi les hiéroglyphes ne sont pas, au réel, des métaphores. Ils expriment directement ce qu'ils veulent dire, mais le sens reste aussi profond, aussi complexe que pourrait l'être l'enseignement d'un objet (chaise, fleur, vautour), si l'on concevait tous les sens qui s'y rattachent. Mais par routine et par paresse, nous évitons cette pensée analogique, et désignons l'objet par un mot qui n'exprime pour nous qu'une seule notion figée.

⁂

La mentalité pharaonique est basée sur le fait que tout phénomène est un effet réactif.

La Cause est absorbée par une résistance de sa nature et donne un effet par réaction de cette résistance.

Jamais une cause ne produit un effet direct puisqu'elle reste abstraction tant que la résistance manque. Cette incompréhension est la base de l'erreur dans la mentalité occidentale.

Action contre résistance est d'abord une complémentation. C'est la réaction qui sera ensuite le phénomène (effet) de cette cause. Toute complémentation est négation ou Mort. La réaction est Vie. Pour cela la mentalité pharaonique « croise » toutes les notions. Le premier croisement est Mort : la cause absorbée. Le deuxième croisement, le phénomène vital, est la Vie. (Voir croisement des mains et sceptres sur les momies.)

Exemple : le geste de l'offrande. « Qui peut donner sinon celui qui possède ce qui manque à l'autre ? » Ceci est la forme de la pensée occidentale.

L'Egypte pharaonique dira : « Dieu a tout » ; et l'effet réactif sera : celui qui offre symbolise le caractère vivant *de ce qu'est* celui qui reçoit. Il ne lui *donne* rien. Ainsi le croyant offre sa vie à Dieu : Dieu est sa Vie. Le soldat offre sa vie à la

Patrie : la Patrie est sa Vie. L'offrande se fait toujours à plus puissant que soi : donc on ne peut qu'évoquer ce qu'il peut donner.

Marchandage est laissé à fausse charité.

***

Ce qui naît est destiné à mourir. Ne peut donc vivre éternellement que ce qui résulte de la mort par mode réactif. L'Ame, qui fait la Vie, est transmise dans la nature à ce qui est né, et elle l'anime transitoirement. Alors seulement, lorsque tout ce qui est mortel est détruit, l'Ame peut être libérée (1).

Le peuple pharaonique ne croit qu'à l'Ame, seule vie immortelle, cause que ne peut pas résorber une résistance, donc cessation de la Dualité.

Le reste, *toute la Nature,* n'est que symbole, c'est-à-dire les phases de la chute et de la libération.

A travers la Nature, Dieu révèle ses Qualités. Ces Qualités sont les symboles naturels ; par conséquent le symbole vivant de la nature est divin. Il sera respecté toujours et partout, même quand il est destiné à ne jamais être vu.

Ceci est la Magie saine, Magie des Analogues.

Pour ces raisons l'Egypte pharaonique ne s'embarrasse jamais de soucis esthétiques. Elle reste dans la Vérité par son symbolisme. Dans son architecture, il y a d'abord le but (la destination) et tout s'y adaptera « magiquement », y compris le Nombre et son Harmonie.

De ce fait la Vérité sera Beauté.

(1) Ainsi la mort est libération de l'âme dans ses divers aspects :

1° de l'âme animique portée par le sang ;

2° de l'âme psychique comportant les divers degrés de la conscience innée, puis acquise ;

3° de l'âme divine immortelle qui s'incarne dans l'être humain, et qui peut la quitter (l'abandonner).

Chacun de ces aspects, libéré par la mort, demeure dans le « monde », c'est-à-dire *l'état d'être*, dont il est tributaire :

monde animique (encore attaché à la Terre) ;
monde astral, ou éthérique ;
monde spirituel (en l'un de ses divers états).

Voir : « La Conscience humaine et les deux aspects de l'âme divine » (chap. VI et chap. X), *La lumière du chemin* (Isha Schwaller de LUBICZ), Éd. La Colombe.

⁂

L'inscription de la pensée pharaonique ne veut pas être lue logiquement comme nos écritures. Elle veut être interprétée.

L'Egyptologie sera exégèse, ou bien elle manquera son but et restera insignifiante.

Dans la pensée pharaonique l'Homme est l'Anthropocosme, un Tout. Delphes a repris la formule. L'Evangile dit : « Ecce Homo », voyez Dieu manifesté.

Pour interpréter une écriture, il faut connaître la signification des caractères. L'Occident, fourvoyé par la pensée grecque, toute d'apparence, doit apprendre de nouveau la signification du « symbole naturel ». Celui-ci ne trompe pas.

L'Egyptologie peut être un métier de fossoyeurs et de détrousseurs de tombes, ou bien la plus merveilleuse source de savoir d'un monde à venir. Cela dépendra du courage des jeunes (1).

LES BASES

La leçon immédiatement intéressante pour nous de l'étude générale de la Pensée pharaonique peut se résumer ainsi :

1° La foi en une Origine insituable en temps et espace.

Ceci est la Réalité absolument, parce que non préhensible pour notre intelligence. Cela ne peut pas être regardé comme un Mystère. C'est le Moment Présent éternel, l'Unité insécable.

2° La source irrationnelle subit une polarisation par un acte interne se manifestant alors en substance spirituelle, qui paraît comme Energie dont est constitué l'Univers.

Ceci est le *Mystère* du dédoublement, constituant avec l'Origine irrationnelle le ternaire mystique.

(1) Extrait d'une étude inédite sur la pensée pharaonique.

3° Le phénomène Univers dans tous ses aspects est fait de cette Substance Energie, à divers degrés de sa polarité positive (Nord) allant vers sa polarité négative (Sud). Ce devenir se fait par alternance, une oscillation positive-négative, et négative-positive. Le point d'équilibre ne peut donc être que le retour à la Source non polarisée, l'insituable Moment Présent.

4° L'Univers n'est ainsi qu'*une lutte pour la recherche de la prédominance de chaque polarité,* l'une provoquant l'autre, mais la négative ne pouvant prédominer (c'est-à-dire donner le phénomène), qu'à condition de devenir, par réactivité, de la nature de la positive : l'inertie active ; donc l'annihilation (mort) est alors dépassée par la nouvelle polarisation, nouveau (second) Mystère : celui du retournement. Ce double jeu continue jusqu'à résorption de tout résidu négatif en le Moment Présent.

5° La Cause, le premier Mystère, ne peut avoir qu'un seul but : le second Mystère, puis l'équilibre final en le Moment Présent. Celui-ci peut être atteint par l'activation intégrale du négatif quel qu'en soit le moyen : naturel, inconscient ou artificiel, ou conscient. (« Conscience » se rapporte ici à la Conscience psychologique.)

6° Tout dans l'Univers se maintient (se reproduit) par la polarisation, à l'image du Mystère de la polarisation primitive ; et l'alternance des polarités fait l'existence (la Vie apparente), la croissance, la maturité et le vieillissement.

7° La proportionnalité fait la forme ou variété qui anime et donne un nom à l'être (le spécifie). Il y a douze formes essentielles, dont cinq doubles et deux simples.

8° Le devenir jusqu'au mystère du retournement (c'est-à-dire lorsque l'inertie négative, à son tour, se scinde pour être réactivité positive), ce devenir fait la Genèse. Elle est unique et semblable au tout dans les parties.

***

Les termes Positif et Négatif sont des *notions générales* qui prennent différents noms suivant les catégories auxquelles elles s'appliquent :

en Métaphysique : Esprit — Corps,
en Théologie : Verbe — Chair,
en Biologie : Vie — Mort,
en Physique : Haut — Bas ; Fluide — Dense,
en Chimie : Volatil — Fixe,
en Ethique : Bien — Mal,
en Esthétique : Beau — Laid.

CHAPITRE II

LA MAISON DE VIE

L'intérêt pour la traditionnelle Gnose, éveillé par le désarroi spirituel de notre temps, est l'illustration même de l'état d'esprit de l'époque où fleurissait le « gnosticisme ». Il n'est qu'une seule différence : notre désarroi est la conséquence d'une fausse voie de la recherche, la voie suivie par le rationalisme, tandis qu'à la fin de l'Empire pharaonique, proche de la naissance du christianisme, c'est la fermeture du Temple de l'éternelle Sagesse qui laissa sans guide l'homme avide de Connaissance.

Les sectes gnostiques ont existé jusqu'après l'apparition de la doctrine chrétienne ; et ceci peut surprendre, car les Evangiles, dans leur forme historique mais néanmoins cabalistique, devaient apporter une base solide pour ce qu'est la Gnose. Mais nous jugeons cet état de choses à travers notre matériel d'écrits chrétiens, tandis que l'époque du gnosticisme fut aussi précisément celle des épîtres et discours des Apôtres et des grands défenseurs de la doctrine chrétienne. Nous disposons aujourd'hui non seulement de ces textes et des Evangiles, mais encore des raisonnements et « philosophies » des Pères de l'Eglise. Quant aux premiers gnostiques de Cyrénaïque, d'Egypte et de Palestine, ils n'avaient à leur disposition qu'une tradition pharaonique fondée sur un enseignement dont l'aspect ésotérique était soigneusement gardé dans la « Maison de Vie », que nous appelons aujourd'hui le Temple.

La « Maison de Vie » : comment mieux et plus simplement appeler cette enceinte où l'on préparait

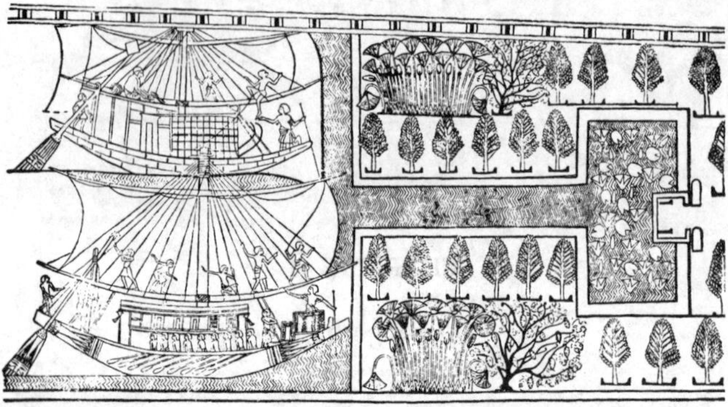

Fig. 1. — « LA MAISON DE VIE ». *Deux bateaux à voile s'apprêtent à pénétrer dans le canal conduisant au quai précédant le grand Temple de Karnak, entouré de jardins.*

les disciples à entendre le sens ésotérique des écrits et figurations hiéroglyphiques ? Cet ésotérisme est la gnose que par raisonnement, mais aussi — comme chez Zosime — par tradition, on essaie de formuler. Or la Gnose (que nous appelons la Connaissance dans l'acception de « secret du Devenir ») ne se formule pas, elle se réalise : il s'agit évidemment d'une *Œuvre* et non d'une dialectique philosophique, mais une œuvre dont les phases de réalisation révèlent également la composition subtile de l'Homme, les phases du devenir humain et *surhumain*. On peut alors dire que la Sagesse enseignée par la Maison de Vie est une démonstration effective de ce que transmettent les théogonies, les théologies, les textes parlant de ce qui fait la matière et ses formes, et de ce qui anime ces formes, constituant alors, dans leur expression irréductible, l'Esprit, l'Ame et le Corps. Bien entendu, chacun de ses éléments du ternaire originel devient complexe dans la créature, parce que l'Un, qui est le « Haut », en se divisant donne un Diviseur, qui est le « Bas », lequel augmente de plus en plus en grandeur, tandis que la fraction de l'Unité, c'est-à-dire son intensité, diminue de plus en plus. Ceci est une image qui rend sensible les effets relatifs des fractions entre elles, ces effets ou « fractions » de l'Unité, constituant les phénomènes qui font notre

Fig. 2. — *Introduction par le prêtre au crâne rasé au sanctuaire d'*Amon *de Karnak, en franchissant les portes des pylônes ornés de mâts.*

Univers. Alors ce qui est, en l'Essence, simple, devient complexe et incite à la recherche pour laquelle l'erreur consiste, précisément, *à partir du complexe, au lieu d'admettre ce que la Sagesse montre comme simple.* C'est le chemin dialectique du raisonnement des philosophes grecs qui, depuis la fermeture de la Maison de Vie, reniant les données simples de l'initiation pharaonique, a fourvoyé ce monde de chercheurs formant l'époque du « gnosticisme », ce qui ne renie pas l'existence de quelques rares vrais gnostiques illuminés par l'Esprit saint qui animait le Temple.

L'enseignement secret des Sages égyptiens était, en vérité, une *révélation.*

Or ce qui est révélé ne peut pas être trouvé par raisonnement, parce que la Révélation est ici à entendre comme une vision subite, irréfléchie (une évidence), d'une irrationalité *démontrée* par son activité. Par exemple le phénomène « Vie » est sensible ; nous le constatons partout ; mais le mystère qui fait cette vie — par exemple dans la semence germant en terre — cette impulsion vers la vie (grâce évidemment à un *concours de circonstances*), ce moment qui est hors du temps, ne peut pas être appréhendé par les sens et ne peut pas non plus être raisonné. Il y a, et il y aura toujours, un élément irrationnel à la source du phénomène « Vie ». Ce moment, on l'appelle en théologie, pour la genèse fœtale humaine, l'instant de l'*animation*, situé autour du quarantième jour après la fécondation de l'ovule ainsi que l'atteste l'Eglise catholique romaine pour laquelle l'avortement n'est criminel qu'après ce temps. Ce nombre de quarante jours figure également dans la tradition hermétique qui, elle, n'a rien de commun avec les effets physiologiques mensuels de la femme. Le biologiste dira que c'est entre la cinquième et la sixième semaines que l'embryon se rattache à la mère (formation du placenta) qui va nourrir la cellule, vivante mais pas encore organisée, avec son sang artériel. Alors l'être informe va pouvoir s' « organiser », assimiler et croître, et vivre d'une vie propre dans le sein maternel. Le biologiste explique le fait purement matériel, en quelque sorte mécanique, du phénomène ; il n'explique pas l'apparition de l'être. Pourtant le fait prouve l'existence d'une intervention : ce fameux *concours de circonstances* ; il y a donc un instant connaissable — sinon explicable — et la connaissance de la nature de ce moment ouvre, logiquement, la porte à l'ultime réponse aux questions de la science humaine. Aucun raisonnement ne peut *révéler* cette irrationalité, on se heurtera toujours, comme en mathématiques, à un infini. Or, là comme ici, on a beau se leurrer avec des points mathématiques et des quantités différentielles nulles, il faut toujours, pour le raisonnement, arriver à situer ces quantités en temps et espace.

Ce secret, Bouddha, Moïse et les Apôtres des Evangiles, l'ont connu ; ces derniers l'ont appelé Christ, *chrestos*, l'onction divine, qui est la vie, la Révélation, et c'était également (d'après tout ce qu'elle nous a laissé par les textes et figurations parlantes) la Connaissance essentielle de la Maison de Vie.

Les gnostiques et autres philosophes ont eu beau chercher à travers tous les raisonnements : seule la Révélation, la descente du Saint-Esprit sur l'individu préparé, pouvait — et peut toujours — apporter cette subite lumière. Or cet homme privilégié, illuminé, n'est pas encore pour cela un Sage, parce que sans la préparation, sans l'éveil de l'*intelligence mystique,* c'est-à-dire du *cœur,* le fait révélé ne sera encore pour lui qu'une *chose,* un phénomène qu'il saura produire comme n'importe quel acte matériel (1).

Cette absence de l'Intelligence du Cœur le conduira alors plus sûrement vers l'annihilation, vers l'éclipse de toute vision spirituelle et survie supérieure, que l'athée, lequel n'aura pas péché contre le Verbe divin, tandis que rester sourd à l'appel vers le plus Haut *quand on a reçu le don d'entendre,* c'est un crime ; c'est en ce cas, le vrai crime impardonnable. L'histoire de la Kabbale juive offre des exemples de cette chute.

Si nous comprenons bien ces faits, la *Maison de Vie* prend un caractère sacré qui nous remplit d'un respect infini ; mais quel redoutable privilège que d'y être admis. Car c'est affronter la Vie ou la Mort spirituelles, et ceci pour toujours, sans autre solution possible (2).

MEDITATION DEVANT LE TEMPLE

Parlant du Temple, on évoque généralement une maison construite par l'homme.

Sous le ciel immense, une bien petite maison. Mais pour l'homme devant lui-même, Ego, le lieu de sa présence est le centre de son monde. Or, il y a ce que l'homme regarde et ce qui en lui est regardé. Ce qu'il voit hors de lui est partiel, ce qui en lui voit est tout.

Ce que l'homme met de lui-même en ses œuvres est tout pour lui, l'œuvre par elle-même est peu de chose.

L'Homme a cherché en lui-même sa raison d'être, puis la cause de son être et, à sa mesure, il a supposé un ordre pour le devenir du tout. A sa mesure. Ne trouvant pas de Cause initiale tangible et définissable il l'appelle Dieu. Ceci étant sorti

(1) Et ceci est l'histoire dramatique de la déviation de notre science atomiste, dans son comportement vis-à-vis de l'Énergie cosmique.
(2) Texte inédit.

de lui-même, fait à son image, il bâtit une maison à son Dieu, car il est bien difficile de prier sous la voûte du ciel étoilé.

Cette maison est toujours le symbole de l'homme qui l'a bâtie. C'est la maison d'un Dieu. Ce n'est pas le Temple. Celui-ci n'est pas à l'image de l'homme qui l'a construit, mais à l'image de l'Homme cosmique en l'homme terrestre et que le Temple explique.

Œuvrer, c'est concrétiser, rendre sensoriellement préhensible ce que l'esprit conçoit.

Ceci est Naissance et de ce fait sera également mort.

Il y a quelque chose d'effrayant dans le fait d'œuvrer. Ici la Kabbale nous parle de l'Ange infidèle qui tombe en terre, le *Ptah* de Memphis. Pourtant l'homme mortel met toute sa joie, toute sa gloire dans le fait d'œuvrer. Ce sera le Grand Œuvre si le but est de reconnaître la Cause de la chute, ce sera la fixation en terre, la damnation, si le but est limité au maintien de l'Œuvre sur Terre.

Le choix de ce but est pour chacun aussi tragique qu'il l'est pour l'Archange, le choix entre « le Même et l'Autre ».

C'est dans un désert que nous nous interrogeons ; mais lorsqu'en nous interrogeant nous opposons nous-mêmes à l'Univers, alors ce désert devient le parvis devant et hors du Temple et celui-ci nous apparaît en obstacle. La dialectique entre le Moi et l'En-soi est le mur de clôture qui sépare le paradis unitaire de l'Univers œuvré.

Cette clôture est répulsive, infranchissable pour ce qui n'est pas définitivement complémenté. C'est pourquoi l'Archange au glaive de Feu se tient à la porte de l'Est et non à celle du Midi. Il est ce qui *sépare les opposés,* les pôles, les inverses, les compléments, la nuit du jour des apparences, Adam et Eve.

Le choix ouvre ou ferme la porte du Temple, là où la Lumière sans ombre révèle la cause du monde binaire, œuvre des antinomies.

Celui qui pourra franchir la porte reconnaîtra que ce qui en lui est matériel, féminin, passif et aquatique est la Lune, et ce qui en lui est actif, chaud, ardent et sans forme est le Soleil. Il saura que dans le monde de la Dualité, il projetait dans le Ciel cette lune et ce soleil ; il oubliait qu'ils étaient en lui, pour ne plus les voir que hors de lui. C'est le lieu — ou « moments » — que l'on appelle le « renversement des lumières », quand l'intelligence vient dans le cœur.

Cette entrée du Temple est également l'endroit où le néophyte doit rencontrer le Prêtre, c'est-à-dire le Vieillard, aussi appelé le Sage. Si la grâce a illuminé le disciple, ce Sage sera en lui et lui parlera, sinon il devra chercher hors de lui parce qu'il est bien difficile de se conduire seul à travers le dédale du Temple (1).

DONNER LA MAISON A SON MAITRE

Donner la maison à son Maître ? Qui donc peut donner quoi que ce soit à son Maître ? Sûrement ni son fils ni son disciple, et, quand le Maître est celui de toutes choses, le plus « connaissant » des Sages n'est encore qu'un disciple.

Cette parole ne peut donc avoir qu'une seule intention qui est de rendre la « Maison » (Temple ou corps humain) propice à la venue du Maître qui viendra l'animer.

Si l'homme n'avait pas été formé à l'image de Dieu, le souffle divin n'aurait jamais pu l'animer, afin d'en prendre possession comme de sa maison provisoire sur Terre.

Deux conditions alors s'imposent : d'abord il faut que la « Maison » soit dans toutes ses parties, en harmonie générale, c'est-à-dire à l'image du Maître, et en harmonie avec le moment de l'animation ; ensuite, il faut rendre possible celle-ci, donc savoir accomplir la prière, l'appel, c'est-à-dire savoir faire l'offrande, qui va donner vie à l'œuvre humaine.

Donner la maison à son Maître signifie, nécessairement, obtenir l'animation par le souffle de vie en une chose qui est à l'image d'un « instant »

(1) Texte inédit.

de l'Etre, mesuré, c'est-à-dire situé dans le cycle du devenir des choses possibles.

L'œuvre ainsi animée le sera *pour l'éternité* parce que, malgré la destruction de l'ensemble de l'édifice, chacune des particules matérielles gardera cette vie reçue, jusqu'à son re-évanouissement en l'origine du souffle.

L'animation est un fait indépendant de l'œuvre humaine offerte au Maître pour être son habitacle.

Le symbole « donner la maison à son Maître » évoque en réalité l'œuvre de préparation, en connaissance de cause, du milieu et des circonstances qui permettront au Maître de venir l'animer. Or cette animation, étant alors un pacte signé pour toujours entre le Verbe animateur et la chose animée, devient aussi la promesse d'une résurrection.

Le corps mortel animé du souffle immortel, devient le Temple.

La première condition générale à laquelle doit obéir l'édification de l'œuvre qui veut un jour être animée, est l'observance des affinités naturelles.

La deuxième condition générale est l'observance des coïncidences des gestes avec les temps universels.

L'œuvre humaine doit être symbole évocateur véridique, c'est-à-dire que la nature du matériau, l'assemblage des parties et toutes les inscriptions (qui sont les caractéristiques fonctionnelles personnelles) doivent évoquer un moment de l'harmonie cosmique. Cette œuvre ne sera alors vitalement possible que si elle est fondée à l'heure où les coïncidences astronomiques sont conformes à cette image, et la continuité de l'exécution conforme à l'évolution de cette conjonction première. Sinon il y aura avortement ou œuvre vide d'animation.

Le Temple est ainsi la plus haute œuvre qu'il soit donné à l'homme de réaliser, en lui-même et par lui-même.

Les conditions imposées exigent donc du Maître d'œuvre, qu'il s'agisse de sa propre œuvre intime ou de l'ambiance qu'il veut créer hors de lui-même, une conscience précise, réelle et non imaginaire, de l'universalité des natures et des gestes. Ici nous abordons un état d'être devenu étranger à l'homme occidental de formation rationaliste. A un concept logique rationnel doit se substituer un concept intuitif de l'identité de l' « Organisme Cosmique » avec son organisme humain, dans ses fonctions et ses proportions.

La proportionnalité n'est plus liée à une quantité définie, elle est générale ; la fonction n'est plus particulière, c'est-à-dire liée à l'individu, elle est universelle. Ce qui fait le rapport proportionnel dans la prolifération des cellules vivantes s'identifie avec la genèse d'une nébuleuse dans le ciel ; ce qui fait l'affinité de deux molécules chimiques s'identifie à la gravitation universelle.

Savoir faire le geste juste, dans le milieu juste, au moment cosmiquement juste : ceci est la Magie sacrée. La conséquence du geste n'est alors subordonnée ni au temps ni à l'espace ; les effets qu'il a causés se manifesteront partout et en tout ce qui est harmoniquement apparenté à la cause.

Souvent nous sommes ainsi inconsciemment des magiciens. La Sagesse consiste à savoir l'être consciemment.

Mais ne faudrait-il pas l'ubiquité et l'omniscience pour être ce Sage ? Dans ce cas il serait Créateur ! Mais c'est la Sagesse elle-même qui, à travers la symbolique, dit que le Sage ne peut être que le singe du Créateur.

Dans l'œuvre naturelle, qu'il s'agisse de la fécondation végétale ou animale, c'est le moment propice de l'implantation de la semence qui importe. Ce moment commandera la génération du fruit que l'on attend. Ensuite, livrée à elle-même, sans aucune intervention artificielle, la génération du fruit se fera parallèlement avec la marche naturelle des influences cosmiques.

Cette condition est valable également pour l'œuvre intime de l'homme et pour l'œuvre externe qu'il entreprend.

Pour cela il n'est qu'un seul guide : l'analogie et la signature. Ceci a incité à établir les « tables analogiques », tels le zodiaque et les rapports planétaires avec les métaux puis avec les parties du corps humain, les types végétaux et animaux. Il ne s'agit pas de fantaisie, ni même seulement du résultat de longues observations des coïncidences : il existe une science fondée sur les Nombres qui révèle les raisons de ces coïncidences (1).

Cette mentalité ne se soucie plus, pour commencer, de la particularité du geste, c'est l'analogie qui va être guide. Ici une confusion peut se produire : l'analogue n'est pas le symbole, c'est le geste qui sera le symbole *évocateur* de l'analogue, il appelle celui-ci. Ceci est la directive pour les mille formes de la sorcellerie sympathique sur laquelle on pourrait écrire un grand livre, mais qui est aussi la clé pour la Magie sacrée. Celle-ci pourtant exige plus qu'une simple considération des analogues.

La Magie sacrée demande, en plus de la connaissance des analogues, de savoir faire le geste juste, dans l'ambiance conforme et au moment cosmiquement coïncidant.

Qui ne sait pas tenir compte de cela œuvre en vain.

Il est bien entendu qu'il faut entendre par Magie le phénomène exactement conforme à sa cause et généré naturellement : c'est-à-dire que l'impulsion est le seul geste dépendant d'une volonté ; la conséquence, c'est-à-dire la genèse de l'effet, étant laissée à la Nature. Ainsi n'importe quel ensemencement est en quelque sorte « magique », mais il ne le sera réellement que s'il est accompli dans les conditions précises signalées et en prévision exacte du fruit désiré. Le jardinier peut semer n'importe quand, il aura un résultat plus ou moins parfait. Ce n'est pas de la Magie, même s'il sait à quel moment il doit semer pour avoir un fruit parfait.

L'effet magique n'est pas soumis au temps, il est *impliqué* en le geste causal. Il ne s'agit pas d'un « devenir », mais d'un état d'être. Par exemple si l'on frappe une corde de la harpe, toutes les autres cordes vibreront en réponse harmonique. Mais si ces autres cordes n'existent pas, toutes les harmoniques seront immanentes au son frappé.

Ainsi le phénomène magique est instantané, il est *virtuel* ; mais si les conditions pour sa matérialisation existent, il sera *effectif*.

(1) Cf. *infra*, chap. VIII : « Harmonie, analogies, fonctions et facteurs ».

En cette réalité réside le geste rituel sacré, tel celui de la fondation, c'est-à-dire de la préparation du terrain conceptif ;

puis celui du choix du matériau, c'est-à-dire de la nature du milieu qui devra gester la semence ;

puis finalement la mise en accord avec les temps cosmiques, c'est-à-dire le moment de l'animation : l'instant de « donner la maison à son Maître ». Ce Temple sera à l'image du ciel.

Nous réservons ce terme à l'œuvre la plus parfaite, mais tout ce qui a naturellement forme vivante est un Temple de cette vie, c'est-à-dire de la Présence divine.

Il ne nous est donc pas possible de dissocier l'Homme (je veux dire l'être humain réalisé dans son plus parfait accomplissement et pour lequel l'homme actuel n'est encore qu'un symbole) de l'œuvre parfaite du génie humain en tant que Temple à l'image du ciel. *Le Temple est en l'homme en ce sens que l'homme est le Temple de l'œuvre naturelle, comme le Temple en tant qu'œuvre humaine ne peut être qu'à l'image de l'homme.*

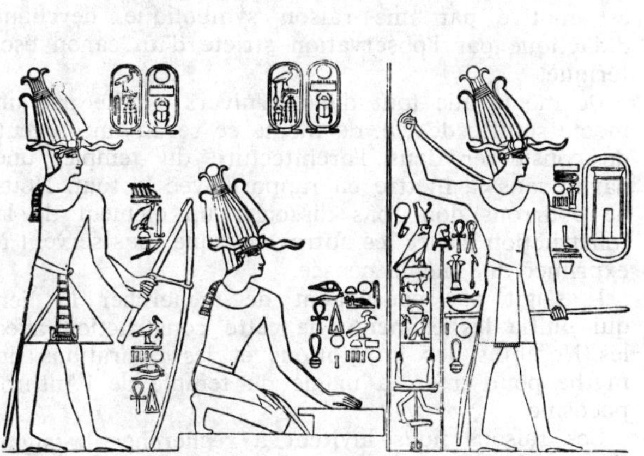

Fig. 3. — *Rituel de fondation : le roi creuse le premier sillon « quatre fois » au moyen de la houe, puis il moule la première brique « quatre fois » pour les quatre angles du temple ; enfin, il purifie « quatre fois » l'enceinte du temple avec le natron avant de « donner la maison à son Maître ».*

Ceci est la raison qui, dans le rituel hindou (1), fait affirmer que le Maître d'œuvre souffrira en son corps en général s'il a commis une erreur dans l'harmonie de la construction du temple, et même il souffrira dans les parties de son corps qui dans le temple sont consacrées à cet endroit et auront subi une malfaçon ou une profanation.

Cette identification du temple et du corps humain étant dans le temple de Louqsor directement formulée, nous y voyons comment, par un simple mais admirable moyen, ce temple nous révèle la suite des phases qui « donnent la maison à son Maître » (2).

⁂

Au temple de Louqsor, en le lieu qui se situe dans le *haty*, c'est-à-dire la région pectorale qui résume les conduits animant le corps par l'air et par le sang, il y a une importante inscription archaïque qui décrit le rituel de fondation et de consécration du temple.

« Nous partons toujours de cette proposition : que tout dans l'architecture du temple pharaonique est motivé par une raison symbolique, devenant didactique par l'observation stricte d'un canon ésotérique.

De même que tout dans l'Univers est lié par un même souffle de vie, de même ce serait une erreur de considérer dans l'architecture du temple, une partie sans la mettre en rapport avec le tout. Nous ne pourrons donc pas dissocier un élément de la construction d'avec les autres, puisque tous servent à exprimer une même pensée.

Il s'agit par conséquent de rechercher le lien qui unifie les éléments de cette construction avec les Nombres, les inscriptions et les figurations du mythe pour créer la magie du temple de l'Anthropocosme.

Ces raisons nous invitent à rechercher la signification des joints de pierres, coupant les inscriptions

(1) Cf. *Le Temple de l'Homme*, I, Quatrième Partie, chap. VIII, « Le Temple hindou ».

(2) Cf. *Le Temple de l'Homme*, III, p. 117.

figurées et les signes hiéroglyphiques d'une façon déconcertante à première vue (1). »

Dans les quatre représentations de *Donner la maison à son Maître* figurées en quatre endroits du temple, il ne s'agit pas seulement, ainsi que vont

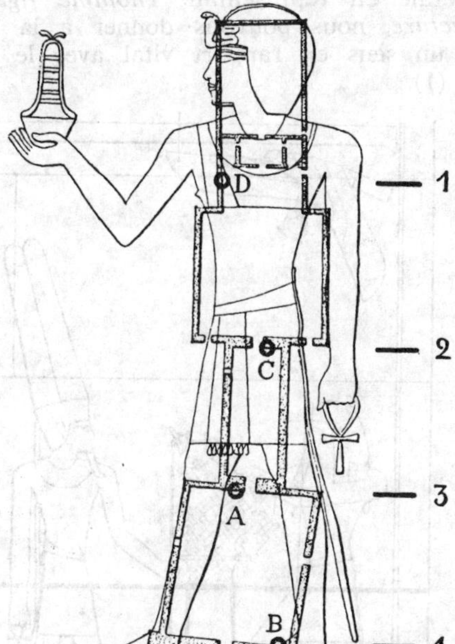

Fig. 4. — *Situation dans le temple de Louqsor des scènes de « Donner la maison à son Maître ». Emplacement des tableaux A, B, C, D et leur relation avec le corps humain représenté par la projection du Roi sur le schéma du temple.*

le prouver les joints de pierres, d'une simple formule d'*inauguration,* ou de consécration du temple. Tout l'Univers se tient en un seul geste. Ici, consacrer un temple est identique au fait d'animer le corps terrestre et, en général, animer dans le sens de la plus haute science.

(1) *Temple de l'Homme,* I, p. 655.

Jusqu'à présent cette formule, comme beaucoup d'autres qui se retrouvent toujours, ne signifiait pour l'égyptologie qu'une phrase banale affirmant la consécration rituelle du temple à un *Neter,* son « patron ».

Grâce à ce temple exceptionnel, qui devient une clé générale en représentant *l'homme figuré par l'architecture,* nous pouvons donner à la formule rituelle un sens en rapport vital avec le Cosmos humain (1).

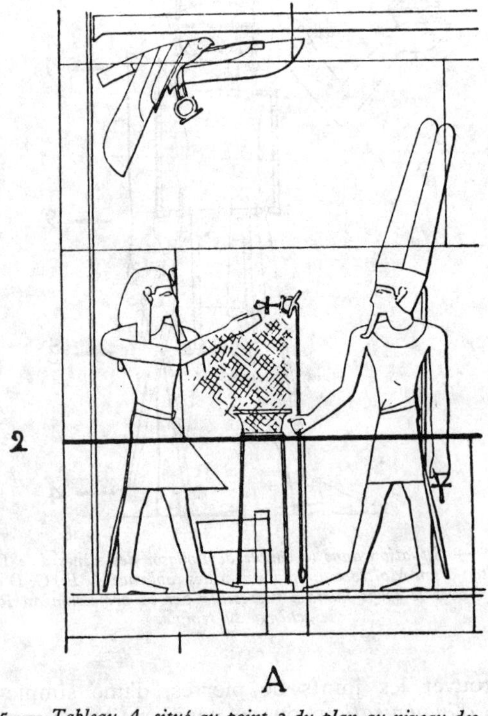

Fig. 5. — *Tableau A, situé au point 3 du plan au niveau des genoux. Le seul joint horizontal coupe les deux personnages à la hauteur du sexe, correspondant au tableau C, au point 2 du plan.*

(1) *Temple de l'Homme,* III, pp. 116-122. Les dessins sur la figure 4 sont volontairement mis sans ordre de lecture. Le texte de « donner la maison à son Maître » se rapportant à une fonction vitale, il y a donc dans cet esprit une suite logique que nous allons rechercher en nous laissant guider par la position des joints.

L'entrée du temple d'Aménophis III proprement dit correspond au genou de l'homme projeté sur le temple entier (point A). Or, en ce lieu, *le joint de pierre unique coupe les personnages au niveau du sexe et nous renvoie donc en ce point*, c'est-à-dire à la porte d'entrée de la grande cour péristyle (point C).

Le texte rituel de « donner la maison à son Maître » dans le temple de Louqsor, indique donc en premier lieu le sexe, endroit de la conception et de la mise au monde. En ce lieu, la représentation de cette scène rituelle est coupée également par *un seul joint horizontal qui souligne la poitrine des personnages.*

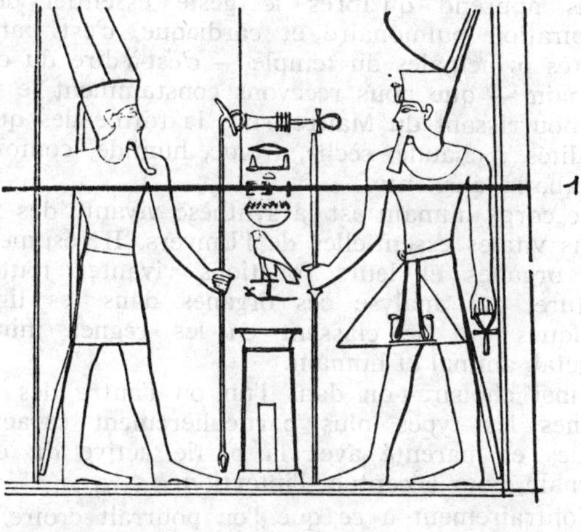

Fig. 6. — *Tableau C, situé au point 2 du plan à la hauteur du sexe. Le seul joint horizontal coupe les personnages au niveau de la poitrine, correspondant au tableau D, situé au point 1 du plan.*

Ainsi, du sexe, le texte rituel renvoie au *haty*, c'est-à-dire au complexe indissociable des poumons et du cœur, où précisément est gravé le texte complet. L'enfant naissant n'aura sa vie propre qu'après avoir respiré et avoir ainsi ouvert la valvule du cœur qui va ensuite « respirer » le sang.

Il est assez rare d'obtenir immédiatement la réponse juste à la question : « Quel est le geste le plus nécessaire pour maintenir la Vie ? » Se nourrir ? On peut vivre quarante jours sans manger. Boire ? Dans des conditions ambiantes plus ou moins chaudes et sèches, on peut vivre un, deux, et même trois jours sans boire. Mais rien ne peut vivre sans respirer sans cesse.

Mais l'air lui-même a besoin de respirer, c'est-à-dire de renouveler sa vitalité. L'air des caves ou des cavernes qui n'est pas renouvelé n'est plus vitalisant. Ce serait maintenant une erreur de parler de cycles de transmutation dans la haute atmosphère, comme la transmutation de l'Azote et du Carbone. Ce serait reculer le problème et non le résoudre. La vraie source de vie est *le vide matériel absolu,* l'Energie pure. Le temple de Louqsor nous apprend qu'après le geste essentiel de la respiration pulmonaire et cardiaque, c'est par les portes principales du temple — c'est-à-dire du corps humain — que nous recevons constamment le souffle nourrissant du Maître, sous la forme des quatre qualités : chaude, sèche, froide, humide, combinées en quatre éléments.

Le corps humain est la synthèse vivante des fonctions vitales essentielles de l'Univers. Il résume par ses organes et leurs fonctions vivantes toute la Nature, qui analyse ces organes dans les lignées typiques qui se classent en les règnes minéral, végétal, animal et humain.

Ainsi choisira-t-on dans l'un ou l'autre des trois règnes les types plus particulièrement caractéristiques en parenté avec la partie active du corps humain, pour accentuer l'intention.

Contrairement à ce que l'on pourrait croire logiquement, ce n'est pas le règne minéral qui se situe au plus bas de l'échelle, sur les registres des parois du temple qui expliquent les phases du devenir. En tant que première forme corporelle le règne métallique ou minéral est le plus proche de l'origine, le plus proche de l'esprit qui anime tout. Il est situé au plus haut registre des tableaux, car il est ce qui est *créé* et non procréé. Les personnages de ce plus haut registre, qui symbolisent les principes non procréés, sont représentés sans nombril. Ce sera le registre le plus bas qui montrera l'Homme Royal, celui qui est le symbole du but final de la création. Entre les deux se place le registre des Nombres purs, correspondant au règne végétal, puis celui des combinaisons ou de la géométrie des Nombres, c'est-à-dire l'animal.

Ce sera dans le corps vivant humain que l'on recherchera les symboles fonctionnels pour désigner les éléments constitutifs du temple, œuvré par l'homme à l'image du ciel, c'est-à-dire du monde.

L'incarnation de l'Univers en l'homme est le thème fondamental de toutes les religions révélées, mais la transcription de ce principe en Microcosme humain, supposant une opposition d'un petit monde à un Macrocosme, n'est que l'aspect exotérique, c'est-à-dire raisonnable de la question.

Il n'existe pas deux mondes, l'un petit et l'autre grand. Il n'est qu'un seul monde et, sur le chemin de l'accomplissement royal (*purusha*), l'Homme ressuscité figure la totalité de ce monde.

C'est pourquoi le Temple ne peut être qu'à l'image de l'Univers, c'est-à-dire du Ciel, le symbole du Ciel et de toutes ses influences, et cette image doit nécessairement emprunter ses éléments au corps humain et aux organes et fonctions de son organisme. Il est donc absolument impropre d'appeler « temple » le lieu de réunion et de prière pour les fidèles d'une religion. Eglise, synagogue, Gotteshaus, sont des désignations correctes pour ces lieux de prières en commun adressées à Dieu, lieux de paix propres à la méditation et à la confession de soi-même envers sa propre conscience. Ici les symboles sont des évocations qui orientent la pensée.

Mais le Temple est autre chose qu'une église, c'est le milieu magique qui transporte l'être humain au-delà de lui-même. Dans le Temple, l'humain subit ce que normalement il est incapable de comprendre ; il y prend conscience d'un état d'être que la pensée rationnelle ne peut plus formuler. Tout le monde subit déjà cette influence dans les grandes cathédrales de notre Moyen Age. Evidemment on cherchera en vain cette ambiance magique dans Saint-Pierre de Rome, par exemple, qui est le type même de l'église et non du Temple, tout en respectant certains symboles de la Connaissance.

Tout ce qui est devenu est également appelé à ne plus être. Or ce qui anime n'est pas *devenu*, et de ce fait ne peut pas cesser d'être. La forme animée comporte donc toujours un aspect qui est immortel : or ce qui anime est indépendant de la forme, mais du fait que cette forme s'est prêtée à l'animation, elle impose passagèrement un rythme particulier à l'ETRE qui l'anime, comme la longueur et la tension d'une corde imposent au ton une situation dans la gamme.

L'animation est donc un moment tragique, cosmiquement tragique, parce que l'ETRE qui anime, contraint à un rythme, devra suivre son chemin jusqu'à la libération de cette contrainte. L'animation fœtale est l'image de cette tragédie. L'hérédité et toutes les particularités de cette forme humaine, contraignent l'âme à une présence physique momentanée. L'âme animante, de ce fait, devra subir toute l'évolution actuelle et future de cet être humain, tout en restant, de par sa nature, indivise de l'ETRE animant le tout.

Quand, à la consécration du Temple, le Roi — c'est-à-dire le Principe Royal humain — dit : « J'ai fait œuvre d'éternité », il dit vrai parce que, ainsi que nous pouvons le constater, ce temple est, depuis les fondations jusqu'au faîte, en absolue harmonie avec la Loi, c'est-à-dire conforme par son matériau, ses proportions, ses figurations, sa statuaire, sa situation sur terre et son milieu, à l'heure cosmique de sa fondation.

Ce temple étant consacré avec toutes les formules et gestes, en tant qu'œuvre aussi parfaite qu'il est humainement possible de la faire, chacune de ses particules restera animée même quand la construction sera tombée en poussière.

Ceci est vrai parce qu'il n'est rien dans l'Univers qui du seul fait d'exister ne soit animé, et parce que, existant en tant que chose animée — y compris le minéral — cela le restera à travers toute l'évolution et jusqu'à son retour à la source de son devenir.

Ceci est *la loi d'Osiris,* c'est-à-dire la loi des cycles de constante régénération jusqu'à cessation du rythme particulier qui sépare de l'universalité. Mais la régénération Osirienne appartient au renouveau, à la réincarnation *et ne représente pas la résurrection.* Mais lorsqu'il s'agit de l'animation de la perfection, c'est-à-dire de l'œuvre finale préconçue dès le commencement des choses (la finalité et non plus un état de gestation vers la perfection), alors la cessation de la forme, ou mort, est un retour à l'état causal emportant avec soi toute l'expérience de l'existence, et *ceci est la résurrection de l'ETRE animant, conscient, délivré des formes passagères mortelles.*

Le Temple est aussi le symbole de l'accomplissement en l'homme de l'œuvre cosmique, c'est-à-dire *Horienne* et non plus Osirienne. C'est le Temple en l'Homme, l'Homme devenu Bouddha, l'éveil du Christ en l'Homme (1).

(1) Conférence lue au VIe congrès des Études Symboliques, à Paris, 1957. Texte auquel nous avons jugé nécessaire d'ajouter quelques extraits et figures du *Temple de l'Homme* concernant le texte de « donner la maison à son Maître » pour rendre compréhensible les brèves allusions qui y étaient faites.

CHAPITRE III

LE PONT DE SIRAH

La symbolique appliquée peut être comparée au Pont de Sirah du Coran des musulmans. Il est large comme le fil d'un rasoir. De chaque côté il y a un gouffre de perdition.

L'un des précipices est la mentalité de la Raison logique ou arithmétique, l'autre est celui de la superstition.

Il est presque impossible d'éviter la raison rationnelle qui attire comme le vertige. Ici tout trouve un équilibre, une équation. A tout argument il y a une réponse ; une chose n'est que par son complément. Les sens qui, subconsciemment, commandent, trouvent leur satisfaction, tout est réduit à des notions sensibles. L'homme cultivé scientifiquement, de notre monde mental, quand il veut approcher un centre purement symbolique, comme l'ancienne Egypte, éprouve ceci comme une contrainte insupportable et, avec soulagement, il rejette cela dans le domaine ou de l'empirisme ou de l'idolâtrie.

Dans le vieux monde d'Egypte tout est symbole, chaque geste de la vie, chaque rite du culte, chaque stèle, chaque monument, chaque hiéroglyphe, sa couleur, son emplacement, chaque figuration, la forme de chaque objet usuel, tout obéit à la Loi de Sagesse qui situe chaque chose à la place harmonique de sa nature cosmique.

Ceci nous fait l'effet d'une obsession, pour nous ceci est un déterminisme qui nous paraît esclavage, reniement de tout libre arbitre, et nous rappelle les temps de l'emprise abusive de l'Eglise qui avait droit de regard depuis l'intimité de la famille jusqu'aux secrets du trône.

Le clergé est et sera toujours abusif, il l'a été en Egypte comme ailleurs, mais le fond de la question n'est pas là, il réside dans notre disposition de « conscience ».

Si nous sommes orientés vers la méthode rationnelle, équationnelle, le symbolisme sera insupportable dans son application correcte, si nous sommes orientés vers la méthode de pensée « vitale », nous y trouverons la plus grande joie qu'il peut y avoir pour l'homme qui est de *connaître*. Nous comprendrons la signature des choses qui nous guide vers leur emploi le meilleur, nous connaîtrons la Magie naturelle par l'harmonie qui sait mettre chaque chose en son temps, à sa place précise et, de ce fait, en rapport sympathique avec tout ce qui est de sa nature. Nous connaîtrons la « Volonté » qui gouverne les phénomènes.

Or tout ceci exige un état constant de « Conscience des Lois de Genèse » et peu d'hommes sont capables de cultiver cet état.

Alors menace l'autre gouffre qui mène à la basse Magie et à la superstition. Tel jour, telle heure, tel geste, est néfaste ou bénéfique, pourquoi ?... c'est comme ça.

La peur remplace la Connaissance, l'imagination remplace la Conscience et les « mancies » fleurissent.

Est-ce une raison pour répudier la voie droite du symbolisme, ou de renier l'essai d'orienter la pensée vers une sorte de logique vitale ?

Le Pont de Sirah mène vers la délivrance paradisiaque, y marchera qui voudra, nous sommes « Prophète » et non « Missionnaire ».

***

Le symbole en tant que notion définie, comme figure de rhétorique ou de figuration imagée, est toujours plus concret que l'idée qu'il évoque. Ainsi le moyen, l'outil, symbolisera la fonction et la fonction symbolise un état ou une qualité.

Seulement en Kabbale la fonction peut symboliser la notion plus concrète du moyen ou de l'outil, si, phonétiquement, on veut évoquer une autre notion, gardée secrète, c'est-à-dire, cachée, dans le cas de secret conventionnel.

Le secret réel qui est le sens révélé seulement à une forme particulière de la conscience, mais fermé à l'intelligence sensorielle normale, n'a rien de conventionnel et se rattache plus particulièrement au symbolisme qui seul peut ainsi — par évocation — transcrire ce pourquoi les mots manquent.

Par exemple le siège et le trône évoquent différentes notions de l'élévation, l'une physique, l'autre de puissance ; mais le siège évoque en général aussi la fondation ou l'assise. La faux évoque la fonction d'arrêter, faire cesser, comme l'épée évoque la fonction de transpercer ou bien de séparer ou fendre. Mais le fait de faucher, le faucheur en action, évoque la maturité comme point culminant et final d'un état ; par contre l'épée évoque l'acte violent qui arrête sans définition de l'état qui ainsi cesse.

Le bâton évoque l'acte de frapper et punir, mais l'acte de frapper avec un bâton peut évoquer une notion cabalistique du bâton lui-même. Ainsi Moïse frappe le rocher avec une verge.

En général le symbolisme est évocation d'une intelligence que les mots ne peuvent pas transcrire directement mais seulement par périphrases.

En excluant la convention pure que l'on appelle à tort également symbolisme, il faut distinguer un symbolisme naturel et un symbolisme artificiel. Dans ce dernier cas il faut classer la Métaphore, l'Allégorie et la Parabole, et, enfin, le symbolisme combiné d'éléments symboliques naturels.

Le symbolisme naturel est exclusivement fourni par une forme naturelle, y compris géométrique, qui évoque la notion abstraite (Idée) de cette forme et la « fonction » abstraite d'où elle provient ou bien qui peut en résulter.

Ces deux aspects du symbolisme sont vrais en ce sens qu'ils sont le moyen de transcrire une pensée universelle. Un grand nombre de coutumes ne sont que des moyens accessibles à tous pour transmettre symboliquement une pensée, universelle ou abstraite.

Dans ce même esprit, mais dans un ensemble subtilement construit, les mythes sont l'expression de doctrines théologiques et cosmogoniques. Toujours le mythe emprunte des faits géographiques et historiques, afin de donner un sens concret pour l'intelligence bornée des foules qui veulent accrocher leur pensée à ce qu'elles appellent, faussement, des réalités.

La Réalité est seulement la donnée invariable, tandis que le fait matériel est toujours variable, pour cela le sens évoqué par le mythe est Réalité, et l'image matérielle sur laquelle il se construit n'est que « la poussière qui retourne à la poussière ».

C'est pourtant à cette illusion que la médiocrité s'accroche et donne au symbole le sens de vérité au lieu de chercher cette vérité dans ce que le symbole *évoque.*

C'est cette dualité du sens qui permet à l'écriture hiéroglyphique de s'adresser en même temps à tout le monde et, à part cela, aussi à quelques hommes sélectionnés parmi la masse, ce que l'écriture alphabétique — conventionnelle — ne permet plus. La même chose peut se dire de la géométrie qui parle à tout le monde en mathématique mécanique et à quelques-uns en mathématique — connaissance — mystique, des Nombres, ce que les mathématiques modernes (système décimal et algébrique) ne peuvent plus et réduisent ainsi toute la pensée à une fonction mécanique concrète, qui ne peut briser son cercle fermé.

Le symbole permet, d'une part, une expression au-delà de l'intelligence sensorielle et, d'autre part, peut nous faire comprendre, par analogie, les parentés entre divers phénomènes. Cette parenté, à son tour, nous ouvre la porte à une plus exacte mise en rapport des moments et milieux, afin de rendre plus accessible le but recherché par la pensée ou l'action.

Le symbolisme est le seul — et merveilleux — moyen qui permet à l'homme de briser le cercle matériel qui limite son intelligence de l'Univers et lui permet d'envisager un plus haut et plus large état de Conscience.

Le syllogisme est la loi qui régit les rapports quantitatifs, c'est-à-dire des formes arrêtées — cadavres — tandis que la Nature, naissante et mourante, est Vie et obéit à une Loi mouvante qui joue, dans la substance ou Energie universelle et indéterminée, entre l'Idée (platonicienne) et la forme actuelle de la matière.

Cette Loi de Vie ne peut se formuler que par le symbole naturel, lequel évoque, nécessairement, tout le complexe des possibilités rattachées à ce symbole noyau.

⁂

Dans la suite de cet exposé, nous allons maintenant jeter un regard sur diverses formes appliquées du symbolisme et de sa philosophie et ceci montrera quelles conclusions on peut en tirer (1).

(1) Texte inédit, extrait d'une étude sur le symbolisme.

CHAPITRE IV

IDÉE ET SYMBOLES

DEFINITIONS

Le manque d'une philosophie de base a suscité l'esprit d'analyse. Cette analyse des idées a nécessité la création de nouveaux mots, souvent empruntés aux langues étrangères. Cet apport étant insuffisant, il arrive trop souvent qu'un même mot soit employé pour exprimer des nuances très différentes d'une même idée.

Il en est ainsi du mot « Symbole ». Ouvrons le *Vocabulaire de la Philosophie* par A. Lalande :

« *Symbole,* du grec..., signe de reconnaissance, formé par les deux moitiés d'un objet brisé qu'on rapproche ; plus tard, signe quelconque, jeton, cachet, insigne, mot d'ordre, etc. »

Dans ce cas un tesson est symbole de la partie correspondante, manquante. Un objet concret évoque la partie « complémentaire » et l'idée évoquée par le Symbole sera le complément.

Ce sens primitif du mot Symbole a été par la suite fort élargi, et ne correspond plus à l'intention qui lui fut attribuée par les Grecs. Le *Vocabulaire* distingue :

« *A.* Ce qui représente autre chose en vertu d'une correspondance analogique. Se dit : 1° des éléments d'un algorithme rigoureux : « Les Symboles numériques, algébriques » ; 2° de tout signe concret évoquant (par un rapport naturel) quelque chose d'absent ou d'impossible à percevoir : « Le sceptre, symbole de la royauté. »

« *B.* Système continué de termes dont chacun représente un élément d'un autre système : « Un Symbole est une comparaison dont on ne nous donne que le second terme, un système de métaphores suivies. » (Jules Lemaître.)

« *C.* Formulaire d'orthodoxie : « Le Symbole de Nicée. »

Nous ne pouvons donc pas être réellement compris en employant le mot symbole. D'abord ce qu'évoque le symbole n'est plus « complément » mais « analogie ». Cette analogie peut être « métaphore », ce qui laisse la porte ouverte à la convention. En fait le sens primitif de ce mot est remplacé par « compléments ou termes complémentaires ». Le sens A. exige l'adjectif : conventionnel. C'est le sens du symbole conventionnel, parce que le sens de la « royauté » rattaché au « sceptre » est conventionnel, puisque ce sceptre peut avoir diverses formes. La parenthèse : « par un rapport naturel » ne corrige pas l'idée de convention dans l'exemple donné : le sceptre n'a pas un rapport naturel avec la Royauté (1).

En spécifiant le mot Symbole nous pouvons, à la rigueur, lui laisser un sens précis quand il est employé seul, sens qui serait assez juste dans l'esprit de l'exemple donné, dans ce même *Vocabulaire*, à propos du mot « Symbolique » :

B. « *Ces rites, ces dogmes, cachent souvent des idées autrefois réservées à un petit nombre d'initiés et dont le secret, enseveli avec eux, peut cependant être retrouvé par ceux qui font une étude approfondie des renseignements de tout genre qui nous restent sur les anciennes croyances et sur les cérémonies qu'elles prescrivaient. De là une science à laquelle on a donné le nom de Symbolique, que je lui conserverai, et où l'on se propose de découvrir ce qui était caché sous des emblèmes si divers* »

(1) Cette objection est rigoureusement confirmée par le système hiéroglyphique pharaonique : un bras tenant un *flagellum* (sceptre *Nekhakha*) signifie : « protéger ». Un bras tenant le sceptre *aba* signifie : « administrer ». Un bras tenant une autre sorte de sceptre signifie : « sacré », etc. On pourrait multiplier les exemples.

(AMPÈRE, « Essai sur la Philosophie des Sciences ») (1).

Dans l'esprit de cette définition, nous sommes catégoriquement Symbolistes, mais à condition de nous entendre d'une façon plus précise sur le sens du mot Symbole. En effet, dans ce texte cité,

Fig. 7. — « Celui qui s'est créé lui-même. » *Personnage Osirien tenant le sceptre ouas : « Le flux du Verbe, la sève nourricière. »*

(1) Cité par A. LALANDE, *op. cit.*, qui donne deux définitions pour le mot Symbolique : 1. A. Qui emploie des Symboles, ou qui constitue un Symbole aux divers sens de ce mot... : « écriture symbolique »... 2. A. Théorie générale des symboles au sens A.

« Symbole » est encore compris dans le sens d'un emblème, d'une « image » qui peut être conventionnelle.

Nous voulons le sens pur du mot, sinon il sera absolument impossible de réaliser la proposition formulée par Ampère : « *Secret... qui peut cependant être retrouvé...* »

Le choix conventionnel d'un symbole, c'est-à-dire d'une figure, d'un signe, d'un objet, d'un son, ne peut presque pas se départir d'une certaine parenté entre ce symbole et l'idée évoquée. C'est à cela que fait allusion le *Vocabulaire* Lalande en intercalant la condition : « Par un rapport naturel » sur la réflexion de Van Biema que : « Le Poisson était à l'origine symbole du Christ à cause du mot grec. » Ici l'*image* du poisson remplaçait les lettres du mot grec et devenait signe de reconnaissance.

En interprétant ainsi ce symbole, en tant que symbole conventionnel, on oublie justement le sens secret et le « rapport naturel », sous-entendu, qui est l'avènement du christianisme avec l'entrée précessionnique du point vernal dans la *constellation* des Poissons.

Commencement d'une ère nouvelle.

Il y a dans l'Initiatique, ou Esotérique des enseignements sacrés, un sens plus profond du symbole que la seule convention.

Prenons un exemple dans le système cristallin. Peut-on dire que les trois axes égaux, posés à angle droit dans les trois directions, sont symbole du cube ? Le cube, construit idéalement sur ces axes, ne les montre pas. C'est la Raison qui définit le cube par ce système d'axes. Par la suite nous pouvons par cela symboliser le cube, mais il s'agit d'une convention. Par contre il est certain qu'il n'y a rien d'artificiel dans la représentation de ce système axial. Le cube se construit réellement de cette façon, il croît régulièrement dans les trois directions de l'espace, il obéit à la loi de ce système qui, pourtant, n'existe pas en fait, il n'y a ni lignes, ni axes, mais cette image représente les fonctions d'ordonnance des molécules. Alors la définition de croissance régulière et égale dans les trois directions de l'Espace, devient l'*Idée* du Cube et le système représenté concrètement par les trois lignes égales, se coupant à angle droit, devient le *symbole de l'Idée* dans un sens réel, parce que cela ne peut pas être autrement, et le symbole réel devient d'autre part symbole conventionnel du cube.

De là on peut tirer cette définition :
Le symbole pur est l'image concrète de l'Idée dans sa réalité et dans la direction abstraite. Dans la direction concrète, il devient le lien entre l'Idée et le fait conventionnel qu'il peut naturellement représenter.

Par cela le symbole devient signe cabalistique. Exotériquement il force l'intérêt dans la direction concrète et laisse la direction abstraite à l'attention du chercheur, mais il ne la donne pas. Cette direction peut avoir assez d'embranchements pour créer le doute et ainsi laisser un certain jugement intervenir pour désigner celui qui est « initié » ou « destiné » à trouver le vrai sens.

Prenons un autre exemple : l'Aigle est le symbole de l'Evangéliste Jean. On ne voit pas le rapport concret entre l'Aigle et l'Evangéliste, donc on cherchera le sens littéraire, l'image descriptive des qualités de cet Apôtre. Ces qualités deviennent l'aspect concret du symbole et l'Aigle devient l'abstraction.

D'après notre définition, c'est le symbole qui est image concrète d'une Idée. C'est donc dans la nature de l'Aigle que nous devons chercher la raison de son choix comme symbole, et non dans les qualités de l'Evangéliste. *Lui* sera le terme de la direction conventionnelle.

L'Aigle, dit-on, regarde le soleil sans cligner. Est-ce la raison de son choix ?

L'Aigle a un regard d'une acuité exceptionnelle. Est-ce la raison de son choix ?

L'Aigle vit dans les hauteurs et son nid est accroché aux flancs des roches abruptes. Est-ce la raison de son choix ?

L'Aigle est carnivore et quand il a le choix entre une marmotte et un agneau il préfère ce dernier. Y a-t-il une nouvelle cabale entre « Agnus Dei » et « Ignis » ? Est-ce la raison de son choix ?

Nous n'avons pas à résoudre ici cette énigme,

mais voulons simplement montrer l'emploi de notre définition.

Voyons un autre aspect du symbolisme. Depuis les Romains, l'Aigle est symbole de l'Empire. Ici l'image concrète s'impose : l'étendue de l'Empire, sa fondation sur la conquête, la domination la plus haute. L'Aigle féroce, planeur par excellence, habitant des plus hautes cimes, vraiment l'être vivant dans les hauteurs au-dessus de toute vie, est une belle image de l'Empire. Il domine. Ici s'impose le choix conventionnel de ce symbole et personne ne recherchera l'Idée dont l'Aigle est l'image.

Mais ce symbole n'aurait-il pas été justifié pour la royauté monarchique ? Les qualités à représenter sont apparemment les mêmes que pour l'Empire. Il y a certainement une raison plus profonde que celle de l'image apparente puisque, en héraldique, le choix des symboles ne fut jamais œuvre de la fantaisie. L'Héraldique a ses sources dans un même ésotérisme que celui des religions. Nous y voyons l'Aigle, particulièrement, figuré en couleurs diverses. Il est noir, blanc ou rouge ; mono ou bicéphale. Nous voyons en Egypte, qui est certainement la racine de l'évolution de tout notre Occident méditerranéen, l'équivalence de l'Aigle dans l'Abeille ou, généralement, la mouche à miel, comme symbole de la royauté.

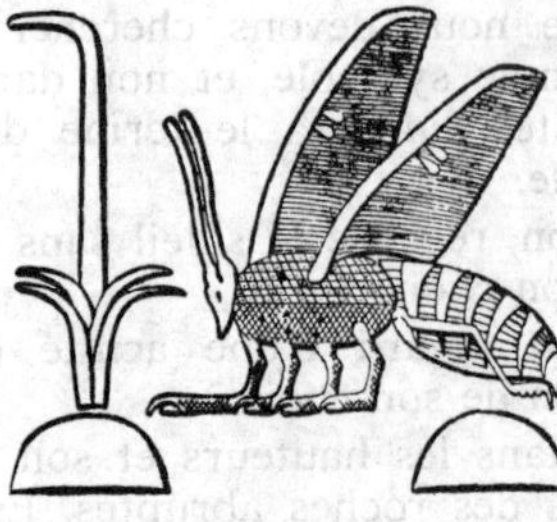

Fig. 8. — L'Abeille, *un modèle parfait du symbole parfait.*

Le Miel est la plus subtile, la plus légère partie de la fleur. L'Aigle est le Roi de l'Air. L'Abeille fête ses noces dans le vol le plus haut. L'idée de hauteur, de l'Air, de Lumière aussi, est contenue dans ces images de l'Aigle et de l'Abeille. Est-ce de ce côté qu'il faudrait chercher le sens « Idée » dont l'Aigle en ce cas est l'image concrète, le symbole pur, pour devenir le symbole conventionnel de l'Empire ?

Nous n'avons pas la prétention, à l'instar du très savant Ampère, de découvrir les « secrets ensevelis et cachés... ». Nous voulons seulement montrer une façon plus conforme au sens réel du symbolisme de rechercher le sens secret des inscriptions du passé. Pour cela il nous faut une définition précise du sens que nous accordons au mot Symbole que nous disons jouer un rôle de lien, d'intermédiaire entre l'Idée et la forme concrète.

Dans la direction abstraite, vers l'Idée, le symbole est image concrète et concrétisante. Il faut donc y rechercher toutes les qualités et fonctions qui sont renfermées en lui. Dans la direction concrète, vers l'objet, ce même symbole devient image conventionnelle, dans l'esprit de la définition généralement admise actuellement.

⁂

Il est intéressant, maintenant, de prendre un exemple de symbolisme anthropomorphique dans le mythe pharaonique puis de voir sa transformation en mythe humanisé par la théologie gréco-romaine.

Rappelons qu'à Héliopolis est révélée la mystérieuse divine action de la scission de l'Unité en *Noun* (milieu assimilé à l'Océan primordial) qui se coagule en première terre, emprisonnant le Feu invisible de *Toum.*

C'est le Feu du Ciel tombé en terre qui, dans le mystère memphite, prendra le nom de *Ptah* lorsque ce feu métaphysique va produire ses effets dans la Nature, en matérialisant les Principes énoncés à Héliopolis mais non encore manifestés.

L'apparition de *Toum* sous-entend le devenir des Trois Principes et des quatre qualités essentielles que, philosophiquement, on va appeler les éléments constitutionnels de la matière, mais c'est seulement lorsque apparaît la première Triade : *Ptah, Sekhmet* et *Nefertoum,* que se fera leur « corporification ».

Ptah, le Feu actif emprisonné en *Toum* (la première Terre surgie du *Noun*), est représenté dans le Temple égyptien tenant en mains les trois sceptres, *djed, ankh, ouas,* c'est-à-dire les Trois Principes, caractéristiques de ce Feu. Mais *Ptah* est ligoté, comme une momie impuissante. En effet, il ne pourra exercer son pouvoir que lorsqu'il aura été délié par *Sekhmet* (principe féminin de *Ptah*) qui porte en mains le *ouadj,* sceptre qui se termine par une fleur de papyrus épanouie, et c'est elle qui « ouvrira le verrou », c'est-à-dire dissoudra l'obstacle qui rendait le Feu de *Ptah* impuissant.

Ptah est le créateur de tout être vivant, de l'humanité, et de toute chose *qu'il a pensée en son cœur et prononcée avec sa langue et ses lèvres qui ont dit le nom de chaque chose...* disent les textes. Déjà dans les pyramides, *Ptah* est appelé le « Chef d'atelier » et le « Créateur des formes », aussi sera-t-il le « patron » de tous les artisans.

Dans le mythe grec, *Ptah* prend le nom d'*Héphaistos,* et la « ligature des jambes » est remplacée par une infirmité qu'il tenait, paraît-il, de naissance : *Héphaistos* est boiteux, et, pour assurer sa démarche incertaine, il se forgea deux statues d'or douées de mouvement qui soutenaient les pas de ses jambes trop grêles.

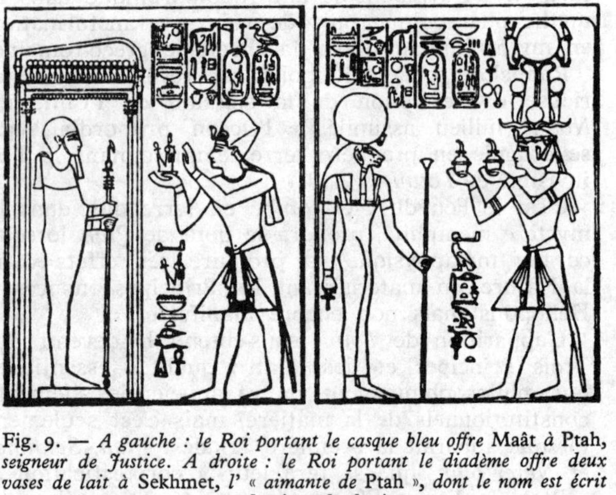

Fig. 9. — *A gauche : le Roi portant le casque bleu offre* Maât *à* Ptah, *seigneur de Justice. A droite : le Roi portant le diadème offre deux vases de lait à* Sekhmet, *l'* « *aimante de* Ptah », *dont le nom est écrit avec le sistre hathorien.*

Tandis que *Ptah* est le « Feu du Ciel tombé en terre », le mythe grec entoure d'une histoire « humaine » la raison pour laquelle *Héphaistos*, dieu du feu, fut précipité du Ciel en terre : un jour *Héra* jalouse des infidélités de *Zeus*, son époux, manifesta sa révolte avec une telle fureur que *Zeus* la roua de coups ; *Héphaistos* intervint alors au péril de sa vie, en faveur de sa mère brutalisée et c'est ainsi que *Zeus*, irrité contre son fils, le saisit par le pied et le précipita des régions célestes.

Cette histoire illustre comment la loi cosmique exprimée par la théologie égyptienne est devenue chez les Grecs, un « accident » provoqué par un sentiment très humain qui dénature l'enseignement.

Remarquons ici que les deux symbolismes attribuent à *Ptah-Héphaistos* la même fonction du Feu divin, devenant dans la Terre, le « forgeron » du règne minéral métallique.

IDEE

La distinction entre l'Idée platonicienne et ce mot « Idée » du langage philosophique courant est admise. L'idée en général résulte d'une conception. Le Concept précède mais ne peut résulter lui-même que de notions simples ou composées déjà enregistrées ; dans ce sens le concept est empirique. La succession serait ainsi : l'expérience, le Concept, l'Idée. Or l'expérience ne signifie rien sans la conscience qui enregistre la notion. La notion à son tour est impossible sans conception.

La faculté de dénombrer ou « Connaissance *a priori* » du Nombre est immanente à tout être. Le seul fait de la distinction du Moi avec l'autre est un dénombrement. Sans cette « Connaissance » innée, rien ne serait dans la Nature, c'est-à-dire qu'il y aurait confondement. Un corps minéral réagit par rapport à d'autres corps minéraux. Cette « réaction » chimique est vie et distinction, comparaison, dénombrement. La plante qui, pour s'élever, s'accroche à un objet, compte, distingue. Mais il n'y a pas enregistrement de notions. La faculté d'enregistrement n'apparaît qu'avec l'organe cérébral qui est lui-même résultat d'une dualisation du constat, de la perception. La plante grimpante obéit à son besoin qui sera le besoin du contact pour appui, le besoin d'aller vers le haut, contre la Loi de gravitation. Autrement, rien ne l'empêcherait de ramper par terre.

Les « tendances » des êtres sont les premières formes d'intelligence. L'inscription de l'expérience ne peut venir qu'avec l'animalité, c'est-à-dire l'être organisé. Ainsi l'animalité représente le premier état de dualisation de la perception, séparant *la tendance caractéristique* et l'organe qui répond à sa satisfaction. Du complexe organique vient la nécessité de l'organe cérébral coordonnant les perceptions. Ainsi se forme l'acquis inné de la Connaissance *a priori.* Celle-ci n'est autre chose que le souvenir organique de la Nature, constituante de l'Etre humain, en lequel sont le minéral, le végétal et l'animal.

Il est vain de vouloir analyser le jeu de l'intelligence, des concepts et des idées, sans tenir compte du rapport vivant de l'homme avec la Nature dont il est le produit ultime. Cette Nature est entièrement en lui et, résumée en ce Moi, devient le dénominateur posé en face de la Nature. Cette dualisation ou scission de la Nature fait toute l'Intelligence, tout le phénomène cérébral.

La Conscience et l'Idée n'ont nullement besoin de l'organe cérébral, mais font partie de ce que les Anciens appelaient l' « Intelligence du Cœur », c'est-à-dire le rapport naturel de la Nature en nous vis-à-vis de cette Nature hors de nous.

La Conscience est à proprement parler, la « limite du besoin ou de la tendance ». Quand la plante grimpante a trouvé son point d'appui, elle n'en cherche pas d'autre. Elle a conscience d'avoir répondu à son besoin, sa tendance. Quand nos sens, qui ne sont que des tendances spécifiées, trouvent satisfaction de cette tendance, nous avons Conscience.

Quant à l'idée, elle est la forme sans substance. Elle est la *tendance,* le *besoin,* qui fera la conscience. La tendance de croissance égale dans les trois directions définies de l'Espace est l'Idée du Cube.

Autre chose est *notre rapport* avec ces réalités naturelles. Ce rapport est double : le rapport établi par l'organe cérébral et le rapport établi par une fonction qui a son organisme dans l'oreille interne et permet la transposition, la transcription de l' « Intelligence du Cœur » en intelligence cérébrale. L'intelligence cérébrale est bidimensionnée et l'Intelligence du Cœur est spatiale.

Or le Concept, la conception, se situe dans l'intelligence spatiale. Nous pouvons *concevoir* la spirale sphérique, mais nous ne pouvons *comprendre* que la spirale plane et, en général, nous ne pouvons comprendre que le volume tranché, la projection en plan. Nous pouvons concevoir les sentiments, mais nous ne pouvons les comprendre que par leurs effets concrets. Nous pouvons concevoir l'Idée pure mais nous ne pouvons comprendre que l'idée, c'est-à-dire la forme définie dans la substance, c'est-à-dire la forme matérielle.

On peut donc donner les définitions suivantes :

Il y a deux sortes d'intelligence. L'une est celle de la Connaissance *a priori,* l'expérience innée, la source de la Raison pure, que nous appellerons Intelligence du Cœur ou spatiale, susceptible de concevoir, qui peut voir l'Idée. L'autre est l'intelligence cérébrale, bidimensionnée, empirique, source du raisonnement ou coordination des notions inscrites, qui peut comprendre, qui matérialise l'idée.

Cette philosophie des éléments de l'Intelligence est Mystique dans le sens d'interdépendance de toute chose. Or s'il y a discontinuité dans la matière en tant qu'individuation par la forme, il y a, sans aucun doute, continuité par l'Energie constituante et la marche générale de Genèse de la matière.

Cette classification permet de réduire les divergences sur l'acception des mots : intelligence, concept, conception et idée. Il y a une différence très marquée entre l'Intelligence et la compréhension cérébrale, entre la « Ratio et l'Intellectus » comme le veut saint Thomas d'Aquin.

La raison pure est Connaissance innée qui est située dans l'Intelligence spatiale et a besoin d'une transcription cérébrale. Celle-ci ne peut avoir lieu que par le mécanisme de l'*Entendement,* comme les Anciens distinguaient très justement ce passage de l'Intelligence à la compréhension.

Sans ces précisions il est, sinon impossible, du moins très difficile de définir le sens de ce mot Entendement.

Nous devons nous contenter ici des définitions et il sera encore nécessaire de préciser le sens de l'instinct et de l'intuition. Pour nous l'instinct est cette connaissance innée, organiquement consciente, sans intervention de la faculté de coordination ou de raisonnement. Par exemple : l'instinct qui chez l'animal lui fait choisir la plante qui le guérira, et fuir la plante vénéneuse ; ou encore l'instinct qui le fait fuir l'endroit de la montagne où *va* se produire une avalanche. A partir de l'intervention cérébrale l'instinct s'atrophie, à moins que ne soit cultivé l'Entendement. Si l'instinct — qui est en nous comme en tout animal et qui réside dans l'Intelligence — devient conscient, c'est-à-dire sait être *transposé,* alors il devient l'Intuition.

Dans cet esprit nous pouvons dire que nous n'avons rien à apprendre sauf de devenir conscient de ce qui est en nous. Or l'intelligence n'est pas nécessaire pour cela mais bien l'Entendement. Nous n'avons pas besoin d'exprimer ce que l'Entendement nous dit, même s'il y a, dans la recherche de l'expression, danger d'une réduction à la compréhension par la seule « double dimension » qui nous éloigne de l'Intelligence. Si nous ne nous résignons pas à appliquer la contemplation, ou la méditation sans pensée, nous avons alors besoin de fixer, non de formuler, ce que l'Entendement nous révèle, et l'image suffira pour cela.

Ainsi l'image devient la plus directe et primitive forme de l'écriture, qui peut se lire sans l'emploi d'une langue et répond à l'expression la plus simple de l'intuition : la compréhension de l'Intelligence de l'Entendement. L'image ne parle pas à l'animal ni à beaucoup de races humaines primitives ou « dégénérées », c'est-à-dire qui n'ont pas, ou bien qui ont perdu, le don de l'Entendement. Ce don se perd soit par un retour à l'instinct animal, soit par un étouffement par l'intelligence cérébrale, pour laquelle l'image n'est alors que symbole conventionnel.

Toute chose naturelle définie est individuation de la forme dans la substance indéfinie. Ainsi l'Idée et la forme se confondent et l'individuation est le symbole de l'Idée, sa concrétisation.

Par exemple, ainsi qu'il a déjà été dit : un système axial défini est symbole de l'*Idée* du cube. Cette Idée du cube est la tendance, le besoin de la croissance égale (nous pouvons aussi dire de l'ordonnance atomique) dans les trois directions définies de l'Espace. Le cube matériel sera l'*objet* pour lequel le symbole sera *conventionnel.*

L'image représentant le cube sera l'écriture intuitive de notre Entendement de la tendance cubique. Cette image sera plane ; mais le cube est volume, et seuls des artifices conventionnels nous permettent de représenter les formes dans l'Espace ; donc pour l'image il y a transcription de notre conception du volume cube en compréhension ou intelligence cérébrale.

L'intelligence des Qualités (comme Grand, Beau, Bien, Bon, Coloration, Joie) fait l'émotion.

L'Entendement ne peut transcrire les émotions que par la comparaison quantitative avec les opposés. Une joie n'est en elle-même que satisfaction, une couleur n'est en elle-même ni rouge ni verte ou autre, et pourtant elle agit ; une chose en elle-même n'est ni belle ni laide, ni grande ni petite, ni bonne ni mauvaise, et pourtant nous pouvons l'éprouver telle sans comparaison.

La compréhension de la Qualité exige la transposition. Cette transposition de l'Intelligence en compréhension ne peut se faire que par comparaison quantitative perceptible sensoriellement. Une fois transcrite ainsi, la Qualité ne peut se symboliser que par convention. Il n'y a pas d'Idée de la Qualité, mais l'Idée est elle-même seulement Qualité, c'est-à-dire tendance, besoin.

Les Qualités se confondent dans l'Idée et ne se scindent que par l'individuation dans la forme matérielle.

Le Principe de la forme n'a pas de spécification : c'est la force concrétisante agissant sur la substance. Cette matérialisation suit un chemin descendant depuis l'Energie pure jusqu'à la matière, et les étapes sont les spécifications qualitatives, ou individuations, qui deviennent Idées de toutes les formes concrètes.

SYMBOLIQUE

La Symbolique est à entendre comme une méthode, un mode de transcription d'une vision intuitive lorsqu'on va se servir d'images, mais aussi comme mode d'investigation à un stade supérieur de l'intellection, lorsque nous observons le *phénomène naturel lui-même en tant que symbole.*

C'est cet aspect du symbole en la symbolique qui peut motiver notre intérêt particulier en cette période de l'histoire humaine.

En effet, en cette époque grave où notre monde approche les limites des possibilités rationnelles, des hommes inquiets de l'avenir recherchent l'ouverture qui permettrait un sauvetage de la pensée.

Déjà l'on se préoccupe d'une pensée surrationnelle. Celle-ci est-elle possible dans le sens d'un « excès » rationnel comme peut l'offrir une théorie relativiste, une géométrie non euclidienne des courbes et de l'espace, un art abstrait ?

C'est toujours continuer dans la même direction, avec les mêmes moyens c'est reculer la frontière et non la dépasser.

Certes, la science refuse cette inquiétude. Elle trouve encore la satisfaction dans le pressentiment d'une possible réduction de tous les problèmes en une synthèse finale. Ce fut la foi du génial Einstein, qui refusa toujours le principe d'incertitude énoncé par Heisenberg. Il a quitté ce monde persuadé qu'un jour on pourra répondre logiquement, rationnellement, à toutes les questions.

Pour la pensée occidentale, rationnelle, analytique, il est certainement effrayant d'admettre qu'il pourrait n'en pas être ainsi ; pour elle, ce serait retomber dans une philosophie dont elle ignore la source intuitive et ouvrir éventuellement le chemin vers un bas mysticisme.

Cependant il est indéniable qu'aujourd'hui se manifeste dans notre Monde humain une élite qui se distingue par l'appel impérieux d'une Conscience supérieure qui veut participer à une connaissance dépassant le Savoir rationnel.

Alors on est tenté de dire : si le devoir du scientiste est de travailler avec foi, avec des moyens classiques, même s'ils sont reconnus limités, le devoir du philosophe est de rechercher la voie qui peut sinon vaincre la limite, au moins la reculer au plus lointain possible...

Or c'est là, selon ma foi, une concession que le « questeur de Connaissance » ne doit plus faire. Quitte à paraître utopique, il doit oser accepter une position nettement en conformité avec le but qu'il se propose. Ceci ne signifie pas une opposition à ce qui est, mais la recherche d'une voie dans le désert avec les seuls moyens qu'offre ce désert : une terre et un ciel.

L'homme actuel, quelle que soit son imperfection ou sa perfection, représente pour nous l'ultime produit organiquement vivant dans l'Univers. Qu'il y ait des êtres plus parfaits, c'est-à-dire plus près de la réalité immuable, chaque grande Epoque en a laissé les témoignages. Quel que soit le scepticisme des matérialistes, ils doivent s'incliner devant ce fait : tous les êtres que nous pouvons observer sur notre Terre ont quelque chose en moins que nous, et nous devons ainsi conclure que tous les aspects de la Nature ont concouru au devenir de notre être humain. Ceci est la pensée, base de toute Connaissance traditionnelle. Il ne s'agit pas d'un microcosme à côté d'un macrocosme, mais de l'Univers incarné en l'homme : l'Anthropocosme. Nous ne pouvons ainsi connaître sensoriellement, intellectuellement et intuitivement, que ce qui est inné en nous, ce que nous sommes inconsciemment mais dont la conscience peut être éveillée à certains moments.

Ce n'est qu'à travers cette indiscutable réalité anthropocosmique qu'il peut y avoir symbole. Tous les faits naturels, tous les phénomènes que nous pouvons constater, pourront être des symboles, mais ils ne le seront pas s'ils restent sans réponse : même si l'on prend le terme de symbole dans son acception classique de « moyen concret de reconnaissance », il signifie appel d'une contrepartie abstraite.

Or on peut être symboliste à travers plusieurs acceptions de ce terme, mais si nous voulons donner à la « symbolique » une valeur de doctrine « directive », et éviter que l'on prenne le symbolisme comme simple point de vue qui laisse la voie ouverte à toutes sortes d'interprétations subjectives — sinon fantaisistes — nous devons donner au terme « symbolique » un état civil clair et strict.

Ce que le mystique peut percevoir dans son extase lui appartient, lui est tout à fait personnel. Il ne pourra pas le transcrire, si ce n'est en images qui ne révèlent rien à notre intelligence cérébrale, sensible seulement aux phénomènes tangibles. L'extase peut seulement donner une certitude à l'être d'élite ainsi ravi. Or ce ravissement signifie un transport de l'être hors des limites restrictives de notre monde corporel et cérébral. L'extase est une fin en soi, et l'être, après ce ravissement, pourra devenir apôtre qui affirme, faisant appel à la foi. Ce n'est pas la Connaissance. Celle-ci exige du Connaissant de garder une attache avec notre monde tangible. La Connaissance doit libérer l'être des frontières restrictives, mais il doit garder le contact avec l'Univers sensible, pondérable.

La Connaissance est un moyen terme entre l'indéfinissable spirituel et le fini perceptible. Ceci exige pour le Connaissant, que nous allons appeler le Sage, d'une part un moyen sensible de transmission gardant un caractère universel, et de la part de l'homme auquel s'adresse ce moyen, une faculté intellective en parenté avec ce moyen.

Ce moyen ne peut être que la *forme,* qu'elle soit Nombre, Couleur, Son, Image plane ou Volume. Mais la condition essentielle est que cette forme n'ait pas de nom conventionnel ; car celui-ci restreint immédiatement l'universalité de la forme par l'attribution particulière imposée.

Quels sont alors nos moyens d'intellection ?

J'ai dit que chaque fait, chaque phénomène préhensible par nos sens et par nos facultés cérébrales, donc chaque notion définie, peut être symbole. Inversement il résulte de cette proposition que tout ce qui, d'une façon quelconque, est objectivable, donc perceptible sensoriellement, ne peut être que symbole, c'est-à-dire expression concrète qui appelle une contrepartie idéelle (abstraite). La contrepartie ne peut donc jamais être objectivable ; elle ne serait elle-même que symbole, symbole qui appelle. Le phénomène ne devient symbole que lorsqu'il évoque en nous, non quelque *chose,* mais un *état d'être* qu'il nous est impossible de décrire mais que nous pouvons vivre.

Que veut dire ceci ?

Rien de ce que nous concevons *cérébralement* n'est purement abstrait : toute abstraction est forcément « enveloppée » de valeurs concrètes, sinon elle ne serait qu'un mot sans signification mentale ; d'autre part, l'*intuition,* avant que nous ne l'enveloppions de notions concrètes, est une intelligence directe et, à ce moment, nous *vivons cette Connaissance.*

Mais en dehors de nos facultés cérébrales nous avons encore une autre source « intellective » qui est le confondement psychique, source de tout ce que nous éprouvons comme émotion. Le physique est pénétrable par le *psychique,* lequel est un état en dehors de notre temps et de notre espace *physique* : c'est pourquoi je parle de confondement avec le psychique.

Le moyen le plus direct de ce confondement est l'émotion. L'émotion, nous la *vivons*. Nous pouvons comprendre sa cause matérielle, nous pouvons comprendre ses conséquences matérielles, mais nous ne pouvons que *vivre* l'émotion elle-même, c'est-à-dire l'éprouver, et non la comprendre.

Or, au-delà de notre faculté intellectuelle psychique nous avons encore une faculté qui, elle, est la vraie source de notre conscience de l'harmonie.

C'est en réalité à ce sens de synthèse que s'adresse la symbolique.

Nous avons l'habitude d'entendre par synthèse un assemblage d'éléments qui se coordonnent pour former un tout nouveau. Je donne au mot « synthèse » un autre sens : celui de la *virtualité.* Ainsi je considère, par exemple, que la semence d'une pomme sera la synthèse, la virtualité du pommier. Par contre le pommier qui en vient sera, à travers sa végétation, l'analyse de cette synthèse, dont nous pouvons ensuite concevoir cérébralement un composé que nous appelons globalement le pommier.

Toute semence est la synthèse de ce qu'elle va produire, et ce qu'elle va produire sera le symbole concret de cette synthèse virtuelle que son apparence concrète (le symbole) va évoquer. Cette virtualité évoquée est la vraie réponse, la contrepartie abstraite du symbole concret.

Remarquez cet exemple qui définit exactement la signification véridique du « *symbole* », et ne permet plus de le confondre avec « *l'emblème* » ou autres figurations arbitraires qui n'ont aucune valeur philosophique.

Entendez bien aussi le mot « synthèse » : c'est notre sens de synthèse qui équilibre et guide tous nos comportements. Il nous permet de marcher parce que, sans nous en rendre compte psychologiquement, en allant en avant nous connaissons l'arrière. Si nous n'avions pas en nous la connaissance synthétique des directions, nous ne pourrions pas nous mouvoir. En l'absence de ce sens synthétisant nous ne pourrions jamais agir, nous ne pourrions jamais voir, malgré notre faculté visuelle, parce que nous ne pourrions rien distinguer d'entre tout ce qui est lumineux. Nous ne pourrions jamais entendre, malgré notre mécanisme auditif, parce que nous ne pourrions pas isoler ce que nous voulons entendre parmi tous les différents bruits : tout ne serait qu'un chaos de bruits.

Ce qu'est la croissance, la végétation, l'analyse, qui vient de la synthèse semence, l'intelligence cérébrale l'est par rapport au sens de la synthèse. Un son ne devient ton musical qu'à travers notre sens de synthèse qui établit le rapport de ce son avec tous les autres sons que nous n'entendons pas. Il ne s'agit pas ici de mémoire : celle-ci ne peut jouer que dans une seule direction à la fois. Le cerveau est un disséqueur, un chimiste, un mécanicien, il appartient aux « choses » fixées, arrêtées dans une limite : les cadavres de la vie.

C'est ce sens de synthèse que les Sages pharaoniques appelaient l'Intelligence du Cœur, et c'est parce qu'ils fondaient la Connaissance et toute leur science sur cette faculté divine en l'homme, qu'ils ont pu être plus positifs que nous ne le sommes, parce qu'ils ont su voir et ne s'exprimer même par l'écriture, que par symboles.

Si leur écriture purement imagée, symbolique, offre également une forme grammaticale — c'est-à-dire qui peut être lue en langue parlée — le véritable sens, le sens hiératique, se lit mais ne peut être exprimé en mots.

La symbolique hiératique est en soi une écriture et non une langue. En symbolique le symbole s'adresse essentiellement, à travers notre sens de synthèse, à la *Connaissance innée.*

Une pierre, par exemple, n'est symbole pour nous que parce que nous pouvons « vivre », c'est-à-dire « évoquer » ses caractéristiques, telles la dureté et la nature minérale, ce que nous allons ensuite éprouver émotivement avant de l'analyser cérébralement. C'est cette *évocation* de la spécificité de la pierre qui sera l'enseignement du symbole, et non ses conséquences émotives et analytiques. Celles-ci sont la réduction au quantitatif d'un état transcendant.

Pour ces raisons, la lecture en symbolique exige une éducation puisque nous sommes toujours naturellement portés à procéder à cette réduction.

Exemple de Symbole-Synthèse.

Pour illustrer ceci, prenons l'exemple du signe *sa,* que l'on rencontre d'innombrables fois dans une phrase inscrite verticalement à l'arrière du Roi officiant, dans un groupe de signes qui se lit alors : « *Que la protection* (sa) *soit autour de toi.* »

Pourquoi donner le sens de « protection » au signe « *sa* », homonyme de *sa,* dos, et que représente-t-il exactement ?

Le dictionnaire nous répond : « *Sa, abri de berger fait de paillassons* », et l'observation de cet objet, fréquemment figuré dans ce qu'il est convenu d'appeler « les scènes de la vie privée », a conduit à la définition suivante : « *Sa, objet dans lequel on reconnaît la couverture enroulée que le berger porte en bandoulière au cours de ses déplace-*

Fig. 10. — *Un homme croisant les ailes des oiseaux qui viennent d'être pris au filet. Le signe* sa *est entre le sac et la gourde. (Tombe de* Ti.)

ments (1). » Cette interprétation est surtout dictée par la représentation de bergers faisant passer le gué à des troupeaux ; on peut les voir en effet portant sur l'épaule un bâton auquel est suspendue leur gourde et leur « couverture enroulée » (*sa*) passée en bandoulière. Mais faisons, nous aussi, une promenade à travers les tombes et cherchons-y diverses représentations de ce signe sans nous contenter de l'explication qui pourtant semble évidente : que le signe *sa* soit un abri de paillasson ou une couverture, l'idée de protection apparaît clairement et le sens de ce symbole semble, à première vue, élucidé.

Ici, nous voyons un homme accroupi, entièrement nu, croiser les ailes des oiseaux qui viennent d'être pris au filet, afin de les empêcher de s'échapper ; non loin de lui il a posé sa bourriche, sa gourde, son sac à provisions et sa « couverture enroulée », *sa*. Un peu plus loin, auprès de deux autres hommes occupés à fabriquer un filet de chasse, ces mêmes objets sont également déposés : ils ne sont donc pas l'apanage du seul berger et, notons-le, ces hommes ne les portent pas sur eux ; toutefois l'interprétation classique reste parfaitement plausible.

Mais dans la tombe de *Ptah-Hotep*, une autre représentation du signe *sa* donne à réfléchir : là, ce n'est plus un berger en cours de déplacement qui transporte son matériel sur son épaule, c'est un bouvier, complètement nu, qui porte le signe *sa* étroitement serré autour de son cou ; il retient d'une main ses deux extrémités d'un geste qui

(1) P. Montet, *Les scènes de la vie privée*, p. 101.

évoque exactement la forme du hiéroplyphe ; de l'autre main, il brandit un bâton pour maintenir alignés les bovidés qui dépiquent le grain sur l'aire. Sous le soleil torride de la saison des récoltes, ce bouvier n'a nul besoin d'une couverture : pourquoi donc porte-t-il sur lui le symbole *sa* dans ce cas particulier ? Ne faudrait-il pas alors le comprendre dans le sens de « protecteur de la nuque » ? Mais pour quelle raison protéger spécialement l'arrière du cou ?

Fig. 11. — *Le bouvier tenant la couverture* sa *autour de son cou maintient les bœufs alignés qui tournent sur l'aire.*

Ici, plusieurs symboles nous guident vers une même idée fondamentale qui nous révèle l'importance attachée par les Anciens à la colonne cervicale ainsi que leur connaissance du corps humain.

Parmi les nombreux bijoux représentés particulièrement sur les sarcophages ou sur les peintures murales des tombes, on trouve des colliers variés. Certains d'entre eux ne comportent que quelques perles enfilées que l'on portait serrées autour du cou, ayant pour nom « *gardien du cou* », et également « *pour ce qui est dans le cœur* » (1).

D'autre part, le grand collier *ousekh,* composé de larges rangs de perles, s'applique sur le haut de la poitrine et se termine à l'arrière par deux têtes de faucon portant le plus souvent sur la nuque un croissant surmonté d'une perle, symbole rappelant

(1) Cf. G. Jéquier, *Frises d'objets,* p. 50.

étrangement le croissant renversé au-dessus d'un ovale, gravés sur le hiéroglyphe du cœur. Les deux têtes de faucon retiennent le contrepoids dénommé « *pour vivre* » qui vient se poser sur les dernières vertèbres cervicales et les premières dorsales.

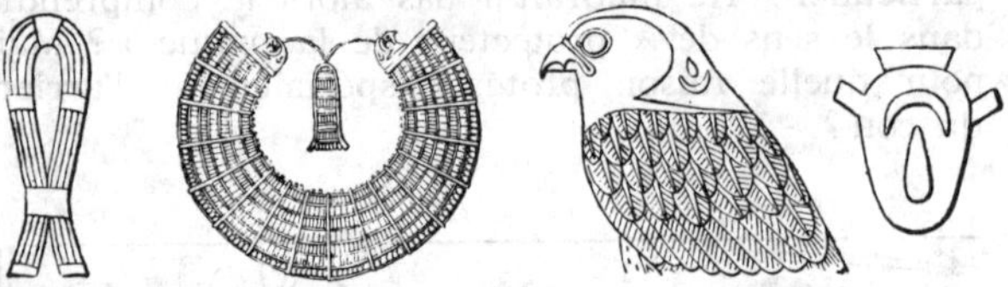

Fig. 12. — *De gauche à droite : le signe* sa, *le collier* ousekh, *la tête de faucon et le symbole du cœur.*

Or, dans le canon pharaonique, une ligne très importante vient souligner le niveau de la base du cou et, dans le rituel, c'est également en ce point que le *Neter* donne la vie au Roi lorsqu'il offre l'*ankh* derrière lui. L'ensemble de ces observations concorde pour démontrer que les Anciens attachaient une énorme importance à ce point du corps qu'ils devaient considérer comme un nœud vital. Or la physiologie moderne nous apprend qu'en effet, du ganglion cervical inférieur et du premier dorsal, le *ganglion stellaire,* naissent les deux racines du nerf cardiaque inférieur qui innerve le cœur ; or, c'est précisément en cet endroit que s'applique le pendentif « *pour vivre* ».

Chez l'homme, toutefois, trois ganglions nerveux innervent le cœur (l'inférieur, le moyen et le supérieur), tous trois répartis le long de la colonne cervicale ; ainsi maintenant se dessine le sens de la « couverture » *sa,* « protection », portée sur la nuque, des perles symboliques gardiennes du cou — et du cœur — du pendentif « pour vivre », du don de la Vie par le *Neter,* dont le symbole phonétique *sa* résume à lui seul tous les sens impliqués.

Si chez l'homme, ainsi qu'il a été dit, trois ganglions cervicaux innervent le cœur, pour le chien il suffit de frapper le seul ganglion *inférieur* pour provoquer un arrêt du cœur. Aussi est-il particulièrement intéressant de noter que, dans les scènes de chasse, les chiens portent toujours un collier de protection en ce point (1).

Fig. 13. — *Le chien de chasse porte un collier de protection et saisit l'oryx par la nuque.*

⁂

Avec la symbolique nous entrouvrons la porte de l'ésotérisme, c'est-à-dire du monde de l'impulsion des mobiles. Ce n'est plus le domaine du « Comment » des choses, mais celui qui répond à « Pourquoi ? »

Or la pensée scientifique de notre Occident a des raisons patentes pour refuser la recherche des causes : les moyens purement cérébraux mis à son service ne le lui permettent pas. Entrer dans le domaine du « pourquoi » des choses n'aurait d'ailleurs eu, jusqu'à présent, aucune importance pour nos scientistes dont la foi était purement matérialiste et mécaniste. Ils ne pouvaient s'intéresser qu'à l'enchaînement matériel des phénomènes.

Or, à cette heure-ci, la science se voit retranchée jusqu'au problème fondamental de la gravitation, et c'est à l'Energie Cosmique, indéterminée non polarisée, qu'elle va devoir faire appel. Alors, fatalement, il faudra se demander : pourquoi ? — Pourquoi ? — parce qu'il n'existe aucune « raison raisonnable » pour une polarisation de cette énergie cosmique. C'est nécessairement à une forme d'Intellection supérieure qu'il faudra s'adresser pour « l'en-

(1) Notes extraites du « Fichier des symboles ».

tendre », à moins de se réfugier dans la pure foi telle qu'elle fût toujours offerte par les Sages à la masse de l'humanité, foi qui ne perd nullement sa valeur spirituelle lorsqu'elle est remplacée par la Connaissance, parce que la source ultime reste inaccessible à l'appréhension de la créature.

Il s'agit donc seulement aujourd'hui d'une phase de l'élargissement de la Conscience et non d'un « ravissement » en la Conscience absolue.

Le sens de synthèse, l'Intelligence du Cœur, est la Conscience cosmique de l'être humain, comme la virtualité de tout le pommier est son universalité dans sa graine. Cette conscience — non spécifiée si ce n'est par l'être humain — est celle de la Nature innée en son état actuel. Elle se distingue de la conscience psychologique et analytique, comme la virtualité en la graine se distingue de la végétation analytique de l'être auquel elle donne forme.

Ainsi que les choses perçues évoquent notre mémoire, provoquant les associations d'idées, semblablement (mais dans un ordre plus vaste, plus universel) la symbolique a pour but d'évoquer un état de conscience, lequel ne sera plus une mise en rapport d'éléments semblables (comme pour le jeu de mémoire), mais une pénétration dans l'essence de l' « objet symbole » lui-même.

Or il y a trois formes d'évocations possibles :

Dans son aspect le plus haut, l'évocation par le symbole est un état de confondement qu'on appellera en yoga le « *Samadi* », réservé à de rares mystiques. C'est l'extase.

L'état le plus bas de cette évocation est de nature psychique et agit bien plus souvent que nous pourrions le croire, surtout chez les êtres particulièrement émotifs.

L'état initiatique de l'évocation se place entre les deux ; il est de caractère mental supérieur, c'est-à-dire d'abstraction pure, mais exige un moyen terme entre l'appel fait au sens de synthèse et l'intuition pure avant sa concrétisation cérébrale.

C'est ici, à proprement parler, la clé d'une science qui s'exprime par la symbolique. C'est l'essence de la pensée pharaonique.

Il s'agit de « vivre », et cela n'est possible, dans son aspect pratique, que par la « fonction ».

Afin de rendre plus accessible cette proposition, souvenons-nous de ce qu'en mathématique et physique on appelle les grandeurs imaginaires. Ainsi parlera-t-on d'une « racine de moins un » comme valeur imaginaire, de même l'axe sera imaginaire, l'éther des physiciens d'hier était une « imaginaire », étant sans densité et malgré cela supposé plus élastique que l'acier. On appellera ainsi imaginaire une réalité logique qui échappe à l'appréhensibilité de nos sens et, ce qui est remarquable, cet objet logique est parfaitement inimaginable. Pourtant nous avons la certitude intellectuelle de l'existence de ces êtres. Or cette certitude, nous ne l'avons encore que par déduction des faits connus. Elle constitue l'hypothèse, situant ces valeurs imaginaires dans une équation de la pensée, comblant la lacune que l'intelligence cérébrale constate mais ne peut pas objectiver.

Ainsi l'intelligence cérébrale ou psychologique permet toutes les combinaisons, mais chaque élément de ces associations doit être fourni par un fait naturel tangible. Lorsque intervient une lacune dans la combinaison logique, nous cherchons à lui attribuer des qualités qui devraient, à notre mesure offerte par les faits tangibles, produire les conséquences que nous désirons.

Nous pouvons globalement dire par exemple qu'un grain de blé donnera du blé seulement, et un spermatozoaire humain donnera un être humain. Entre ces extrêmes tangibles du phénomène se situe une phase ontologique dont nous ne pourrons jamais comprendre effectivement cérébralement tous les « moments » mystérieux, car les phases de cette transformation progressive obéissent à une logique vitale conditionnée par l'ambiance cosmique, et non pas seulement par l'ambiance physique scientifiquement contrôlable. Alors nous usons de suppositions pour expliquer un processus que nous ne pourrions concevoir *en vérité* qu'en nous identifiant aux Fonctions cosmiques dont il dépend.

La vision intuitive, c'est-à-dire la Conscience non formulée en espace et temps, sera évoquée par l'objet ou le phénomène qui est pris comme symbole dès que nous nous mettons dans l'état mentalement neutre (sans pensée), état qui nous permet d'être

Fonction, d'être activité vitale avec lui : ceci revient à dire qu'il faut sentir et éprouver la fonction de l' « activité vitale » de cet objet ou de ce phénomène.

En symbolique hiératique le but n'est plus de transcrire dans un domaine sensible, mais de nous mettre dans l'état « magiquement » identique avec l'objet symbole, afin de devenir pesant avec le poids, rouge avec la couleur rouge, brûlant avec le feu.

Ces choses sont possibles à des degrés plus ou moins parfaits, suivant notre préparation.

Nous pouvons imaginer des gestes et des états en transmuant ainsi ce que l'observation nous montre de l'objet symbole. Il est plus facile de comprendre ceci lorsque nous procédons à cette *imitation imaginative* d'un être vivant comme, par exemple, d'imiter imaginativement les gestes, regards et accents d'un interlocuteur. Si nous réussissons à le *vivre* de cette façon nous le connaîtrons, parce que nous éprouverons émotivement et mentalement l'impulsion et l'intention qui l'obligent à se comporter de cette façon.

C'est toujours la « fonction » caractéristique et définissante de l'objet symbole que nous devons chercher à imiter imaginairement, afin d'éveiller l'intuition qui fera notre conscience de la « nature » du symbole. C'est pourquoi le symbole qui est un objet utilitaire ou la figuration d'un organe sera plus facile à interpréter que des symboles mentaux. Aussi voyons-nous le hiéroglyphe, c'est-à-dire le glyphe symbolique en Egypte, généralement présenté dans un geste que j'appellerai Principe en action.

Si l'on n'a pas compris l' « ouverture du cœur » que peut donner l'acquisition de cette mentalité nouvelle, on peut se demander : « A quoi bon tant d'efforts pour déchiffrer un enseignement si éloigné de nous ? »

Nous répondrons : « Cela sert à nous arrêter dans notre *chute dangereuse,* et à nous donner un moyen pour remonter vers notre but *surhumain.* »

En effet, nous devons comprendre que tout ce qui est dit de cette façon va bien au-delà de notre entendement ordinaire et concerne le secret des lois vitales.

Ainsi la dernière découverte des physiciens, le noyau négatif, l'*antiproton* (1), est connue et décrite depuis longtemps par les Sages pharaoniques sous le symbole de la Couronne blanche personnifiée et parlant par gestes et attributs.

Mais nos physiciens ne feront de ces connaissances que des instruments de valeur mécanique et non un instrument de Vie. Lorsqu'on est engagé sur un chemin, il faut nécessairement se laisser conduire par lui à sa destination. Or, c'est le but de notre effort que d'orienter notre directive, à travers une pensée symbolique qui permet de dire ce que nos langues étriquées ne peuvent exprimer, *vers un autre chemin, direct, conduisant l'homme au-delà de son état animalement humain actuel.*

Si nous voulons nous donner la peine de considérer d'un regard plus naïf que critique ce qu'est la symbolique, nous trouverons qu'il s'agit là d'un mode d'entendement et d'expression plus vivant, plus simple et plus facile que la forme cérébrale de notre pensée, dont la complexité savante finit même par être réservée à de rares cerveaux qui n'y résistent d'ailleurs pas toujours.

Evidemment, il s'agit d'abord pour pratiquer la symbolique, d'une éducation particulière, une orientation dirigée de la mentalité, mais n'est-ce pas la pensée intime des « symbolistes » en général, qu'une profonde rééducation de l'humanité s'impose de nos jours ?

Or cette rééducation ne se fera pas à travers la théorie. Ce n'est qu'à force de redire ces choses pour créer une ambiance suggestive que finira par s'éveiller le discernement, puis l'attrait des conceptions vitalement vraies. C'est toujours ainsi seulement qu'une élite se forme et progresse dans notre Humanité.

L'Humanité ne progressera jamais dans le sens d'un élargissement de la Conscience, par le seul effet des arguments ou par l'observation des lois d'enchaînement logique, que ce soit en philosophie, en géométrie ou autre soi-disant symbolisme de remplacement.

(1) Cf. chap. VIII.

Le progrès profond de la pensée ne se fera point par la démonstration, par exemple, d'un nouveau théorème géométrique. A quoi cela sert-il, dans le sens évolutionniste, de montrer les rapports du Nombre d'or (que l'on a justement tort d'appeler un nombre), avec le pentagone et le développement de celui-ci en hexagone et de tous les enchaînements logiques des volumes réguliers platoniciens ? Je connais ces choses ; telles quelles, ce ne sont toujours encore que des satisfactions mentales.

Il m'importe plus de découvrir, dans les fonctions ϕ, *du Pi du pentagone, la fonction qui les oblige d'être tels.*

Il m'importe plus de connaître pourquoi, par l'équinoxe de printemps, le mollusque, de mâle, devient femelle...

Je puis trouver une joie sensuelle à la description lyrique de l'éclosion des bourgeons au printemps et de l'appel animal des sexes, mais il m'importe plus de vivre avec cette poussée de la sève dont le feu va fixer la substance impondérable pour la corporifier en bourgeon, et d'apprendre pourquoi celui-ci va éclore à tel endroit défini de la branche, en fleur ou en feuille.

Que je réussisse plus ou moins à vivre ces instants, qu'importe : l'essentiel est le *profond désir* d'éveiller cet état supérieur de la conscience car ce désir intense est déjà un dépassement.

Plus proche de l'instinct primitif, plus proche du divin par la simplicité, une grande humanité passée a su vivre l'entendement de la symbolique de la nature.

Quand des Sages, en connaissance de la loi qui commande notre terre, ont transcrit l'Orient — le lever — par une courbe de cercle, et qu'à l'heure du couchant spirituel de notre humanité ils ont dédoublé les centres pour en faire des ogives qui finissent en flamboyant, nous n'y voyons que des styles au lieu d'y lire l'avertissement concernant la loi vitale. Les Sages puisent leurs symboles dans tous les domaines perceptibles à nos sens, ou logiquement compréhensibles telle la géométrie, pour exprimer l'inexprimable qui anime la « chose », qui la fait naître, vivre, mourir et renaître sur le fil sans fin où se forment les nœuds que nous appelons les choses « vivantes ».

Le symbolisme restera un jeu littéraire s'il n'est pas ordonné en *symbolique,* c'est-à-dire en culture dépassant les facultés de raisonnement : un humanisme supérieur (1).

(1) Texte inédit.

CHAPITRE V

NOTIONS ÉLÉMENTAIRES DU NOMBRE COMME CLEF DE LA CONNAISSANCE

L'habitude est probablement le plus grand obstacle pour voir la vérité. Ainsi l'habitude fait qu'en parlant ou écrivant, nous ne nous rendons même plus compte des causes et buts de notre geste. Tout être animé forme un tout qui peut se suffire à lui-même, du moins serions-nous en droit de le croire. Or, avec la division sexuelle, ce Tout en Un ne se suffit plus. Il devient Deux et les deux parties de ce Tout sont nécessaires pour faire une Totalité qui se suffit. Avec la progéniture, cette dualité devient une Trinité.

Dès que l'Unité de l'être animé est divisée d'une façon ou d'une autre, il faut un moyen d'échange ou de communication. Il peut primitivement être tactile, mais dès qu'il y a conscience, donc intelligence (si primitive soit-elle), naît aussi la nécessité de la transmission du sentiment, de l'observation et plus tard de la pensée.

Ainsi le toucher, le bruit, le son, le son modulé, et finalement le son articulé et la parole, sont les manifestations de la complexité de la conscience, et signifient qu'il y a séparation d'un être en deux et trois parts de lui-même, d'où nécessité de communiquer entre ces parts.

Le bruit, le son, le chant, la parole, sont aussi révélateurs de tout un monde de causes et effets qui nous sont tellement habituels que nous ne sommes plus affectés par ce phénomène, pourtant formidable dès que nous en prenons conscience.

Fig. 14. — « *Danser pour le* Ka » *et psalmodier* : « *h.h.h.h.* »... « *i.i.i.i.* » *sur le rythme scandé par le claquement des mains.*

De même l'écriture, symbolique ou hiéroglyphique, ensuite idéogrammatique, alphabétique finalement, est une véritable magie, puisqu'elle permet à un homme de penser et vivre un monde à lui, et de transmettre à un lecteur sa pensée, sa sensation, son expérience, sa volonté, par de simples signes et sans autre communication directe de sa personne, fût-ce même par la parole.

Dans l'écriture comme dans la parole nous voyons une évolution, ou plus justement, une *transformation* des *moyens* correspondant à la complexité des causes et buts de la transmission.

Cette transformation des moyens ne signifie pas du tout une évolution vers une perfection, car une évolution peut très bien aller vers une imperfection signifiant seulement une transformation conforme au temps et aux conditions ambiantes.

Si les moyens de transmission de la conscience étaient restés purs, la parole serait un bruit ou un son modulé et rythmé sans aucune complication de grammaire ou de syntaxe, exprimant tout par le seul rythme (1), l'intensité et la suite des sons et leurs variations ; l'écriture serait faite d'images représentant des objets et des idéogrammes convenus pour les pensées abstraites.

Dans le calcul, par contre, il n'y a rien d'artificiel. Du fait d'*être,* n'importe quel être manifeste le Nombre. La quantité s'impose. Tout être est d'abord lui-même, donc un, et d'après lui il *constate,* donc *compte,* les autres unités.

Il peut ainsi additionner des unités jusqu'à une certaine limite où s'arrête son intelligence de la

(1) Chant primitif monocorde, langage émotif.

Fig. 15. — *Entraînés par les chants et les danses, sept hommes halent vers la tombe la statue funéraire du nomarque.*

quantité. Les animaux ne peuvent compter, suivant leur espèce, que jusqu'à un certain nombre, l'homme lui-même se trouve arrêté à l'infini qui n'est autre chose que la limite de son intelligence des quantités. Pour un animal pouvant compter jusqu'à cinq, la quantité six est son infini.

Certainement nous pouvons compter par millions, billions et quintillions, mais ce n'est là qu'une addition ; dans la transcription nous devons compter les zéros et, par un artifice de virgule, déterminer le nom que nous donnons à ce nombre. Ce n'est plus là compter, mais multiplier un nombre fondamental. Pour obvier à cette difficulté on remplace les unités *qui dépassent notre entendement* par des unités simples nouvelles. Ainsi en astronomie parlons-nous d'années-lumière, en microbiologie d'unités-souris, etc.

Les Anciens posaient comme nombre frontière de l'infini le million, ou dix en sixième puissance $= 10^6$.

Le nombre s'impose, il ne résulte pas de la volonté de l'homme ni de son intelligence.

L'intelligence est, par contre, la faculté de dénombrer.

L'Unité primitive d'un être se dédoublant sexuellement *manifeste* le nombre Deux, et il est juste de dire : la sexualité n'est pas autre chose que la manifestation du nombre Deux. L'intelligence d'une huître s'arrête au nombre Un, elle n'est qu'un Ego et rien de plus. Elle ne se connaît pas mâle, car elle est mâle sans femelle ; elle ne se connaît pas femelle car elle est femelle sans mâle, suivant son époque.

Avec la progéniture vient l'intelligence du Trois

et, suivant le nombre maximum normal d'une portée, l'intelligence d'un plus grand nombre.

La femelle sait compter ses petits jusqu'à un certain nombre. Si par accident elle en a surplus, elle les perd, les oublie, ils dépassent son cadre fini ; c'est comme si le surnombre de ses petits se perdait « dans l'infini de l'Univers ».

Ainsi, très exactement, les nombres *mesurent notre Univers,* et nous parlons d'un infiniment petit et d'un infiniment grand, ce qui justement signifie : en deçà et au-delà de notre *intelligence.*

Le Nombre nous gouverne, nous commande ; le Nombre nous limite, nous encadre.

C'est par l'intelligence que nous prétendons pénétrer la vie secrète de la nature, c'est-à-dire que par la faculté limitée du dénombrement nous voulons connaître le Nombre. C'est absurde. Jamais l'intelligence ne pénétrera les causes de la Vie.

Voyons plus loin.

Nous entendons le son par notre oreille. Nous savons par expérience qu'il y a des sons que nous n'entendons pas encore et des sons que nous n'entendons plus. Nous savons donc que des vibrations existent qui font partie de celles que nous appelons, dans une certaine limite, les sons, mais ce sont des sons inaudibles et nous ne les appelons plus des sons.

Notre univers sensoriel est limité par des nombres. Nous savons pourtant qu'il y a des nombres (vibrations en ce cas) en deçà et au-delà de nos sens.

Dans ce cas nous ne dénombrons plus et notre intelligence cesse. C'est une nouvelle faculté qui intervient, et celle-ci est le propre de l'homme : c'est l'*Entendement,* disaient les Anciens, la Raison, disons-nous aujourd'hui.

Le mot *Entendement* est plus juste, ne fût-ce que parce que l'oreille qui entend dans une limite de nombres, précisément nous démontre aussi, directement, l'existence de sons non audibles physiquement mais « audibles » par cet autre sens qui est l'Entendement. On le définit ordinairement comme la *faculté de coordonner des notions.* Les Anciens disaient : l'Entendement n'appartient qu'à l'Homme, car il l'a reçu par l'insufflation de l'âme divine.

Il faut en effet quelque chose de particulier pour

qu'il y ait « Entendement » : les fonctions sensorielles, les fonctions mnémoniques cérébrales (donc la faculté du dénombrement, ou intelligence) ne suffisent plus.

Avec les sons inaudibles nous entrons dans un domaine nouveau où *nous entendons des sons sans notre sens auditif.* Nous savons qu'ils existent et rien de sensible ne nous les révèle. Nous le savons par déduction.

Nous pouvons produire des vibrations que nous n'entendons plus et pourtant nous savons qu'il s'agit de sons, parce que notre Entendement nous dit que cela doit être des sons. C'est un absurdum physique, concret, puisque nous appelons son ce qui manifestement n'est plus un son pour nous. Pourtant ce n'est pas un absurdum logique, c'est-à-dire pour l'Entendement. Ainsi nous parlerons, entre autres, de nombres incommensurables en énonçant de ce fait un absurdum physique. Notre « Entendement » nous dit que ce nombre n'a pas de fin quand notre *intelligence* nous démontre que ce « sans fin » n'existe pas, qu'il y a une fin à la frontière de l'*infini.*

L'intelligence situe tout en un monde fini. L'Entendement nous montre un infini « incompréhensible ». Dans un cas comme dans l'autre, cependant, il n'est pas faux de dire : « *L'Entendement nous dit que...* »

C'est en effet une Connaissance en nous qui existe en dehors de toute expérience, une connaissance *a priori* qui nous permet d'affirmer certaines choses sans que l'intelligence et les sens puissent nous le révéler. C'est ici le conflit sans solution qui permet à un Spinoza — et autres — d'affirmer une philosophie métaphysique, et à un Kant d'en démontrer l'inanité. En effet l'Entendement peut *affirmer* des vérités que l'intelligence ne peut *confirmer,* donc tant que la philosophie voudra faire concorder ces deux points de vue elle sera vaine. Autrement dit : le dénombrement définit une limite et pose de ce fait un infini ; le Nombre est hors des limites et de ce fait ne reconnaît pas d'infini.

L'intelligence est la faculté de dénombrer, l'Entendement est la Conscience du Nombre.

On peut donc construire une arithmétique et une

mathématique (pris dans le sens ordinaire) avec l'intelligence. Tant que l'on voudra *dénombrer*, on ne pourra pas connaître le Nombre.

C'est l'*Entendement, en dehors de toute intelligence,* qui, seul, nous permet d'aborder le Nombre. Ceci peut paraître absurde, mais je vais m'expliquer.

Le Nombre ne reconnaît pas d'infini, et nous savons maintenant que ceci veut dire : l'Entendement, cette connaissance innée par l'étincelle de l'âme divine, ne *reconnaît* pas d'infini.

Pour reconnaître quelque chose il faut être en dehors de cette chose. Le fini peut reconnaître un infini, l'Universel ne peut pas se limiter à un particulier, et si, en jouant avec les mots, je puis me faire « entendre », je dirais : *ce qui est infini ne peut pas admettre une dualité « fini et infini », car tout « fini » est immanent à l'« infini ».*

Ainsi, par un étrange jeu : le Nombre qui est l' « infini », l'Universel, l'Ame du Monde, est parfaitement *défini.*

Ceci étant une *base,* l'assise de toute la Connaissance du Nombre, je dois ici l'expliquer plus clairement : le Nombre n'est pas un dénombrement mais une « entité ». Quand en arithmétique nous disons trois et le figurons par le symbole 3, nous entendons trois unités additionnées.

Quand nous parlons du *Nombre* Trois, nous signifions un triangle, une surface triangulaire, car trois unités ne peuvent se grouper qu'en une suite ou ligne, ou en triangle.

J'ai dit : le Nombre est une *entité* (ici individualité), je veux dire par cela qu'il est un être, comprenant un *Ego,* sa quantité, sa mesure, en tant que nombre dénombrable (qui est un individu) ; de plus il a sa *fonction* parce qu'il n'existe qu'en tant que rapport ; enfin il a sa *forme.* Tout cela demande un long développement que nous suivrons doucement, ce que je veux ici montrer se bornant à la nature du Nombre.

Le *chiffre arithmétique,* entier ou fractionné, prétend à une grandeur, une quantité arrêtée. Le Nombre, ai-je dit, est une *fonction.* Pour comprendre cela sans entrer déjà dans des considérations métaphysiques, il me faut parler de géométrie.

Prenons d'abord l'exemple du cercle, pour le calcul

duquel on utilise le nombre *Pi,* qui est dit « incommensurable », le « chiffre » type de l'infini. Le Diamètre a, dit-on, une valeur définie, alors la circonférence est incommensurable. Mais si nous posons que la circonférence est absolument définie, c'est le Diamètre qui sera « incommensurable ». Autrement dit : l'incommensurable est une fiction, la circonférence ne l'est pas plus que le diamètre, ou bien l'un ou l'autre peut l'être. Cercle et diamètre sont des grandeurs quelconques, et *Pi en est le rapport, or le rapport est une fonction. Pi est la fonction du cercle, c'est le Nombre du Cercle* (1).

Ce nombre n'est ni grand ni petit, mais si nous voulons le transcrire nous ne le pourrons plus : l'Entendement est une connaissance innée que l'intelligence ne peut pas comprendre.

Autrement dit : en géométrie les valeurs ne sont que des rapports. Il est indifférent de quel côté on place le chiffre infini arithmétique, c'est le rapport qui définit la forme, ou, plus justement, c'est la forme qui détermine le rapport.

Le *Nombre* étant par ailleurs toujours une forme géométrique, il n'est qu'une fonction ou rapport et jamais un chiffre. Il n'est ni fini ni infini, il est universel.

⁂

Maintenant je vais peut-être pouvoir faire « sentir » ce qu'est le Nombre : le Nombre est une *fonction,* il est une *forme,* il est une *Entité.*

Si nous voulons décomposer cette forme nous trouverons dans cette analyse toujours des éléments en rapport, les uns finis, les autres infinis. C'est tomber du Nombre-Entendement dans le chiffre-intelligence. « Tomber » veut dire ici : passer de la notion universelle à l'intelligence concrète, réduire l'Univers à un particulier. *L'Universel n'est ni grand ni petit,* ni fini ni infini, il ne comprend aucune scission.

(1) Autre exemple : Tracer un carré parfait, dont chaque côté a une grandeur parfaitement définie, soit 10. La Surface est 100. La moitié de la Surface est également définie, elle vaut 50. Cependant, la diagonale qui divise le carré en deux triangles égaux est incommensurable.

Le Particulier est à l'image de l'Universel, il comprend des grandeurs et des divisions, il est analysable parce que borné, encadré, limité.

Le Nombre lui-même n'est pas analysable. Il est une Entité indivisible et représente une forme abstraite et des fonctions. Il devient un « rapport » quand il est placé dans la forme concrète.

Ceci est la clé pour l'étude des Nombres et personne ne pourra jamais étudier les Nombres s'il veut les composer ou décomposer comme des chiffres.

En arithmétique 1, 2, 3, 4, sont des valeurs composées de 1 × 1, ou 2 × 1, ou 3 × 1, ou 4 × 1. Mais les *Nombres* 1, 2, 3, 4, sont des points abstraits ou des lignes, des triangles ou des carrés ; ils sont androgynes ou sexués, procréateurs ou progéniture, ils sont actifs ou passifs, ils sont éléments naturels, vie ou mort, des principes, ce ne sont pas des *quantités,* mais les *qualités* de tout dans le Monde.

Ceci dit, nous passerons à une étude résumée des Nombres (1).

DE L'UNITE

ENTREE A L'ETUDE DES NOMBRES

Les explications élémentaires sur les Nombres conduisent à conclure à un caractère cosmique du Nombre et à une mentalité particulière pour leur compréhension. Comment la considération des Nombres peut-elle amener à jeter quelque lumière sur les Lois cosmiques ? Ceci ne se fait que par la considération des *nécessités immanentes* aux Nombres.

Ils ne peuvent être que ce qu'ils sont, ils ne peuvent créer que certains rapports entre eux, il ne peut en découler que certaines fonctions invariables.

(1) Texte inédit.

Ce sont des lois qui s'imposent à l'entendement et aucun argument ne peut aller contre.

Par exemple un nombre multiplié, c'est-à-dire répété autant de fois qu'il est lui-même composé d'unités, constitue un carré. Ceci est inéluctable, ne peut pas être autrement. Il y a là quelque chose de fatal à quoi toute raison doit se plier. Ceci est tellement évident que nul homme n'a jamais songé à le contester.

Mais, à la réflexion, n'est-il pas étrange que cela soit inéluctable ? Ne nous trouvons-nous pas devant un *fait absolu* dans ce cas, cet « absolu » que toute la Nature refuse ailleurs ?

Sans aucun doute. C'est pour cela que le *Nombre appartient au « Monde éternel »* du *Timée* de Platon. Ce monde non créé et immuable, c'est le Nombre ; ainsi la Science du Nombre est la Science de l'Unité, elle nous montre intelligiblement que tout procède de l'Unité et y retourne à travers la *diversité*, laquelle diversité est précisément notre Monde créé à l'image de l'exemple du Monde éternel.

Certes nous ne pouvons pas *comprendre* l'Unité, mais notre *Entendement* nous dit qu'*elle doit exister*.

Je redis ici qu'il faut procéder par la mentalité particulière de l'Entendement pour aborder ces questions, sinon il faut se résigner à ne jamais pénétrer dans ce Monde « occulte » pour l'intelligence, et se contenter de la mentalité de l'intelligence cérébrale et rester dans le cadre fini, limité par un infini inconnaissable.

Pour m'expliquer, voici comment les mathématiques définissent l'Unité : $\frac{a}{a} = 1$.

Ceci signifie que n'importe quelle grandeur peut être considérée comme valant Un, parce qu'une chose ne peut être divisée par elle-même qu'*une fois*. Ceci est parfaitement vrai. C'est même tellement vrai que cela nous incite à nous en contenter puisque notre *intelligence* est parfaitement satisfaite. Mais analysons un peu le cas et nous allons, par un exemple concret et primaire, voir des choses curieuses.

Une pomme divisée par elle-même est Un. Cette unité ne signifie pas : une pomme, elle signifie « Un » tout court, puisqu'une table divisée par elle-même est également Un, et qu'une demi-pomme divisée par elle-même vaudra également Un. Algébriquement exprimé :

$$\text{Si } \frac{a}{a} = 1, \frac{n}{n} \text{ est toujours égal à 1.}$$

Il s'agit donc ici, pour la définition de la *notion* de l'Unité, de l'emploi de deux termes : la quantité est exigée par ce raisonnement. Ainsi, la notion de l'Unité n'est pas absolue, puisqu'une quantité quelconque peut être divisée par sa quantité égale :

$$\frac{2}{2} = 1; \frac{3}{3} = 1, \text{etc. comme } \frac{1}{1} = 1.$$

Or, Un divisé par Un n'exclut pas, au contraire *impose,* les fractions de cette *Unité quantitative* :

$$\frac{\text{un demi}}{\text{un demi}} = \mathit{Un}, \frac{\text{un centième}}{\text{un centième}} = \mathit{Un},$$

et ainsi de suite.

Or l'intelligence des chiffres, comme nombres dénombrant des quantités, a des limites comme nous l'avons vu et nous devons écrire $\frac{\text{Infini}}{\text{Infini}} = \mathit{Un}$, ce qui est logique et s'impose. Mais ici l'Entendement s'oppose et nous dit : « l'infini » n'a pas de limites, donc n'a pas plus de quantité mesurable ou exprimable, de sorte que l'infini ne peut être divisé, ou bien il l'est infiniment. Dans les deux cas il n'est plus *Un,* mais indivisible il est *zéro* ; ou bien, infiniment divisible, il est un nombre infini. La formule $\frac{\text{Infini}}{\text{Infini}} = \mathit{Un}$ est une *réalité logique,* et une *absurdité pour la raison* ou l'Entendement.

Voici comment la définition de l'Unité mathématique démontre les deux mentalités, les deux voies, mais pousser l'analyse à ce point, c'est démontrer l'inanité de cette définition comme Unité absolue.

Nous pouvons également démontrer cet absurde de l'Unité mathématique par un autre raisonnement. Si $\frac{1}{1} = 1$, et que cette unité *soit vraiment une Unité* comme l'exige notre Entendement, alors elle ne doit pas être divisible.

Or : $1 : \frac{1}{2} = 2, \quad 1 : \frac{1}{3} = 3$, etc.

Le quotient de la division croît avec la réduction du diviseur. Or, chaque unité arithmétique est composée d'une « infinité » de fractions, puisqu'il s'agit toujours de quantités.

Donc l'Unité arithmétique n'est pas une Unité vraie, intangible, éternelle : ce n'est qu'une unité quantitative et elle mène à cet autre absurdum pour l'Entendement que $1 : \frac{1}{\text{Infini}} = \text{Infini}$.

Or, seul le Monde total peut être considéré comme divisible par l'infini, et cela donnerait Un et non l'infini.

Exemple :

$$\frac{\text{Un}}{\text{Monde}} = \text{Infini, ou } \frac{\text{Monde}}{\text{Un}} = \text{Infini ou Monde.}$$

Ici, Un = Monde, donc le Monde = Un.

Il est admissible que l'unité arithmétique, qui n'est qu'*une unité,* et l'Unité absolue, divisées par l'infini (qui est donc également soit infiniment petit, soit infiniment grand), donnent inversement un infini en grand ou en petit. Pour encore mieux m'expliquer :

Si le diviseur infini signifie *infiniment grand,* une unité quelconque (qui est donc limitée) ne peut plus être divisée, car elle serait infiniment *petite* par rapport à cet infiniment grand. Donc ce raisonnement mathématique ne peut tenir que si nous définissons cet infini comme infiniment *grand* ou infiniment *petit* ; alors on peut dire : $\frac{\text{infiniment grand}}{\text{infiniment grand}} = \textit{Un}$, ou bien $\frac{\text{infiniment petit}}{\text{infiniment petit}} = \textit{Un}$, et nous pouvons ôter le Symbole (et la notion) de l'infiniment, et parler simplement d'une quantité divisée par elle-même, qu'elle soit grande ou petite, pourvu qu'elle reste dans la limite du nombre intelligible.

Et tout cela ne nous sert à rien du tout... sinon à nous leurrer, pour répondre à la question de l'Entendement qui nous dit très impérieusement ceci : « Il doit y avoir une Unité vraie, c'est-à-dire qui n'est plus *composée* de parties, une *Unité indivisible, qui vraiment, en toute vérité soit une Unité originelle.*

L'Entendement, c'est-à-dire cette conscience innée de l'Ame divine, nous affirme que cela doit être, car il *doit* y avoir une origine à *tout ce qui existe,* parce que tout cela est né, est devenu, donc a subi naissance et mort, n'est qu'un passage, n'est pas absolu. Et notre intelligence nous répond que cela est probablement ainsi mais que *nous ne pouvons pas le comprendre.*

Et c'est vrai : nous ne pouvons pas le *comprendre.*

Ici se trace la frontière qui sépare les hommes plus terriblement que n'importe quel gouffre. Les uns se mettent du côté de l'intelligence et disent : « Nous ne pouvons pas comprendre, donc laissons cela. » Ceux-là sont légion. Ils répondent à l'inertie naturelle et vivront jusqu'au jour du Grand Jugement qui vient pour chacun à travers les tourmentes des souffrances, jugement qui dira à la Conscience : « Il y avait donc autre chose ? Et j'ai tant vécu, tant lutté, tant souffert, au lieu de regarder en écoutant la voix éternelle qui, en moi, criait : « J'affirme, j'affirme, et si tu ne comprends pas — alors crois. »

Les autres, peut-être déjà préparés par le passé vécu, admettent sans comprendre et font l'effort de suivre l'Entendement contre *toute* intelligence.

J'essaie d'exprimer ici le drame réel qui se joue en tout homme qui cherche. Cela, croit-on, peut se simplifier par « la foi du charbonnier » : « Tant pis, croyons. » Mais cela ne mène à rien de croire ainsi à Dieu, à l'Unité inconnaissable, car ce Dieu est toujours un papa à longue barbe blanche, symbole probablement d'une très grande vieillesse que les hommes *admettent* d'accorder à un « bon Dieu » *à leur image.*

Nous allons donc maintenant ne pas nous contenter d'*admettre* avec l'intelligence, mais *affirmer* avec l'Entendement, qu'il existe une Unité indivisible, absolue, origine de tout (donc de tous les Nombres) et nous allons voir ce que nous pourrons en faire.

D'abord *comment* cette Unité peut-elle exister ? Quelque chose en nous doit nous permettre, sinon d'aborder ce point inconcevable, du moins de le circonscrire.

Il est un phénomène étrange que l'on appelle la Conscience. Sans entrer encore dans l'étude de la Conscience Réelle, voyons d'abord la conscience sensorielle et cérébrale.

Le mot « conscience » signifie avant tout : « Une science avec... » Il faut deux éléments opposés pour qu'il y ait une conscience. Nous avons conscience d'une grandeur par rapport à une autre grandeur. Quelque chose de grand en comparaison avec quelque chose de plus petit. Quelque chose existe parce que nous pouvons le comparer à une fraction de cette chose, et finalement nous pouvons dire : telle chose existe parce que nous pouvons la comparer au moment où elle n'existait pas. Trivialement on peut dire : telles de nos dents n'existent pas jusqu'à ce qu'elles deviennent douloureuses ; alors nous aurons conscience qu'elles existent. C'est toujours, en dernière analyse, la comparaison extrême qui s'impose : nous n'avons conscience de l'existence de quelque chose (nous-même ou une partie de notre corps, un objet, etc.), que par la *faculté de la comparaison avec la non-existence de cette chose.*

Nous disons cette table existe parce qu'elle peut aussi ne pas exister.

Et si telle chose ne pouvait pas ne pas exister, jamais nous n'aurions conscience de son existence. S'il n'y avait jamais de nuit ni d'ombre, nous n'aurions jamais conscience du jour et de la lumière. Si nous ne pouvons pas comparer, nous n'avons simplement pas conscience. Il peut y avoir dans le monde une foule de phénomènes que nous ignorons, n'ayant aucun point de comparaison pour les connaître. La Loi qui s'impose pour avoir conscience de quelque chose est celle-ci : mettez-vous dans le cas où cette chose inconnue (mais dont l'existence est, *a priori,* admise) est supprimée. Ainsi, par la *négation* qui s'appellera en science « élimination », par progression, on arrive à l'*affirmation.*

Ceci est une loi qu'il faut noter : c'est un point capital si l'on veut aborder l'étude de la Nature.

Notre conscience n'existe que par la comparaison ; l'affirmation, pour la créature, ne procède que de la négation ; donc tout procède d'une scission ou division en quelque chose qui affirme par rapport à quelque chose qui nie, mais nous ne pouvons procéder, venant du Monde créé, que par la Négation. Ainsi nous nous situons, dès le commencement, dans un monde par rapport à un autre dont notre entendement nous affirme l'existence : le monde où tout procéderait, à l'inverse de nous, par affirmation pure et simple. Le Monde des Nombres est le Monde éternel, invariable, où il n'y a que l'affirmation. Notre monde, à l'image de l'autre, est variable, *il est une négation constante jusqu'à l'affirmation.* Il est la conséquence d'une Dualité, d'une scission, d'une division, la Cause de son existence, la Cause de sa chute, comme disent les Ecritures.

Notre Entendement nous affirme l'Unité absolue que l'intelligence ne comprend pas, et *cette affirmation nous échappe,* n'est qu'un mot, une *sensation de vérité,* et nous ne pouvons en prendre conscience obscurément que si nous *opposons,* à cette affirmation de l'Unité, la possibilité de son absence, de son non-être. Or ni son être, l'Unité absolue, ni *son absence* vraie, ne nous paraissent évidentes, mais nous pouvons comprendre la négation pure et simple du fait de ne plus chercher à comprendre.

Il y a donc, dans l'affirmation de l'Entendement dès l'origine, une dualité pour nous, et à l'Unité absolue nous opposons tout de suite une dualité qui, elle, comprend un Oui et un Non, quelque chose de divisible procédant, comme notre raison nous le dit mystérieusement, d'une scission, d'une division.

Or nous pouvons chercher de mille manières, nous devons finalement conclure ceci : il y a nécessairement une Unité vraie, indivisible, donc incompréhensible.

De cette Unité naît la première notion compréhensible par une division.

Donc, il y a à l'origine de toute création une Unité qui doit comprendre en elle, incompréhensiblement (chaos), toutes les possibilités ; et sa première manifestation se fera par la division ; donc il y a à l'origine de toutes les notions : Un et Deux, soit Trois principes dont l'un explique l'autre, incompréhensible en lui-même.

Nous voici donc, à travers l'abstraction, entrés au cœur même de la métaphysique, et nous avons maintenant en main le sens et la clef des Nombres.

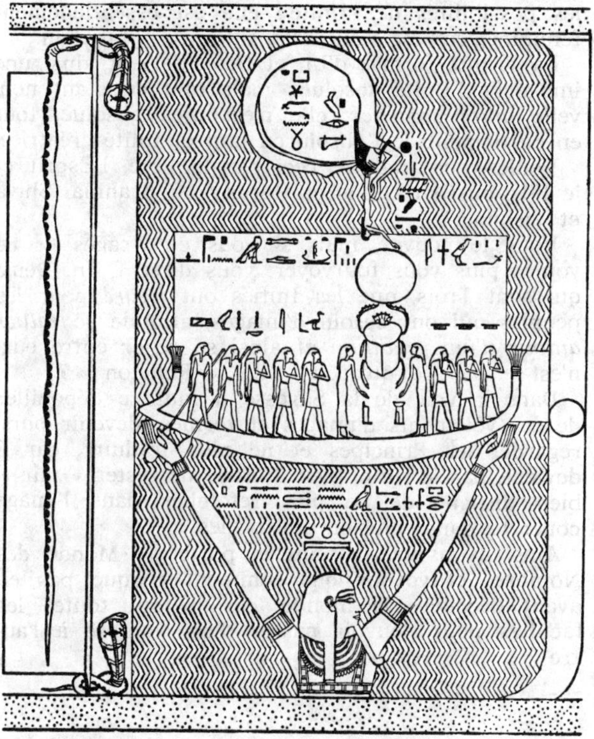

Fig. 16. — Noun, *eaux primordiales, duquel naîtra* Toum, *l'*Unique *dans le* Nou, *effet de la première scission ;* Toum *signifie en même temps la totalité des existences et la négation, le non-être. En haut de l'image, le monde renversé : la* Douat, « *encerclée par Osiris* ».

(La partie supérieure de l'image doit être regardée renversée.)

Voici la Trinité divine, la Trinité qui se retrouve infailliblement à l'origine de toute chose, de tout raisonnement, la Trinité qui soutient tout, l'assise sur laquelle le monde se construit, car tout en découle.

L'Unité originelle a en elle toutes les possibilités, celle d'*être* et de *non-être*. Elle est donc de nature androgyne.

La Dualité a en elle la scission, la division, elle émane de l'Unité, et elle reçoit en même temps les possibilités de l'Unité ; elle est essentiellement féminine, comme nous allons le voir plus loin.

La Trinité formée d'Un et Deux devient ainsi une image de l'Unité absolue ; mais tout en étant nouvelle *unité créatrice*, elle n'est plus absolue, tout en participant de l'Absolu en tant qu'Unité créatrice.

Voulez-vous traduire ceci par le Père, l'Esprit et le Fils, ou Osiris, Isis et Horus ? ou Brahma, Shiva et Vishnou ?

Vous le pouvez, mais si vous êtes sages et ne voulez plus vous fourvoyer, vous direz : Un, Deux, qui sont Trois, que les Initiés ont *figuré* pour les peuples qui ont besoin d'images, afin de se *rallier autour d'une tradition* et ainsi se relier entre eux, n'est-ce pas ce qu'on appelle « Religion » ?

Dans la voie de la Sagesse il faut se dépouiller de ces vêtements d'images et formes, devenir purs, regarder les Principes et ne plus traduire, car il devient, par la suite, bien difficile de rester « pur », bien difficile de ne plus retomber dans l'image concrète, dans l'illusion des formes.

Ainsi avons-nous atteint la porte du Monde des Nombres et voyons-nous comment chaque pas en avant découvre le monde, car il faut toutes les facultés pour pouvoir passer d'un Nombre à l'autre (1).

(1) Texte inédit.

CHAPITRE VI

ÉLÉMENTS ET TRIANGLES

L'Unité absolue c'est le Dieu caché des Juifs, c'est le Dieu inconnu et incompréhensible, l'Imprononçable des Egyptiens, c'est *Sat*, c'est-à-dire : « Cela est », des Brahmanes ; mais les Chrétiens n'en parlent pas si ce n'est à propos de leur dispute quant à la filiation où le Père, avant les « siècles » (cycles), était Unique.

Dès que l'Unité se dédouble et présente les deux faces de toute chose compréhensible, alors il y a Trinité. Parce qu'elle est indissoluble et qu'à l'origine de toute chose nous retrouvons cette Trinité, le christianisme, comme toutes les religions initiatiques d'ailleurs, a posé ce ternaire comme *Divinité créatrice.*

Une surface, première forme compréhensible, doit avoir au moins trois côtés ; la lumière est formée de trois couleurs simples : le rouge, le jaune et le bleu, qui donnent toutes les autres teintes ; trois sons forment l'accord parfait ; mâle, femelle et produit forment l'espèce ; deux éléments et une médiété font l'assise de tout raisonnement, de toute l'esthétique, de tout calcul, etc. (1).

Or, l'Unité absolue ne peut pas engendrer. Elle est stable, invariable, éternelle.

C'est le Dieu des Dieux (2) duquel émane le Monde

(1) Ceci est correct. Il faut pourtant noter que la Trinité est la clef de toute *intelligence* et que — peut-être — il y a une autre clef pour l'Entendement, ce que nous verrons plus tard.

(2) En Égypte, le *Neter* des *Neter*.

du seul fait « qu'il contemple sa propre face », *ce qui est le dédoublement,* la scission, la première fonction de toutes : la *division.* Chez toutes les choses vivantes : *si, à l'origine, ne se fait pas la division de la chose en elle-même, il n'y a pas de procréation.* Nous le voyons à la scissiparité des êtres primitifs : amibes, bacilles, coques, etc., et finalement chez toute cellule dans la karyokinèse.

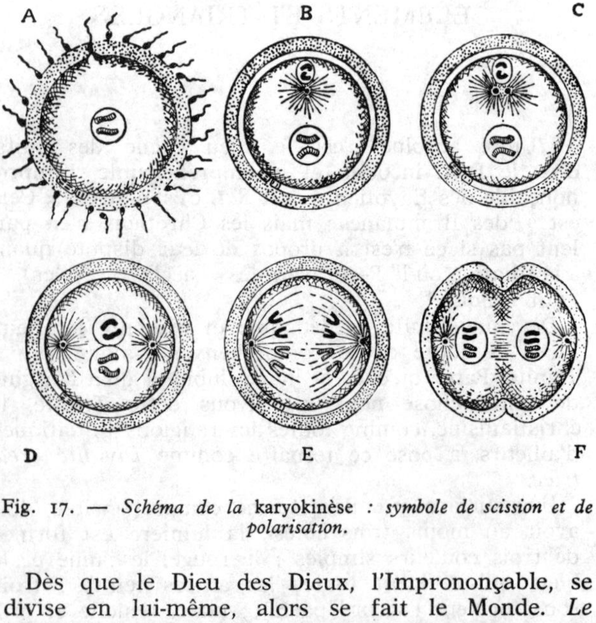

Fig. 17. — *Schéma de la* karyokinèse *: symbole de scission et de polarisation.*

Dès que le Dieu des Dieux, l'Imprononçable, se divise en lui-même, alors se fait le Monde. *Le Monde n'est que l'Unique divisé.* C'est donc une fonction fondamentale que nous devrons retrouver chaque fois qu'il y aura création ou, plus exactement : pro-création (à l'image de la création). Mais il doit y avoir également quelque part une *Création,* visible, tangible, ce qui a guidé les vieux Philosophes dans leurs recherches... De même nous retrouvons cette « création seconde » par *inversion* de soi-même chaque fois qu'un état absolu sera atteint, car la scission — la séparation, l'inversion, la dualisation — *s'impose* à tout état ayant atteint l'absolue expression de sa nature. (Réversibilité chimique. Bourgeon des plantes.)

Le Nombre, par l'analyse complète que nous en faisons, nous l'apprend.

L'Unique, donc, ne procrée pas : *Il est*. Le Monde est et devient dès qu'Il se regarde Lui-même. Voici la base de toute philosophie.

Pour pouvoir procréer, il faut Trois Principes en Un, comportant deux natures opposées, sorties l'une de l'autre. (Image : Adam et Eve.)

Ceci parce que le nombre Deux est le premier nombre multiple.

Une fois Un sera toujours Un. Voilà que Deux fois Deux font un carré, une *surface engendrée, quelque chose* enfin qui résulte, en procréation, d'une fonction.

Nous avons donc connaissance maintenant d'une foule de choses : d'abord la Nature des Nombres :

a) le Nombre Unique, cause de Tout,

b) le ternaire, base créatrice,

c) la Dualité, opposition de l'Unique.

Nous connaissons également les fonctions de toute création :

a) la division qui manifeste la vie,

b) l'addition qui joint ce qui s'est séparé dès la Cause originelle,

c) la multiplication qui procrée.

Nous avons encore quelque chose de bien curieux, c'est l'ensemble des Nombres *Un, Deux, Trois,* et la première forme procréée qui est deux fois deux ou le carré *Quatre.*

Ces nombres progressent en triangle et les quatre forment le triangle Dix, ou Décade de Quatre, ou « *Tétractys* ».

I
I I
I I I
I I I I

L'infini illusoire de l'intelligence est contenu dans le Nombre, dès le nombre appelé « Un », et *toutes les possibilités de l'Univers* sont contenues en ce triangle Dix. Il n'y a plus de place pour un

« infini » car « *toutes les possibilités* » signifient qu'il n'y a rien au-delà.

En effet, nous ne pouvons pas trouver d'autres éléments, d'autres notions fondamentales, d'autres fonctions que celles découvertes jusqu'ici dans cette décade. Le serment pythagoricien sur la Tétractys est donc ce qu'il y a de plus sacré (1).

Voyons maintenant quelles sont les formes engendrées dans la décade :

1° Il y a le triangle, première surface possible. Le triangle n'est *engendré d'aucun mouvement.* Il résulte d'une addition uniquement, addition d'éléments manifestés par scission.

2° Il y a le nombre Trois et Trois, c'est-à-dire Six, qui résulte de l'addition du premier triangle avec le nombre *Trois* qu'il manifeste. Ce nombre Six est un rectangle car les côtés sont inégaux deux par deux et sont formés de Trois et de Deux. Le rectangle n'est donc pas une forme engendrée, mais une forme qui résulte de *deux triangles additionnés.*

3° Il y a le carré qui résulte d'une multiplication du premier nombre multipliable qui est Deux. Il est effectivement une forme engendrée, il est même la Forme universelle en ce sens que tout ce qui est matériel est basé sur un carré, comme nous allons le voir plus tard.

4° Il y a le cercle car l'Unité absolue est ce qui toujours *est* en soi, toujours revient à soi et jamais ne sort de soi-même. C'est pourquoi toute vie est cyclique, car, selon le vieil adage des Philosophes initiés : tout se dissout en ce de quoi il est fait. Tout retourne à son origine. De plus nous retrouverons dans le cercle toutes les qualités qui doivent, suivant l'Entendement, se trouver dans l'« Unique ».

(1) Le nombre dix est la somme du premier quaternaire : « Or, ces nombres contiennent la consonance de quarte..., celle de quinte.. celle d'octave dans la raison double et celle de double octave dans la raison quadruple, et par là est complété le diagramme immuable. » (*Théon de Smyrne*, p. 153 et *Temple de l'Homme*, I, 214).

5° Toutes les autres formes existantes sont engendrées de ces trois formes fondamentales : triangle, carré, cercle. (Mais il vaut mieux ne regarder le cercle que comme « cycle » et non comme « forme ».)

Nous avons donc, avec la Décade, les Quatre éléments de toutes les formes ; ce sont les Quatre éléments, comme les quatre tempéraments de toute expression vitale.

C'est pourquoi les Anciens résument toute la science en ces paroles : Tout est venu d'Un et retourne à Un, par les Trois Principes et les Quatre éléments.

Pourquoi appelons-nous les quatre nombres de la décade des « éléments » ?

— Il faut d'abord, pour répondre, faire abstraction de l'habitude arithmétique, et voir, en chacun de ces nombres, non plus une *addition* d'unités mais vraiment une entité nouvelle, une nouvelle Unité. Il y a l'Unité Un, l'Unité Deux, l'Unité Trois, l'Unité Quatre. Chacune est une Unité qui peut engendrer à son tour comme une Unité.

Chacune de ces Unités comprend en elle le caractère et les qualités des Unités précédentes.

Si maintenant nous voulons tenir compte de la nature de ces nombres, nous allons pouvoir tracer la Décade et ses correspondances immédiates :

Symbolisme	I	= Feu
	I I	= Air
	I I I	= Eau
	I I I I	= Terre

Le Feu Un est la Cause de Tout.

Quand il est manifesté il devient Trois = Eau, ce qui est bien l'inverse de la Cause, l'opposé, comme le montre le symbole. Il y a donc trois fois le Feu en l'Eau ; deux fois le Feu c'est l'Air ; deux fois l'Air c'est la Terre. Mais il y a en l'Eau, surtout, par gestation directe, de l'Air et du Feu : soit Trois qui vient de Un et Deux.

Il y a, en la Terre, Quatre : de l'Eau et du Feu, Trois et Un.

Tout résulte donc du rapport du Feu Un, à l'Eau Trois.

Je ne donne cette image, incomplète ici, que pour créer la mentalité et non pas pour expliquer les Eléments, puisque pour le moment nous sommes encore dans la Décade métaphysique, et que la matière formée ne commence qu'avec le nombre Quatre. Puisque d'autre part les Eléments sont précisément les éléments constitutifs des choses créées, il faut qu'ils soient eux-mêmes devenus matérialisables. Or nous savons déjà que tout ce qui est né l'est par la Triade originelle. Les éléments ne seront donc vraiment « Eléments » que lorsque les trois natures seront en chacun. Alors la nature du Feu sera triple d'Un ; celle de l'Air sera triple de Deux, l'Eau sera triple de Trois, et la Terre triple de Quatre.

Fig. 18. — *Les quatre éléments. De gauche à droite : Terre, Eau, Air et Feu.*

Les nombres Un, Deux, Trois, Quatre, n'étant pas arithmétiques, il ne faut pas traduire ces triplicités par : Trois, Six, Neuf, Douze ; mais seulement trois ;

trois ; trois ; et trois ; et chacun des trois aura une nature différente. C'est pourquoi les Anciens considéraient chacun des Eléments comme participant des Trois Principes, et les ont figurés par des triangles. De plus, les Eléments doivent être reconnaissables et distincts entre eux, donc ils ont des qualités.

Parmi toutes les qualités possibles que peut avoir la matière formée, on a reconnu celles de chaud, froid, sec et humide qui résument absolument toutes les possibilités. Pour définir une chose il faut toujours lui reconnaître deux de ces qualités, car le chaud par exemple peut être humide ou sec ; il faut le spécifier, etc.

Ainsi le Feu est dit chaud et sec, car il absorbe (fixe) l'humide ou le chasse.

L'Eau, froide et humide, est opposée au Feu.

L'Air est dit chaud et humide car il est un Feu dont la sécheresse est vaincue ; de même qu'il est une Eau dont la froideur est vaincue par le chaud, l'Air est dit : « nourricier » ou nourriture.

La Terre est froide et sèche, comme étant une Eau dans laquelle la sécheresse du Feu a vaincu l'humide.

Il y a dans cette généalogie des Eléments *toute la science de la Genèse,* et je dois la situer à cette place car elle s'impose dès la Décade originelle.

En se servant du triangle comme symbole des Eléments, les Anciens ont donc répondu exactement au sens métaphysique de la nature de ces Eléments. De plus le symbole exprime exactement ce qu'il doit dire, le triangle du Feu regardant vers le haut comme étant la Cause, le triangle de l'Eau regardant vers le bas comme étant le *Feu renversé,* l'Unité absolue étant manifestée ; donc tout était Eau au commencement, disent nos Maîtres, car si l'Eau n'est pas encore la matière *formée,* comme l'est la Terre, elle est la source ou véritable matière sans forme.

Nous savons déjà qu'il faut au Trois de l'Eau une Unité Feu, la *semence,* pour se coaguler en Terre et être Quatre. Nous voyons comment le triangle du Feu est pur, comment le triangle de l'Air est un Feu ayant pris l'humidité de l'Eau, l'autre triangle opposé et pur, et comment le triangle de la terre est celui de l'Eau à l'humidité compensée par la sécheresse du Feu.

La perfection de toutes les perfections est signifiée par le Feu pur compensé entièrement par l'Eau pure, c'est-à-dire quand tout est revenu à un parfait équilibre, où rien ne domine plus, que les Quatre éléments sont retournés en Un, unique, que les Quatre qualités sont compensées, donc : Feu + Eau, ce qui est l'hexagramme, appelé « bouclier de David » par la Kabbale, et, en fait, comme nous le verrons plus tard dans les fonctions de *Pi,* la clef des mesures cosmiques et non autre chose que le symbole de la Réalité (la pyramide).

Et déjà nous comprenons que c'est la Pyramide à la base Carrée, qui le mieux représente le Carré (base) des quatre Eléments triangulaires (faces). Quatre fois le triangle ; c'est nécessairement la Pyramide.

Nous voyons encore ici comment chaque pas de l'étude des Nombres exige une explication complète qui découle de la considération de chaque Nombre et c'est ainsi que l'étude des Nombres est l'étude des Lois du Monde.

Avons-nous tout considéré avec la sainte Tétractys ? La totalité de ce qu'elle contient ? Loin, bien loin de là.

Nous connaissons les quatre nombres et leurs qualités, nous connaissons les Trois Principes de Vie, nous connaissons les Quatre éléments et leur nature.

Nous savons qu'il y a un triangle non généré et un carré généré, mais nous ne savons rien encore sur leur nature et leurs possibilités.

Nous allons voir tout cela tranquillement en continuant notre promenade.

Maintenant nous allons apprendre quelque chose d'extraordinaire, quelque chose de sacré que nous devrons bien garder dans notre cœur.

D'abord intercalons une explication secondaire. Plusieurs fois nous avons employé le mot « les Anciens ». Ce n'est pas sans raison. Quand on veut approcher la Science, il faut en apprendre les termes. Il y a une tradition qui ne se perdra jamais et celle-ci veut que « les Anciens » désignent : les *Maîtres gardiens de la Science sacrée,* ceux qui, pour une raison très secrète, gardent la Connaissance dans tous ses détails de la Genèse, conservant sa forme intégrale, pour ainsi dire sans omettre une virgule, fidèles gardiens de la tradition, comme les Nordiques gardaient *verbalement* l'Edda et les bardes celtes la légende du roi Arthur, comme encore nous la trouvons tracée dans les temples d'Egypte.

Les Anciens sont nos Maîtres. Ils nous enseignent point par point, pas à pas. *Nous ne citons donc jamais les Anciens sans sous-entendre qu'il s'agit là d'un enseignement fondamental.*

Mais revenons à nos nombres. Nous en connaissons quatre, avec lesquels sont données les Dix unités complètes de la première Décade qui renferme toutes les possibilités. C'est ici le triangle de l'Origine dont le caractère est de comporter *Neuf unités groupées autour de l'Unité divine et incompréhensible.* Le mythe pharaonique illustre ceci par le Mystère héliopolitain, où est racontée la création de la grande Ennéade (les Neuf Principes) issus de *Noun,* les Eaux primordiales. Et ainsi que la Kabbale nous l'enseigne, nous voyons en la Tétractys mystique comment Neuf légions d'Anges entourent le trône du Dieu caché, « *Celui dont le nom est inconnu* » :

I

I I

I I I

I I I I

Tétractys mystique.

Mais nous avons appris que nous ne pouvons rien *comprendre,* rien connaître *d'initial qui ne soit pas triangulaire,* de sorte que seulement la figure construite autour de la Trinité d'origine sera la première forme compréhensible parfaite. Le triangle de la Décade, ou *Tétractys,* est le triangle métaphysique ou divin, tandis que le triangle de Quinze, ou *Pentactys,* sera le premier triangle des choses :

I

I I

I I I

I I I I

I I I I I

Tétractys manifesté,
ou *Pentactys.*

Quand ce triangle est manifesté, nous voyons comment les Douze Lieux entourent le Triangle divin créateur. Ce seront les douze lieux du Monde et, puisqu'ils sont *animateurs,* on les appellera animants ou zoodiaque (cycle animal).

C'est le Dieu animateur qui donne la Vie, mais ce sont les douze lieux qui donneront le corps animé animal, donc domineront les douze parties du *corps.* Ce que l'on peut mettre en relation avec les douze méridiens de l'acupuncture chinoise, c'est-à-dire les douze vaisseaux dans lesquels circule l'énergie animant les divers organes.

« Les canaux, par flux et reflux cosmique, conduisent l'énergie solaire blanche et rouge à travers tous les lieux où dorment les douze puissances enfermées dans les organes. Une fois chaque deux heures de la nuit et du jour, chacune des douze s'éveille lors du passage de *Râ,* ce soleil du sang, puis se rendort (1). »

Les trois mystères du mythe pharaonique illustrent admirablement ce qui vient d'être dit à propos de la *Tétractys mystique* et de la *Pentactys manifestée* :

A *Héliopolis* est enseignée la métaphysique de l'Œuvre cosmique par la révélation de l'acte créateur de la scission de l'*Unité Noun,* et la *naissance des Neuf Principes,* c'est-à-dire toutes les bases sur lesquelles le monde sensible va s'établir en devenant accessible à l'intelligence humaine.

A *Memphis,* seront matérialisés les principes métaphysiques, et c'est avec *Ptah, Sekhmet* et *Néfertoum* qu'apparaît la première *Triade formelle* expliquant ce qu'Héliopolis affirme.

A *Thèbes* seulement sera défini le fruit de cette Genèse, avec la Triade *Amon, Mout* et *Khonsou* ; or il est une anomalie du mythe qui ne s'explique que grâce à la Pentactys : à Thèbes, la « Grande Ennéade » comprend *Quinze Neter,* et le dernier des

(1) Cf. *Le Temple de l'Homme* et quelques explications dans *Le Roi de la Théocratie pharaonique*, pp. 193-199. Les anciens Égyptiens subdivisaient les douze mois de l'année en *trois* décades chacun, de sorte qu'ils comptaient 36 *décans* que tout sage ou médecin devait connaître.

En acupuncture chinoise, il est reconnu que pendant chaque période de deux heures du jour et de la nuit, tel ou tel méridien est en pleine période d'activité. (Cf. Soulié de Morand, *Traité d'acupuncture chinoise.*)

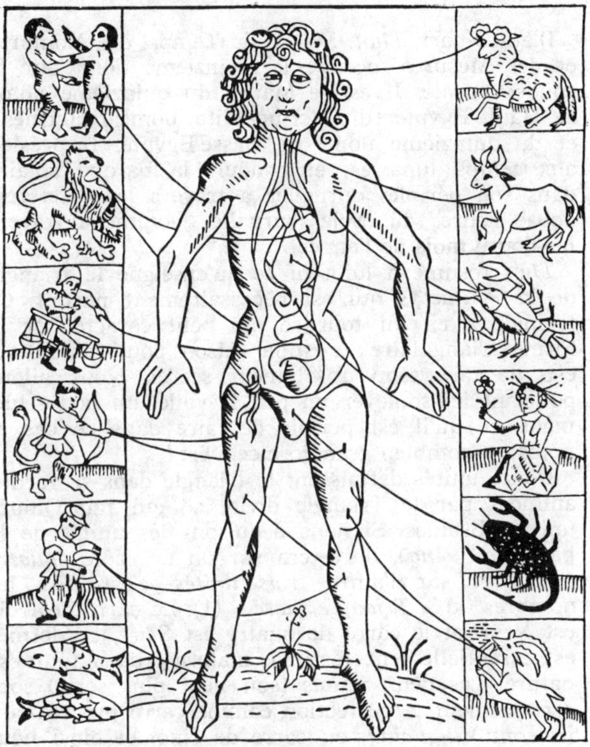

Fig. 19. — *Attribution des douze signes du zodiaque aux parties essentielles du corps. Dans les textes des Pyramides, les vertèbres de la nuque sont attribuées au Taureau* sma, *le cœur et la poitrine, écrits avec la poitrine du Lion, sont attribués à* Bastet *la chatte, aspect pacifique de la Lionne, le ventre est attribué à* Nout *(Vierge), les deux cuisses (aspect générateur) à* Neith *et* Selkit, *le scorpion. A Philae, on montre l'*Osiris-Nil *dont les sources jaillissent de la jambe d'Osiris (Verseau), etc.*

Quinze, *Iouni* (un des aspects d'*Amon*) est dit « *Seigneur des Neuf* » *et de la fête de la nouvelle Lune.* On ne saurait mieux insister sur le nombre *Quinze* ! (1).

(1) Le nombre *Quinze* résulte aussi d'un autre jeu numérique non moins intéressant. La progression géométrique citée plus loin : *Un*, qui devient *Deux*, puis *Quatre*, puis *Huit*, a pour somme : $1 + 2 + 4 + 8 = 15$.

D'autre part, *Thot,* Maître du Temps, des Nombres et des Mesures, occupe le Quinzième doigt sur la coudée royale. Il est le Maître du quinzième nome de Haute-Egypte (dit Hermopolite, nome d'Hermès), et du quinzième nome de Basse-Egypte. Il préside aux temps lunaires, et conduit la barque solaire dans son périple journalier à travers les deux fois douze heures du cycle journalier, comme à travers les douze mois de l'année.

Thot résume à lui seul ce qu'enseigne le triangle de la *Pentactys* qui est nécessairement parfait. Ce triangle a en lui tout ce qui peut caractériser la forme triangulaire ; c'est la raison pour laquelle il est, en fait, tenu absolument secret. Nous allons pourtant ici soulever un peu le voile, un peu seulement, ce qu'il est permis de faire dans ce cas et pourtant combien grandiose cela est !

Douze unités définissent le triangle dans sa forme, animées par le Triangle divin, ce qui fait Quinze unités absolues. Si nous déduisons les unités de la base (soit *cinq*), il restera sur un des côtés *quatre unités* et sur l'autre *trois unités,* c'est-à-dire les nombres du « *Triangle sacré* » (1). Le carré de trois est *Neuf,* et le carré de quatre est *Seize,* ce dernier est essentiellement féminin, maternel dans toute sa nature. Les deux réunis (soit neuf plus seize) sont certainement la perfection comme carré procréateur, ils sont *Vingt-cinq,* ou carré de cinq, et ainsi nous retrouvons toujours, comme finale des *nombres créateurs,* ce merveilleux nombre *Cinq* qui clôture le cycle des Nombres « cause », ou originels, comme le Pentateuque le fait pour la Genèse de Moïse, comme la Pentecôte le fait pour la révélation christique, comme le sont les cinq doigts de la main et les cinq membres (tête comprise) pour l'homme, l'étoile à cinq branches.

Ainsi l'Un a créé le Monde jusqu'à l'Homme.

D'abord Il s'est divisé en deux aspects de LUI-MEME.

Il s'est regardé et a vu, seul, Son autre Face. Ainsi fut Deux, soit, Un, Un.

Et ce fut la révélation de Lui en Trinité, et je vais dire ici quelque chose de bizarre :

(1) Cf. *infra :* « L'homme et les mesures ».

Fig. 20. — *La croix en émail bleu sombre sur fond d'or, ici tracée en noir, a comme proportion* trois *pour la branche supérieure,* quatre *pour la branche inférieure et* cinq *pour la branche transversale.*

La croix n'est pas formée de branches égales, le haut vaut *Trois*, le bas vaut *Quatre* et la branche transversale *Cinq* et, dans l'image christique, qui ne veut pas mesurer au pénis, on a dû allonger un peu un bras pour faire la mesure.

Car c'est ici le secret de la croix :

Elle ne forme pas seulement quatre branches et deux diamètres et quatre triangles, mais aussi trois mesures inégales α et ω symbole qui comporte Tout, c'est vrai, car L'HOMME est fixé sur elle.

Ayant ainsi déjà les Trois Principes que les Anciens appelaient aussi Soufre, Sel et Mercure, soit Feu qui anime, matière qui soutient, et forme qui fixe, nous voyons que ces principes n'existent pas, sans que soit en même temps donnée la Dualité, matrice des Quatre Eléments d'assise ou, suivant les Anciens, Feu et Air contenus en Eau et Terre.

En ces Quatre Eléments sont immanents les Trois Principes qui nous viennent, comme le Souffle créateur, des Douze Lieux du Monde ; le carré gestateur du Tout ; l'émanation du Soleil et des soleils ou étoiles, le rayonnement de *Nout* qui montre *Hathor* dans un carré (1).

Voici la Matrice du Tout, matrice fécondée par elle-même, en elle-même.

Alors commence l'évolution de ce qui est devenu par le Mystère des Nombres, Loi d'Harmonie cosmique (2).

(1) Cf. Isha Schwaller de LUBICZ, *Her-Bak « Pois Chiche »*, p. 249 fig. 50.
(2) Texte inédit.

CHAPITRE VII

L'HOMME ET LES MESURES

Le Monde qui est devenu de l'Un, se distingue de sa Cause en ce sens qu'il a une dimension, un mouvement et une contenance, et porte en lui-même ses propres mesures.

Il ne peut pas être devenu sans l'Harmonie ou l'immanence des Nombres, donc ces Nombres le mesurent évidemment.

Ces mesures résultent directement de tout ce que nous venons de voir et nous savons déjà où nous adresser pour l'application des mesures à telle ou telle chose.

La difficulté à résoudre ensuite consiste surtout à déterminer l'unité de mesure. Elle doit être en harmonie avec le Monde de telle façon que, par elle, tout ce monde — ou Cosmos — doit être mesurable par une logique naturelle, résultant des nombres mêmes.

Tout étant devenu par émanation d'une unique origine, tout est ainsi lié à la même Loi.

L'Ultime créature étant l'Homme, il est à l'image de la Cause. Il doit donc porter en lui un rapport *direct* entre ses formes, qui doit être proportionnel *directement* aux mesures du Cosmos tout entier. « *Homme, connais-toi toi-même et tu connaîtras l'Univers.* »

Certes les sens de l'homme sont une création de ce monde et inversement ce monde est ce que ces sens révèlent à l'homme. Autrement dit : je pense que le Monde s'élargit avec l'élargissement des sens, et un sixième sens ouvrirait la porte à la notion d'un sixième nombre comme les cinq sens révèlent la clôture du Temple par le cinquième nombre.

Je pense également qu'un animal ne connaît qu'un monde proportionné à ses sens, et les dimensions sont pour lui autres que pour nous, de même le sens de la mesure. De ce fait un animal peut être le symbole typique d'une des étapes de la Révélation ou du devenir, et ensuite, surtout, de l'Evolution.

Il nous serait probablement impossible de retrouver les vraies mesures sans une grâce divine spéciale, si quelques traditions ou écritures ne nous aidaient pas à nous orienter.

En effet il faut une force particulière et vraiment surhumaine pour oser affirmer, par la seule révélation des nombres, que telle proportion est fatalement la mesure de telle grandeur, si quelques traditions ou des mesures scientifiques, même approximatives, ne venaient pas confirmer cette certitude.

Or cela pourtant a dû se produire une fois, et je suis dans une admiration sans bornes pour ces êtres surhumains, divins, qui ont pu recevoir pareille révélation qui ne va pas sans celle de la Science Sacrée (1).

Il n'est déjà pas donné à beaucoup d'hommes le droit d'assembler les bribes d'une pareille Connaissance, pour reconstituer une telle cathédrale ; combien admirables sont alors ces êtres uniques, sûrement Uniques et si rares à travers les temps, qui seuls, tout à fait seuls, ont su *voir* ceci et combien plus encore que je ne puis que vaguement soupçonner !

La première lumière que j'ai reçue est venue en contemplant le mystérieux triangle de la Pentactys. Il est parfait puisque le nombre Douze entoure, est construit sur la Trinité première. Ceci est certain après l'étude, même succincte, de l'évolution des Nombres.

Si nous comptons les unités qui constituent les côtés de ce triangle, nous obtenons les trois nombres créateurs. Ils constituent les trois côtés d'un triangle que je sais mystiquement parfait :

(1) La « *Science de Thot* », Maître d'Ashmounein, l'Hermopolis des Grecs, c'est-à-dire la « Ville d'Hermès ».

b
a b
3 a l b 4
a l l b
c c c c c
5

Si nous les élevons au carré, nous avons la démonstration du triangle rectangle de Pythagore, puisque le carré des deux côtés est égal au carré de l'hypoténuse (1).

Voici donc que l'image de la Cause ternaire dans le cercle zodiacal donne la clé du théorème de Pythagore dont on sait qu'il fut instruit en Egypte pharaonique par les descendants de ces initiés, dont nous ne pouvons vraiment pas douter qu'ils aient eu la Connaissance.

Longtemps, très longtemps, je suis resté sans pouvoir tirer les conséquences de cette découverte, lorsque enfin j'appris que l'on donnait aux anciens arpenteurs le surnom de « *harpédonaptes* », signifiant « ceux qui mesurent avec une corde ». Une des plus importantes cérémonies de la fondation d'un temple est en effet celle de « *tendre le cordeau* » entre deux piquets (2). Après une visée sur les étoiles « circumpolaires », après avoir « mesuré le temps à la clepsydre » afin d'établir l'orientation du temple, le Roi et *Séchat,* maîtresse des livres divins, tendent le cordeau sur l'emplacement de ses murs et déterminent ses quatre angles en frappant sur les piquets avec un maillet d'or..., disent les textes : « *Thot était là avec ses livres... Ptah-Tatenen mesurait le sol... pour établir l'enceinte de ses murs...* » (Texte d'Abydos.)

Or, la « corde d'arpentage » était divisée en coudées, et la *coudée* est un chef-d'œuvre car elle fait le lien entre le Nombre, sa fonction et la Mesure. C'est à la Vie que s'adresse le système pharaonique

(1) Cf. Papyrus de Berlin 6619. Exemple d'un calcul prouvant la connaissance par les anciens Égyptiens, de ce théorème, et basé précisément sur l'exemple donné ici du triangle 3, 4, 5. Problème cité et commenté dans *Le Temple de l'Homme*, I, pp. 231-232.

(2) Cf. résumé de cette cérémonie, *Le Temple de l'Homme*, III, pp. 160 *sqq.*

de mesures, à la Vie dont les fonctions essentielles sont commandées par les Triades de *Neter*. Aussi l'on comprend que souvent les coudées soient recouvertes d'or et qu'elles soient conservées dans les temples.

Dans quelques tombes thébaines, les arpenteurs sont figurés tenant en main la corde d'arpentage, dont l'extrémité enroulée est surmontée d'une tête de *bélier* portant l'uraeus, soulignant son caractère divin, et pourtant il ne s'agit apparemment que de la mesuration des champs.

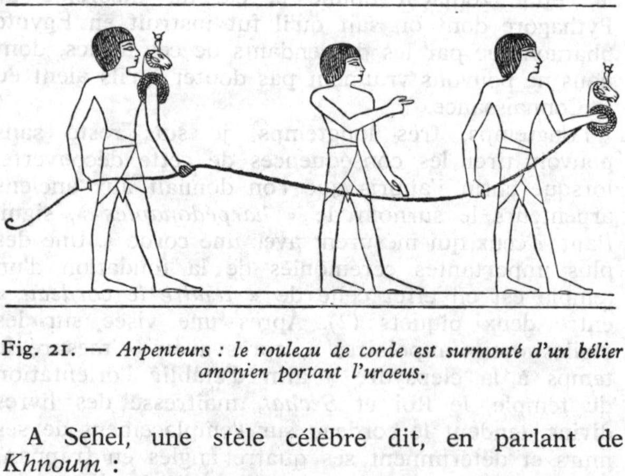

Fig. 21. — *Arpenteurs : le rouleau de corde est surmonté d'un bélier amonien portant l'uraeus.*

A Sehel, une stèle célèbre dit, en parlant de *Khnoum* :

« ...*Il est l'Eternel, là, en tant que Chou, le supérieur des rives, le chef des champs... qui dénombre les terres de Haute et de Basse Egypte... C'est lui qui régit l'orge... les oiseaux, les poissons... Il y a là une corde d'arpentage et une palette de scribe, il y a là un support de bois — et sa croix en bois-iswt pour son peson, qui sont sur la rive, à quoi est affecté Chou, fils de Rê, en tant que « supérieur des rives* (1). »

(1) « Stèle de la Famine ». Cf. *Chronique d'Égypte*, n° 56, p. 224. La croix et son peson, ainsi que le support, constituent une sorte d'alidad permettant d'établir des alignements au moyen de quatre fils à plomb suspendus aux extrémités des quatre branches d'une croix montée sur un support.

Ici sont énumérés : la corde, la palette de scribe, l'alidad ou appareil de visée, c'est-à-dire tout le nécessaire pour établir en effet le « cadastre » du territoire. Les coudées votives portent gravées sur une de leurs faces les mesures fondamentales de l'Egypte, telles par exemple la longueur comprise entre le nilomètre d'Assouan et celui de Rodah au Caire, et la longueur du Delta. Or, la mensuration des terrains suppose la connaissance des lois fondamentales de trigonométrie, ou calculs des triangles.

On attribue aux anciens Egyptiens, un moyen extrêmement simple et pratique de tracer sur le sol des angles droits, pour bâtir une maison ou un temple : prendre une corde divisée en douze parties par des nœuds. Laisser une extrémité libre d'une longueur *Trois* ; fixer par deux pieux la longueur *Quatre.* Il reste la seconde partie libre qui mesure *Cinq.* Rabattre les côtés *Trois* et *Cinq,* lesquels donnent infailliblement un triangle rectangle.

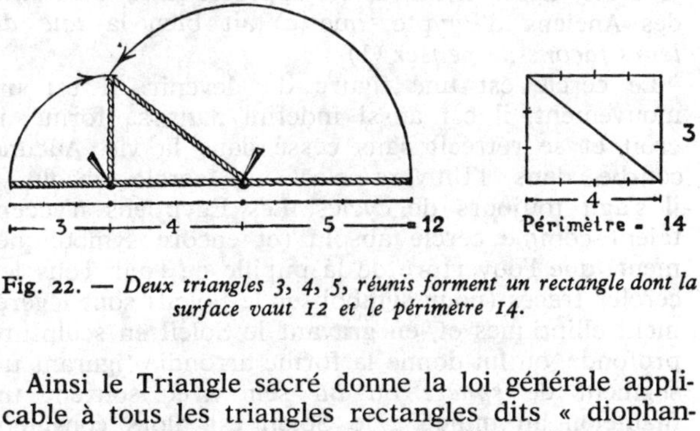

Fig. 22. — *Deux triangles 3, 4, 5, réunis forment un rectangle dont la surface vaut 12 et le périmètre 14.*

Ainsi le Triangle sacré donne la loi générale applicable à tous les triangles rectangles dits « diophantins » (c'est-à-dire dont les trois côtés se mesurent en nombres entiers) (1). Il est possible, mathématiquement, d'en déterminer d'autres. Or cela n'a, pour le

(1) Il existe encore la proportion 15, 36, 39 (triple de 5, 12, 13) qui servait surtout aux Brahmines aux Indes. Par ailleurs, les tablettes babyloniennes donnent des triangles diophantins variés, dépassant les milliers, ce qui démontre leur connaissance de ces triangles près de mille ans avant Pythagore.

Cf. aussi *Le Temple de l'Homme*, I, chap. « Trigonométrie pharaonique ».

cas présent, aucun intérêt, et curieusement, c'est encore ce « raisonnement » qui a dévoyé les hommes du vrai chemin *car en ce triangle de la Pentactys est tout le secret de toutes les mesures.*

Pour comprendre cela, il faut laisser intervenir une autre lumière qui est étrange au premier regard. Ces trois nombres, trois, quatre, cinq, forment le circuit zodiacal, ou cycle fondamental formé de *trois fois quatre.*

D'autre part on sait que tout rectangle est formé de deux triangles, et pour le cas du triangle sacré, si nous le doublons, nous obtenons un rectangle *dont la surface sera trois fois quatre, soit douze, mais dont le périmètre comportera quatorze unités.*

Il nous faut donc intercaler deux unités à 3, 4, 5, pour obtenir le périmètre du rectangle, soit 3 + 1 + 4 + 1 + 5 = 14.

Or ceci évoque 3 1 4 1 5, ou la valeur de *Pi.*

Ce raisonnement peut sembler spécieux. Il ne l'est pourtant pas si nous regardons les conséquences et *je crois,* après avoir assez approfondi la mentalité des Anciens d'Egypte, que c'était bien là *une de leurs façons de penser* (1).

Le cercle est une figure du devenir. Il est un mouvement, il est aussi indéfini dans sa forme, il croît et se rétrécit sans cesse dans la vie. Aucune courbe dans l'Univers n'est un cercle absolu : il s'agit toujours de cycles. Les Egyptiens n'acceptaient comme cercle absolu (et encore symboliquement) que l'ouverture de la pupille de l'œil. Tous les cercles tracés (pour symboliser le Soleil) sont légèrement elliptiques et, en gravant le Soleil en sculpture profonde, on lui donne la forme arrondie figurant un segment de *sphère* ou un sein avec souvent un mamelon au milieu : le Soleil est alors considéré comme *nourricier de notre Univers* (2).

(1) La coudée pharaonique mesure 0,5236 m, c'est-à-dire exactement la longueur d'un *arc* de 60°, pour la corde de ce même angle, égale au rayon, mesurant 0,50 m. Il faut donc *6 coudées royales pour mesurer la longueur d'un cercle ayant 1 mètre de diamètre.*

D'autre part, la coudée royale comprend *28 doigts.* L'association, sur la coudée sacrée, de la fonction *Pi* et du double de 14 est extrêmement curieuse, après le développement qui vient d'être fait.

(2) Ce qui dénie la puérile supposition que les Anciens considéraient le Soleil comme un disque plat.

Le cercle est « élastique » et sa croissance se fait en spirale car un cercle ne peut « respirer » sans se développer spiraliquement, et tout ce qui vit respire... (Or ceci va nous conduire à la fonction du Nombre d'or, mais n'anticipons pas.) Le souffle est le secret de la vie et le monde est sphérique parce qu'il devient par les Nombres et que ces nombres sont Trois, Quatre, Cinq, à partir de la Trinité originelle (1).

⁂

Nous avons dit, en parlant de l'Unité absolue, qu'elle est l'essence de la forme parfaite, le Cercle, que maintenant nous possédons effectivement.

Ainsi avez-vous assisté à la naissance *occulte,* non mathématique, du Nombre qui est la clef, la *porte,* très exactement, figurée par deux piliers réunis en haut par une troisième barre, le linteau, ce qui évoque aussi les Dolmens.

Fig. 23. — *Cette peinture étant située sur la paroi Nord de la tombe, le personnage court de l'Est vers l'Ouest, donc vers l'*Amenti, *le couchant, le monde de l'au-delà. Si l'on prend comme unité ou diamètre la largeur de l'ouverture de la porte, la hauteur de cette même ouverture est égale à* Pi.

Le symbole hiéroglyphique désignant la « *porte* » se lit *sba,* qui signifie également « *étoile* » et « *enseignement* ». Et c'est ici en effet une des

(1) Est-ce pour cette raison que le Triangle sacré servit longtemps aux Grecs (malgré son imprécision dans ce cas) à calculer le *Pentagone,* et l'étoile à cinq branches, le signe de ralliement des pythagoriciens?

grandes clefs de l'enseignement donné par l'architecture pharaonique : la Porte donne les Lois fondamentales des fonctions qui seront développées à l'intérieur du Temple ou du Sanctuaire vers lequel cette porte introduit.

Notre langue est trop pauvre pour rendre le sens exact des termes utilisés dans l'écriture hiéroglyphique pour désigner la « Porte ». L'un d'eux doit ici retenir notre attention : il s'agit du mot qui se lit *rwty,* et auquel la traduction classique permet de donner deux sens distincts : *rwty* peut être compris comme « *porte* », « *entrée* », ou « *périphérie* ». Or, par une coïncidence étrange, le symbole pharaonique de la « *porte* » évoque d'une façon frappante la lettre grecque π qui sert actuellement à désigner le rapport du diamètre au cercle, autrefois dénommé « *périphéria* », la fonction *Pi,* le nombre irrationnel par excellence, puisqu'il est dit indémontrable géométriquement, et que les chiffres qui servent à l'exprimer vont vers l'*infini.*

Or voici, dans une tombe thébaine, un homme qui court vers le monde des « bienheureux », le monde infini, et précisément cette porte a pour ouverture les proportions 1 à 3,1416... ou *un à Pi* (1).

PI ET LA CROISSANCE

Une graine jetée en terre, si elle est dans les conditions favorables à sa croissance, produira le fruit de son espèce.

Cette graine est une grandeur déterminée, finie, ce qui est, à proprement parler, *son Espèce.*

En terre elle entre en une putréfaction mucilagineuse, molle, c'est-à-dire liquide, épaisse, sans aucune consistance solide, et, à partir de ce moment, elle absorbe sa nourriture qu'elle va, par un jeu de caractère négatif, fixer en sa nature.

Ceci pourrait être appelé véritablement une action styptique de la graine, laquelle stypticité est, en

(1) Texte inédit extrait de *Premier essai sur les Mesures.*

réalité, la mesure de sa nature spécifiée, son nombre propre.

La nourriture assimilée reste indéterminée, en ce sens qu'une même nourriture sert à une infinité de graines, de natures ou Espèces très différentes. Le produit, différencié par le nombre propre de la graine, a néanmoins un caractère qui est aussi propre à toutes les espèces : c'est celui de croître jusqu'à une limite, légèrement variable, mais en principe déterminée par l'Espèce.

Cette croissance, qui se révèle dans tous les cas de n'importe quelle genèse de n'importe quoi, est un cycle qui se renouvelle toujours ; l'élément fixe de cette croissance ou végétation est l'Espèce ou nombre propre de la graine styptique, ou du moins, ce qui en elle joue ce rôle (par ailleurs appelé « soufre » ou caractère paternel).

Ce qui en cette croissance cyclique est assimilé, étant généralement propre à nourrir n'importe quelle semence, est infini de sa nature, c'est-à-dire contient en soi toutes les possibilités, sélectionnées ensuite par la nature de la graine qui garde ce qui lui convient, « le forme à sa forme » et rejette ce qui ne convient pas.

Le résultat, ou fin, de n'importe quel cycle végétal (je veux dire de tous les cycles immanents à l'ensemble d'une végétation complète), est toujours une forme finie qui peut être une partie du tout. En général, on peut classer en cinq ou sept et neuf phases le développement complet d'une croissance par végétation.

Ce principe étant universel et ne produisant les variétés que par la sélection de l'espèce de la semence, on peut le traduire en nombre et donner à la semence « de son Espèce » le nom de Diamètre, et à la substance nutritive indéterminée — ou universelle — la valeur du coefficient *Pi*.

Considérée ainsi, la valeur *Pi* joue le rôle de l'élément infini qui, avec un nombre fini, donne toujours un cycle de croissance (1).

(1) Dans l'architecture ou les représentations pharaoniques, on ne rencontre *l'arc de cercle* que lorsqu'il est question de *cycles*, de renouvellement ou de croissance, rattachés au *Principe osirien* (qui préside effectivement à la germination) et à tout ce qui, sur terre, meurt et renaît à nouveau.

En transformant ceci en philosophie, et finalement dans la Philosophie de la Genèse, nous pourrons dire :

Une Unité primordiale considérée comme Diamètre, se scinde et se développe quantitativement ou arithmétiquement, et devient : *Un, Un, Deux, Trois, Cinq, Huit,* etc. (1), ce qui constitue la semence paternelle de chaque étape ou Espèce du Monde.

Cette croissance ne pouvant se faire que suivant le cycle végétable, en tant que forme, nous avons nécessairement *toujours* une croissance végétale *spiralique,* qu'il s'agisse d'une nébuleuse, d'une plante ou d'un fœtus humain ; et ceci parce que, d'une Unité incompréhensible ou première activité (tant de l'origine absolue que de l'origine active d'une semence de son Espèce) à sa détermination numérique propre, il y a une variation arithmétique de Un à X.

Dans l'étude des Nombres on ne s'occupe que de la variation ou du Devenir du Diamètre, c'est-à-dire du Nombre, semence de son Espèce.

Ici est montré le sens occulte de la valeur *Pi,* grâce à laquelle le Nombre devient Forme, parce que : si le Nombre *détermine,* comme une semence, la nutrition substantielle mais sans forme, il vient comme *Pi* donner la matière à la forme, et cette forme ne peut résulter que d'une croissance.

La croissance n'est donc jamais une addition arithmétique, c'est-à-dire une quantité ajoutée à une autre (ce qui est le caractère du Diamètre), mais un développement en forme d'une substance qui est, elle, sans forme. Jamais donc non plus une phase de croissance succédant à une autre n'est identique à celle-ci, parce que l'une conditionne l'autre comme une spire se développe sur l'autre. Finalement le produit peut formellement se superposer à l'autre comme les anneaux annuels d'un tronc d'arbre, mais ceci ne concerne que l'aspect exotérique de la chose formée, puisque en fait il y a un chemin parcouru, comme pour l'exemple donné il y a une longue étape entre la moelle de cet arbre et l'écorce, l'un coexistant avec l'autre, l'un motivant l'autre : et c'est là le sens de la croissance végétable qui a son secret dans la relation vivante entre le Diamètre et

(1) Série additive, dénommée *Série d'or,* à croissance spiralique.

le *Pi,* relation dans laquelle *le* Pi *est la valeur infinie, universelle, clef des possibilités d'un devenir formel* (1).

PRINCIPE DE LA COUDEE ROYALE

Le Soleil, *Aton-Râ,* fait la terre. La terre produit l'homme, et l'homme s'adapte à la contrée.

L'enchaînement de cause à effet implique une interdépendance fonctionnelle qui se traduit en qualité et quantité.

Chaque phase du devenir est, par sa forme, en liaison avec la Cause première. D'une façon quelconque le ver de terre est fils du Soleil et porte en héritage une caractéristique virtuelle de la Cause paternelle, solaire.

Fig. 24. — *Ramsès IX, le Triangle sacré et la fonction* Pi.

L'homme actuel pense et ne peut penser qu'en tant que fils et héritier de son Ciel. C'est en lui-même qu'il doit chercher les éléments pour sa science, qu'il s'agisse de la connaissance du devenir

(1) Texte inédit.

des choses, ou du monde objectif qu'il constate.

Hermès dit : « *L'Œuvre est avec toi...* », et l'Egypte pharaonique dira à propos des mesures : « *L'Homme mesure le monde.* »

A l'entrée, à droite du grand couloir de la tombe de Ramsès IX, dans la vallée des Rois à Thèbes, le cycle de la *Douat* (1) se termine par une curieuse figure (2). Il s'agit d'une momie royale qui lève le bras, celui-ci dépassant la tête de la longueur d'une coudée. Cette momie est placée en biais dans le sens de l'hypoténuse d'un triangle rectangle, lequel est figuré par un serpent donnant la base et la cathète.

Dans cette figuration, il s'agit d'abord du tracé d'un *principe*, puis d'une figure géométrique.

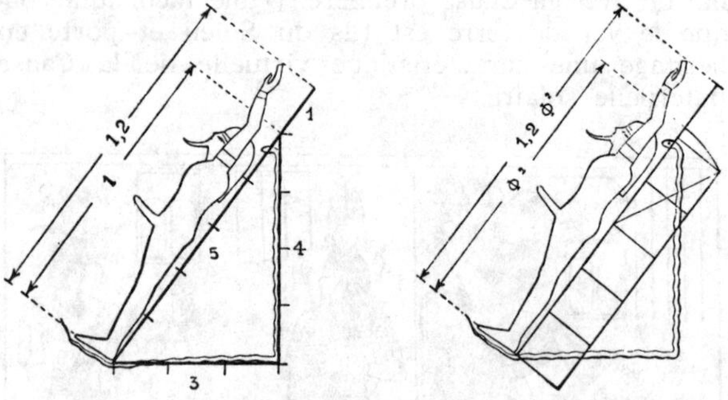

Fig. 25. — *Schéma. A gauche, tracé de principe : le Roi comme hypoténuse du Triangle sacré ; à droite : le Roi vaut* $Ø^2$ *et 1,2* $Ø^2$ *égale.* Pi. *En réalité, la hauteur d'un homme est de quatre coudées. Cf. Appendice.*

Le triangle représente, sans aucun doute possible, le Triangle sacré trois, quatre, cinq, et la longueur de la coudée du bras vaut Un.

Nous savons, par ailleurs, que la hauteur totale de l'homme est divisée par le nombril en deux grandeurs qui sont entre elles comme I et Ø, et comme

(1) Il y a le Ciel, la Terre et la Douat, qui sont les lieux de la *Vie*, de celle qui est visible, et de l'invisible.

(2) Figure dont le sens géométrique n'avait jamais été compris

I + ∅ est égal à $\varnothing^2$, il s'ensuit que la hauteur de l'homme est égale à $\varnothing^2$.

Or la figure de Ramsès IX, et représentant le Roi, comme hypoténuse du Triangle sacré, lui donne donc la valeur *Cinq* en tant que diagonale. Et c'est ainsi que cette figure nous révèle une fonction qui mesure le cycle, soit la hauteur du Roi, qui vaut Cinq plus une coudée (ou théoriquement son cinquième), ce qui, associé à la section dorée, donne, en Nombre :

$$\varnothing^2 \text{ plus son cinquième ou } \frac{2{,}618}{5} \times 6 = 3{,}1416.$$

C'est la valeur du coefficient *Pi,* égal à 1,2 $\varnothing^2$, ou 12 $\varnothing^2$ pour un diamètre de grandeur Dix, soit 31,416...

« *Ainsi douze Hommes royaux mesurent le cycle du Ciel.* »

La fonction ∅ étant en l'impulsion du devenir à l'origine, le Nombre d'or donne aussi, fonctionnellement, *la seule réelle* valeur du coefficient *cyclique,* étant lui-même un nombre cyclique, tandis que notre calcul *rationnel* de *Pi,* fondé sur la moyenne des polygones inscrits et circonscrits, cherche à définir une courbe par des droites et conduit à l'*absurde infini.*

⁂

Pour terminer ce bref résumé concernant la fonction cyclique de *Pi,* citons encore un exemple :

Sur les parois Est et Ouest de la colonnade amonienne du temple de Louqsor est figurée la « *Grande fête d'Apet* » au cours de laquelle, chaque année, les barques de la triade thébaine, *Amon, Mout* et *Khonsou* sortaient solennellement du temple de Karnak, les « *sièges d'Apet* », pour se rendre à Louqsor, « *Apet du Sud* ». Sur la paroi Ouest la procession montait vers le Sud précédée du peuple en liesse, des porteurs d'enseignes, des musiciens, des musiciennes et des danseuses, tandis que les prêtres, aux robes gonflées par le vent, accompagnaient les trois barques sacrées qui redescendaient sur la paroi Est.

Ces deux parois portent donc deux fois la représentation de la façade du troisième pylône du grand

Temple d'*Amon* à Karnak, c'est-à-dire tel qu'il était au temps d'Aménophis III.

Or le dessin de ce pylône, exécuté sur les parois du temple de Louqsor, vient confirmer en tous points tout ce qui vient d'être dit au cours de ce petit chapitre :

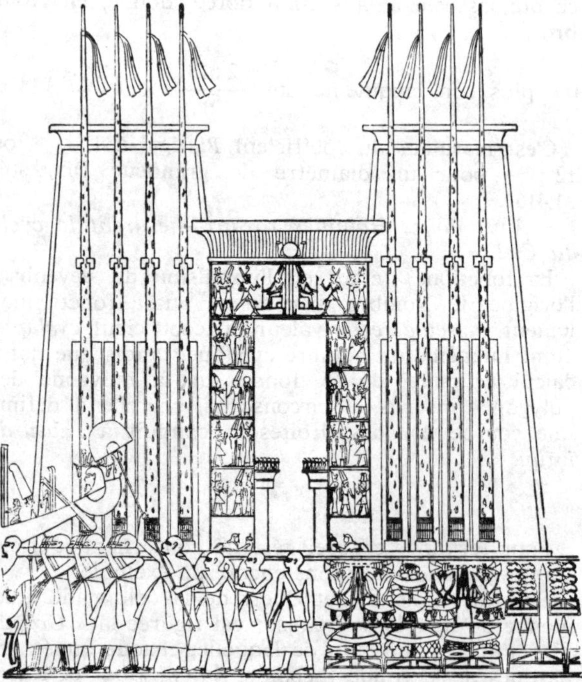

Fig. 26. — ***Les prêtres, aux robes gonflées de vent, sortent du troisième pylône du grand Temple de Karnak en portant la barque du Roi.***

La hauteur de l'ouverture de la porte vaut *Pi*, très exactement, par rapport à sa largeur prise comme unité. D'autre part, la largeur des montants de cette porte « *sba* » applique la fonction révélée par la figure de Ramsès IX, et décrite précédem-

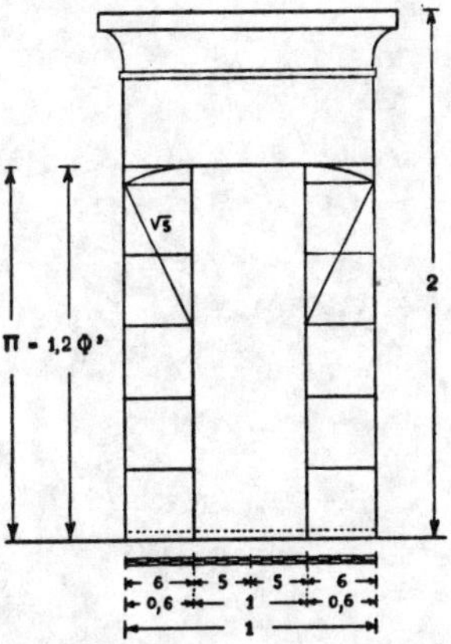

Fig. 27. — *Pour l'ouverture de la porte valant 1, la hauteur avec le socle vaut 1,2 Ø² ou* Pi, *c'est-à-dire : 0,6* $(\sqrt{5} + 3) = 0{,}6 \times 5{,}236 = 3{,}1416$. *Pour la largeur totale de la porte valant 1, la hauteur totale vaut 2.*

ment, ce qui permet de définir la longueur irrationnelle de *Pi,* géométriquement, par seulement la règle et le compas : la quadrature du cercle, problème insoluble si l'on prend le nombre *Pi* irrationnel, et réalisable uniquement par la fonction du Nombre d'or (1).

(1) Extrait du *Temple de l'Homme*, I, p. 425, avec addition de notes inédites.

CHAPITRE VIII

HARMONIE, ANALOGIES, FONCTIONS ET FACTEURS

La Secrète Science est comme un végétal.

Son origine étant une semence unique, dès qu'elle a poussé son germe, comme une image métaphysique du monde à venir, il en sort la tige principale d'où viennent d'innombrables ramifications, feuilles, fleurs et fruits.

Une seule *hypothèse* d'où sort un Monde : l'hypothèse de l'Unité originelle. Encore, qui peut parler ici d'hypothèse quand tout notre être nous impose la certitude de cette incompréhensible Unité, Cause divine ?

Mais, à vrai dire, de la tige principale ne sortent pas d' « innombrables rameaux », et nous ne rencontrerons de rameaux ou branches qu'à des endroits très déterminés, car le fleuve de vie ne donne de fruit que lorsqu'une résistance s'oppose à son écoulement. Du moins est-ce ainsi que nous pouvons, en premier lieu, traduire cet étrange phénomène qui suscite ma question : « Pourquoi donc, justement à tel endroit, pousse une branche de ce tronc, une feuille à cette branche, un bourgeon de fleur et de fruit ? »

Il nous paraît absurde de croire qu'une chose puisse être sans cause. Toute notre intelligence se révolte à l'idée qu'un effet soit sans cause, et chaque chose nous paraît un effet. A vrai dire, nous prétendons que chaque chose est un effet parce que *nous* sous-entendons une Cause.

Un effet sans cause serait un miracle, or tout nous

dit qu'il n'y a pas d'effet sans cause, donc qu'il n'y a pas de miracle.

Il semble que le problème soit ici assez mal posé. Effet et Cause sont indissolubles comme jour et nuit, comme oui et non, comme, en général, les deux aspects d'une même chose. S'il y a « quelque chose », ce quelque chose comprend en lui sa cause et son effet.

Nous ne sortons donc pas du domaine de l'intelligence simple, c'est-à-dire du domaine quantitatif, arithmétique, tant que nous attaquons le problème de cette façon, et en continuant ainsi nous devrions admettre comme certains qu'il y a autant de causes et d'effets qu'il y a de fois « quelque chose ». Ceci serait alors une erreur.

Les Nombres nous montrent qu'il y a une Harmonie, une suite fatale de faits et facteurs... Jamais une multiplication ne se situe *avant* la division, et l'addition ne peut également que suivre cette division, se situant entre elle et la multiplication. Il y a donc une marche réglée une fois pour toutes, une vraie *méthode de la Nature.*

Il y a donc aussi nécessairement une « méthode » pour la *situation de l'origine du phénomène,* comme nous l'apprennent les Nombres : l'Unité de départ. Autrement dit : il y a pour tout phénomène, à son origine, quelque état correspondant à la nature de l'Unité, que ce phénomène soit la germination d'une graine, l'élancement d'une branche, l'éclosion d'une feuille ou fleur, la conception d'un nouvel être, la naissance d'un monde stellaire...

Or, en dehors de l'Unité métaphysique, toute Unité est composée ; mais si elle est composée quantitativement elle peut très bien, qualitativement, *devenir* Unique-Originelle.

Ainsi, c'est dans la *Qualité* que nous devons chercher la Vérité, et à l'horreur générale des « savants », nous en sortirons par de la métaphysique, ce qui ne veut pas dire que nous allons être nébuleux, vagues, spéculatifs, enfin des rêveurs innocents qui n'aboutissent à rien. Contrairement à ces « savants » positifs, réalistes, nous allons aboutir à des réalités et faire sauter le cercle vicieux dans lequel ils tournent.

La Cause, ainsi que nous l'apprend la Philosophie des Nombres, est un *état neutre* dans lequel deux qualités sont neutralisées.

La Cause n'est donc pas une impulsion, ce n'est pas une Volonté, ce n'est pas une source d'énergie vive.

Chaque fois que quelque chose a atteint, dans un état quelconque, l'équilibre de ses qualités, l'*état-cause* est atteint, et ceci devient, ou peut devenir, le point de départ d'un nouveau phénomène. L'*état-cause* des mêmes qualités, dans les mêmes conditions, donne un même phénomène ; et tous les phénomènes suivent, dans leur manifestation, une même « méthode de devenir » quelle que soit la variété des produits finaux.

Voici donc définie la base d'une nouvelle Philosophie, résultant de ce que nous savons déjà des Nombres.

Pour revenir à la Cause-effet, on peut l'admettre dans un domaine quantitatif, matériel, arithmétique, sensoriel, comme précisant que : toute cause a un effet, et tout effet a une cause, et que n'importe quoi étant effet, n'importe quoi a une Cause... Attention ! Cette conclusion demande vérification.

Dans le domaine de la science ésotérique, nous devons situer les choses autrement et dire : tout phénomène aboutit à un équilibre de ses qualités. Cet équilibre, état neutre, devient un Etat-Cause, duquel un effet ne se produira, suivant la « méthode naturelle », que si les conditions sont données pour appeler le dédoublement nouveau, la division nouvelle des qualités.

Donc tout effet a une Cause, mais toute Cause n'a pas nécessairement un effet.

De plus le lien entre Cause et effet n'est pas celui d'un *épuisement d'énergie venue de la Cause,* allant vers l'effet, mais la Cause permet à une Energie de se manifester *sans que cette Energie vienne de la Cause.* La Cause est le Centre neutre où l'Energie est absorbée pour donner le phénomène.

Ceci est assez difficile à expliquer, mais revient à dire : il y a l'Unité, caractérisée par la *neutralité des qualités ;* il y a ensuite l'Energie comme deuxième principe nécessaire, qui est l'*éternelle Unité,* seule Energie, et, en troisième lieu, il y a la direction, le canal, la *spécification* de cette énergie, vers le phénomène par la voie méthodique de la réalisation ou corporification.

Dans la science ésotérique, il est enseigné qu'il n'y a pas simplement Cause et Effet : il y a Cause, Substance-Energie, et Phénomène.

Les *Trois Principes* se montrent encore ici : *Semence, Substance* ou *Energie, Phénomène* ou *chose devenue.*

Or le phénomène n'est autre chose que : Energie ou substance qui *s'incarne,* prend corps (devient *matérielle*).

C'est le rapport de cette Energie à la Cause ou Etat-Cause que les premières paroles de l'Evangile de Jean enseignent : « *Au commencement* (à l'origine de tout devenir), *il y a le Verbe* (Logos, l'Energie-Substance) *et le Verbe est près de Dieu* (l'Unique, la Cause, l'Etat-Cause) *et Dieu est le Verbe.* » (L'Etat-Cause absorbe, est l'Energie-Substance en s'incarnant.)

Ainsi en des paroles simples, énigmatiques uniquement parce qu'elles sont simples, tout le secret de Cause à Effet est donné : puisque l'Effet sera le devenir, la corporification, l'*incarnation* de Horus-Christ, comme incarnation du Verbe, personnifié par Marie-Isis, ensemencée par Joseph, porteur de l' « Unique » (1) : Etat-Cause.

Nous devons donc rompre définitivement avec quelques notions routinières, radotées par la philosophie absurde de siècles et millénaires d'ignorance, reçues et héritées par atavisme. Et l'une de ces notions absurdes est le rapport *direct* d'une conception de Cause à Effet.

Quand la sève de l'arbre a épuisé ses qualités (par l'excès), elle s'arrête, cesse d'être ce qu'elle est, *se fixe,* forme ainsi un nœud qui sera Etat-Cause nouveau, d'où une nouvelle sève formera une nouvelle poussée, comme sur une nouvelle semence poussera une nouvelle branche. Ceci est le *mécanisme* de l'*embranchement.* Ce n'est pas encore la révélation vitale de ce qui se passe. Mais ce qui se passe vitalement est aussi clair que cela, il nous

(1) Isis est fécondée par la semence spirituelle d'Osiris; pour Joseph, on a « tourné » la difficulté en attribuant la fécondation à l'Esprit saint. Donc, pour les deux, la semence est l'« Unique ».

suffira de changer quelques noms, c'est-à-dire de mettre l'étiquette de choses connues sur ces étapes.

En effet, qu'est-ce que : épuiser ses qualités ? ensemencer ? nourrir ? fixer ? mûrir ? Quand nous saurons cela, nous saurons tout.

Allons-y doucement mais sûrement. Tout d'abord notons en passant une source d'erreurs afin de nous en garer.

Par Pythagore le grand, la tradition de la haute Science sacrée fut ramenée d'Egypte en Grèce. Son enseignement resta secret et réservé à quelques disciples choisis, évidemment. Des notions générales furent données ou dispersées, et sur ces notions générales se construisit toute la Philosophie dite « grecque », qui est devenue l'assise de l'évolution de la pensée occidentale.

Du triangle rectangle sacré on fit la trigonométrie.

Des Nombres on fit l'arithmétique, des mathématiques et de l'astronomie.

De l'Hermétisme, on fit de la saloperie chimique, etc.

La Mentalité tomba de l'Entendement dans l'Intelligence.

Des notions immanentes, on fit des notions mentales sensorielles.

De l'Esprit, des forces destructrices de la Matière corporelle.

De l'Unité, on fit l'Atome de Démocrite, le point, et le « point en mouvement », la ligne d'Euclide.

La *vision du sixième sens,* on la sacrifia au concret, au tangible, à l' « utile ».

Et du don de la vie en général, on fit un gaspillage sacrilège.

Ce qu'Aristote avait si bien commencé, les Sémites-Arabes l'ont admirablement continué ; et cela fut couronné par le judaïsme chrétien pour, logiquement, tomber dans la plus désastreuse des débâcles de l'esprit humain connues de l'histoire... débâcle que nous vivons de nos jours.

Si nous devons aller de l'avant et réviser le passé pour reconstruire un nouveau monde, nous devons donc nous méfier de chacune des « évidences » de la Philosophie rationnelle, de presque toutes ses notions classées comme indiscutables. En parodiant une formule connue, nous pouvons dire : l'Entendement peut avoir des raisons que la Raison ne connaît pas.

Nous devons admettre qu'il y a deux formes de Raison : l'une qui est de logique vitale, l'autre de logique cérébrale. Il y a deux formes de *compréhension* : l'une est d'Entendement, sorte de communion directe ; l'autre d'intelligence, sorte de combinaison mnémonique.

La Raison vitale et l'Entendement ne meurent pas avec le corps, qui emporte, dans la décomposition matérielle, le cerveau, siège de l'intelligence.

L'Etre immortel, l'Etre éternel en nous, appelle depuis toujours la Connaissance, la Science éternelle : il l'appelle comme étant le but de son incarnation passagère, comme étant le devoir de l'homme, suprême créature qui doit formuler une science que, naturellement, passivement, il subit autrement par ses souffrances, jusqu'à l'éveil pénible de sa Conscience, j'entends évidemment : la Conscience de l'Etre éternel en nous. Hors cela, à quoi bon tout le reste ? A quoi bon toute la philosophie qui discute sans aboutir ? A quoi bon la science qui se détruit elle-même ? A quoi bon s'éveiller le matin pour une pénible lutte journalière, pour aboutir au soir fatigué, épuisé, pour aboutir à l'agonie d'une vie aussi vaine ?

Si la conduite de notre existence était vraie, toute souffrance serait joyeuse, tout effort serait fructueux, rien ne vaudrait la peine de nous laisser troubler, car le but nous illuminerait et tout ce passage ne paraîtrait qu'une tragi-comédie, sans importance en soi : le But seul importe.

Tant que l'intelligence cérébrale gouvernera le monde, celui-ci sera commandé par les êtres inférieurs, car la vie de l'Homme ne sera que lutte, lutte de force et pouvoir, lutte de vanité, lutte de richesse, lutte pour l'existence dont le but est faussé ! Toute la vie ne sera basée que sur l'équilibre de demande et offre, pouvoir et subir, justice de boxeur et de droit du plus fort, équilibre d'arguments où toute affirmation peut être combattue, toute preuve niée et détruite, et l'homme ne sera plus que le plus féroce des animaux.

Or, l'homme n'est pas un animal : il est animé. L'homme est un résumé du Cosmos, une créature qui porte l'étincelle divine. L'Homme n'est pas un amphibie évolué, une forme animale devenue ce que nous sommes.

L'Homme est *à l'origine* parfait, un être divin, qui a *dégénéré* en ce que nous sommes.

Il fallut une déchéance invraisemblable pour lui faire accepter des théories matérialistes comme celles de Lamarck et de Darwin ! Il faut ne plus avoir une trace de confiance en l'Harmonie divine, plus une trace de légitime orgueil, pour ne pas réagir contre une science qui nous abaisse à l'état d'homme brute dit « préhistorique », ou d'anthropoïde. Ceux qui mènent l'humanité vers cet abêtissement sont des fous ou des criminels (1).

Ce n'est pas simplement un sentiment d'indignation qui me fait parler ici de la sorte, mais aussi un profond respect pour les Maîtres qui ont, de tous temps, essayé de préserver, pour l'Humanité à venir, les éléments d'une Science Réelle. C'est, de plus, le désir d'appeler des hommes compréhensifs vers l'effort à faire, celui de changer de mentalité car la révolution du monde doit se faire sur ce plan philosophique et non point sur le plan social, et nullement par des moyens de force brutale. Il y a plus de puissance dans une conviction profonde, dans une lumière intérieure qui s'éveille, que dans tous les explosifs du monde des hommes.

Mais revenons à notre étude. L'Harmonie est la « méthode » de la Nature — comme nous appellerons la suite naturelle du devenir, les Nombres et leur développement fatal : tout cela nous montre qu'il doit y avoir, à travers tout le monde, des phases semblables entre elles. Des caractères spécifiques qui distinguent les règnes, les genres entre eux, les espèces entre elles, doivent découler des *similitudes dans leur développement.* Ces similitudes, nous les appellerons des *Analogies,* non pas dans le sens platonicien qui sous-entend un rapport d'égalité quantitative, mais dans le sens ésotérique de rapport des lois vitales. Dans le sens grec, l'analogie signifie par exemple *a : b : : b : c,* c'est *l'analogia* des Grecs, que nous traduisons par « proportion ». Dans le sens ésotérique, au lieu de voir dans cette formule

(1) Ici, l'ignorance *est voulue,* par excuse. Cf. *Le Roi de la Théocratie pharaonique,* chap. III : « L'Homme ».

un rapport numérique servant au calcul, il faut voir une *fonction vitale. Analogie* signifie ainsi : *développement de cause à effet par la même loi d'Harmonie.* Est-ce ainsi que l'entendait en réalité Platon ? Le sens quantitatif a-t-il été donné par ses successeurs ne comprenant pas le sens ésotérique ? Vu toutes leurs bêtises, on serait tenté de le croire (1).

Quoi qu'il en soit, l'Analogie ésotérique est fondée sur l'Harmonie et la « méthode » naturelle du Devenir (2).

L'HARMONIE

Nous pouvons maintenant regarder quelques aspects de l'Harmonie.

Ce serait retomber dans la mentalité « arithmétique » ou de pure logique que de vouloir définir l'Harmonie autrement que sous l'aspect sous lequel elle s'impose.

La plupart des Philosophes ont tenté sa définition en la basant surtout sur les éléments de Justice et du Beau posés par Platon. Si nous ne voulons pas nous fourvoyer à notre tour, nous laisserons de côté toute considération éthique pour ne regarder que le fait.

Un ordre de choses quel qu'il soit, du moment qu'il est naturel, se groupe toujours harmonieusement. Si cet ordre est dérangé artificiellement, il reviendra de lui-même à son harmonie naturelle, comme la Rose non cultivée redeviendra églantine, comme l'animal domestique redeviendra sauvage, comme la surface de la mer redevient lisse après la tempête, etc.

L'Harmonie est toujours un état naturel non modifié par un artifice ou accident. Tout ce que la Nature produit, elle le produit sous l'impulsion d'*une cause qui se conforme aux conditions ambiantes,* s'harmonise avec elles et produit l'effet qui *ne peut pas*

(1) Cf. *Le Roi de la Théocratie pharaonique*, chap. II : « La Déviation ».

(2) Texte inédit.

ne pas être, et ne peut être autrement qu'il est. Dans les mêmes conditions, la même cause produira donc les mêmes effets.

Or jamais les conditions ne se retrouvent absolument identiques, donc l'effet est toujours plus ou moins modifié. Déterminer le rapport entre la variation des conditions et la variation des effets, ceci constitue la définition des *lois de l'Harmonie.*

Etablir cette définition d'après la mentalité analytique risquerait de mener à d'infinies nuances sans jamais rien résoudre du problème, comme si pour définir la couleur jaune on voulait analyser les multiples nuances de jaune que l'on peut trouver dans toutes les peintures et dans toute la Nature.

La Nature ne peut être qu'harmonieuse car chaque chose est le produit naturel d'une cause dans des conditions données. Platon disait à peu près : « Le Dieu modelant le Monde d'après l'immuable, le fit conforme aux conditions des choses nées, donc aussi mortelles. »

La Nécessité évidente pour que puisse être l'Harmonie, c'est la Cause et l'ambiance de sa Genèse. Si l'un ou l'autre de ces éléments fait défaut, il n'y a pas d'Harmonie.

L'Unique absolu, non causé, non variable, est hors de l'Harmonie. Dès que l'Unique se dédouble, il y a génération, cause et condition de Devenir, donc il y a Harmonie.

L'Harmonie est donc essentiellement le Nombre, car elle est la disposition qui ne peut pas, dans certaines conditions données, être autrement.

Le triangle en lui-même est une harmonie. Il peut y avoir une infinité de diversités de triangles, ce qui ne modifie pas leur harmonie en tant que triangle, mais l'harmonie d'un certain triangle peut être plus ou moins parfaite par rapport à un autre. Aussi parlerons-nous d'un triangle originel, désignant ainsi la *forme-cause* de l'harmonie et d'un triangle parfait, résultant des diverses possibilités de perfection de cette harmonie.

Il y a donc nécessairement quelques éléments-bases pour toute *harmonie* comme il y a quelques nombres-bases pour tous les nombres.

De plus il y a, comme il apparaît, une identité

entre ces *nombres-bases* et les éléments-bases de l'harmonie.

Quant à l'ambiance, c'est-à-dire les conditions essentielles dans lesquelles une cause peut générer son effet, elle ne peut être que celle qui résume toutes les qualités possibles.

Ceci dit, nous allons nous remémorer le triangle cinquième (la Pentactys), qui ne donne pas seulement toutes les possibilités, mais également toutes les conditions de fait.

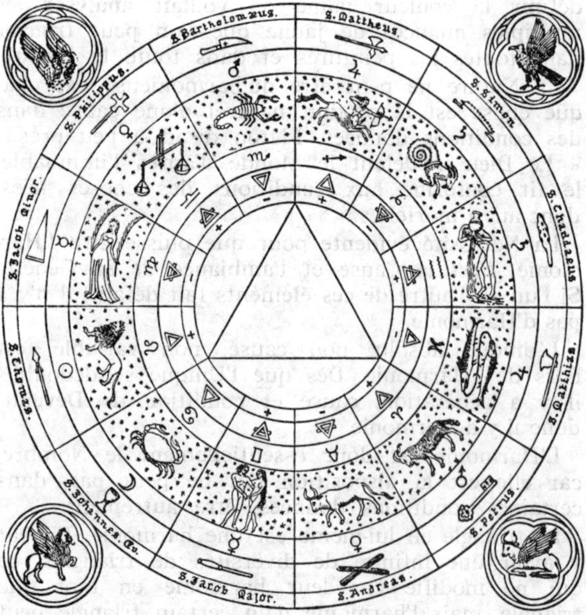

Fig. 28. — *Cycle d'animation des formes.*

Nous avons déjà établi précédemment la relation entre les douze nombres entourant la Trinité-Cause et les douze signes du zodiaque. Nous pouvons donc les tracer comme une suite qui se rejoint, ce qui forme un cercle divisé en douze lieux.

La Trinité divine, créatrice, donc modèle réel d'après lequel le monde est fait, préside à tout, anime tout, du dedans au dehors. Elle vivifie ce qui fait l'ambiance animée du zodiaque, c'est-à-dire les douze membres du triangle parfait.

Dans les douze nombres ou signes, ou plus exactement encore les *douze lieux,* nous trouvons les Trois Principes colorant les Quatre éléments, chacun donc étant triple, ce qui également nous mène à douze.

De plus le diamètre divise ce cercle en deux parts, donnant le caractère sexuel ou duel, de sorte que, nécessairement, six de ces lieux sont mâles et six sont femelles. (Cette dualisation permet deux interprétations : l'une est l'*alternance* du caractère mâle et femelle, accordé à chaque signe auquel est affecté un des éléments, l'autre est la division du cercle en deux secteurs, dont l'un est de caractère mâle, le *Yang* chinois, correspondant au Sud-Eté, l'autre, de caractère femelle, le *Yin,* correspondant au Nord-Hiver.)

Nous avons ainsi un Monde circonscrit par toutes les possibilités d'« ambiance » ou conditions à travers lesquelles la *Trinité-Cause* peut générer, et cette image résume la Cause et l'ambiance de toute harmonie.

Voyons maintenant cette Trinité elle-même.

L'analyse de quoi que ce soit nous conduit, comme déjà dit, à l'Essence triple de sa constitution. Avant de l'avoir démontré par expérience (ce qui demanderait toute une existence), contentons-nous du raisonnement pur, et ensuite de la Foi, et construisons tout sur cette certitude. Nous serons ainsi beaucoup plus avancés que ces « croyants » des diverses religions qui disent : « Je crois en un Dieu triple de nature... » sans savoir quoi faire de leur croyance.

Nous disons : la Trinité est l'Essence de toute chose, donc elle sera l'Essence de tout raisonnement, comme elle sera l'Essence d'une cellule vivante, l'Essence des lignes de la main, l'Essence de tout organisme, l'Essence d'un système stellaire, l'Essence d'un atome, l'Essence des qualités de toute matière, l'Essence du son, l'Essence des couleurs dans la

Lumière, etc., etc. (1). Elle sera même l'Essence de tout drame car, comme le dit l'humoriste : pour qu'il y ait drame il faut être deux..., donc il y a deux personnages et... le drame.

Nous savons que les Trois Principes président à tout devenir et qu'ensuite, en toute chose, il y a les Quatre éléments. Nous savons également que tous les nombres se trouvent dans la Tétractys. Contentons-nous de ces bases pour le moment.

Nous devrons donc, en tout phénomène, découvrir ces *trois* et *quatre* facteurs. De fait en analysant la composition qualitative de n'importe quel phénomène naturel, nous retrouvons ces *sept* facteurs.

Or les Trois Principes précèdent les Quatre éléments, ceux-ci étant occultement déjà contenus en chacun des Trois Principes. Autrement dit, chacune des Unités du triangle manifesté est de nature double. Traçons ce triangle :

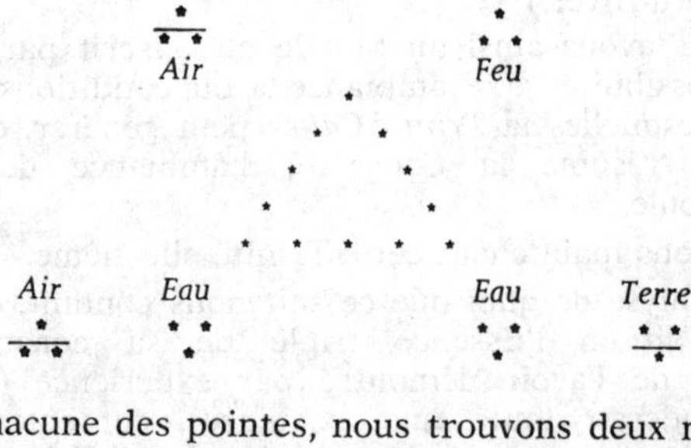

A chacune des pointes, nous trouvons deux natures élémentaires déterminant — ou plus exactement — contenues en sa caractéristique.

Autrement dit : l'hexagramme est l'image de la

(1) Dans l'écriture hiéroglyphique, le mot Trois *(khemt)*, écrit avec le phallus (puissance séminale), est homonyme de « penser », dans le sens de réfléchir, concevoir *(bedenken)*.

En mathématiques, il n'existe que *trois possibilités* de fractionner l'Unité, de telle sorte que $a = b + c = 1$ (médiété de partition), au moyen de la médiété *arithmétique, harmonique et géométrique*, cette dernière répondant à la *Section dorée*.

En science nucléaire, on ne reconnaît, en dernière analyse, que *Trois* éléments constitutifs de la matière : le *Proton* (positif), le *Neutron* (neutre) et l'*Électron* (négatif)..., mais chacun a double nature. Cf. *infra*.

Trinité occulte et non pas l'image sextuple qu'il semble présenter.

Suivant le vieil adage : « *Daimon est Deus inversus* », le triangle renversé *ne s'ajoute pas* au triangle debout, mais ne fait que montrer l'*autre aspect* de sa nature divine :

« Dieu, avant la chute des Anges, contenait en lui la nature des deux catégories. »

L'Homme avant sa chute était créé mâle et femelle en Un.

L'« Unique » dans sa nature absolue, avant Sa manifestation est, Lui-même et Son image, une Unité. Ceci ne nous étant pas compréhensible, nous le symbolisons par le « bouclier de David », ce qui ne signifie pas autre chose que : le bouclier (la Connaissance) s'oppose à toute attaque (l'Ignorance).

Voici donc levé un des voiles secrets de l'hexagramme ou *Triangle divin dans sa double nature.*

Nous avons déjà vu que les Anciens ont désigné les Quatre éléments par les quatre états physiques, caractérisés chacun par deux qualités, choisies parmi toutes les possibilités naturelles existantes (chaud, froid, sec et humide).

En continuant cette corporification symbolique, les Anciens ont également donné aux Trois Principes des noms tirés, par Analogie, des choses naturelles les plus caractéristiques pour en exprimer le sens occulte. Nous devons bien nous rappeler et ne jamais oublier que *Feu, Air, Eau, Terre,* etc., ne sont ni le Feu ordinaire, ni de l'Air ordinaire, etc., mais que ce ne sont là que des images, des Icônes, des symboles de principes. Que le Feu ordinaire et l'Eau, etc., aient toutes les *apparences* de ces qualités, cela va de soi.

Ainsi le triangle principiel, comme nous le savons déjà, répond aux principes de *semence,* ou père, de *substance nourricière* : matrice ou Esprit ; et de *forme résultante,* ou fils.

En choisissant leurs images dans le premier règne de la création, le règne minéral, les Sages, les Anciens, ont adopté pour la semence le symbole du Soufre, pour la matrice ou substance le Mercure, et pour le fruit, la forme définitive : le Sel.

En effet, le Mercure métallique se trouve violemment coagulé par le Soufre, et le produit (en Chimie appelé Sulfure de Mercure ou Cinabre), est un Sel. Or le Sel est toujours un produit final et relativement fixe.

Pour cette raison et pour d'autres plus complexes très parfaitement comprises dans cette image, les Anciens ont donc adopté ce symbolisme.

Ils disent : les *Trois Principes* de toutes choses sont le *Soufre,* le *Mercure* et le *Sel.* Or il y a dans le Soufre du Feu et de l'Air. Il y a dans le Mercure de l'Air et de l'Eau, et dans le Sel de l'Eau et de la Terre.

Donc les Trois Principes jouent le rôle de trois états, chacun double, formé de la nature de deux des Quatre éléments, et inversement ces Quatre éléments ne sont que ces natures séparées ; il y a ainsi :

Principes :		SOUFRE		MERCURE		SEL	
Eléments :	FEU		AIR		EAU		TERRE.

La conséquence générale sera : il y a dans chaque phénomène *sept états qualitatifs composants,* dont trois seront doubles, formés de chaque fois deux simples.

Prenons pour concrétiser cette vérité l'image de la Lumière. La Lumière est dite blanche et nous la ressentons comme lumière sans caractère défini quand elle est pure, car tout ce que l'analyse nous révélera d'elle est réuni en une *Unité* où tout est équilibré.

Quand la lumière blanche est brisée par un prisme *triangulaire* (car seul le triangle peut réduire à nouveau un phénomène en ses composants), alors nous obtenons sept couleurs : *Rouge, Orangé, Jaune, Vert, Bleu, Indigo, Violet,* parmi lesquelles nous trouvons quatre couleurs fondamentales et non trois comme on le croit ordinairement : il y a le *Rouge,* le *Jaune,* le *Bleu* et l'*Indigo,* car l'*Indigo* ne résulte d'aucun mélange et le *Bleu,* si intense soit-il, ne donne de lui-même jamais d'*Indigo,* qui est un *bleu* sombre et lumineux.

Or, d'après ce que nous venons de voir, ces « quatre éléments-couleurs » doivent provenir du triangle originel qui, dans son ensemble est Lumière, mais dont chacun des Trois Principes donne naissance à deux couleurs.

Notre triangle principe est donc nécessairement formé de trois couleurs doubles, c'est-à-dire composées, soit : *Rouge* et *Jaune* = *Orangé*, puis *Jaune* et *Bleu* = *Vert*, et enfin *Indigo* et *Rouge* = *Violet*, correspondant aux Trois Principes des couleurs ; or, en maintenant la disposition adoptée jusqu'ici autour du triangle, nous trouvons :

SOUFRE
Orangé

AIR *Jaune* — FEU *Rouge*

MERCURE *Vert* — SEL *Violet*

AIR *Jaune* — EAU *Bleu* — EAU *Bleu* — TERRE *Indigo*

Ici se place une erreur, car *Bleu* et *Indigo* ne donnent pas le *Violet* : il intervient quelque chose de mystérieux, car en fait c'est le *Bleu* qui se relie, comme une fin, au commencement. Effectivement, c'est le *Feu de la Terre* qui doit se lier à l'*Eau* pour faire le *Sel*. Il y a donc suite régulière dans les nombres, mais *irrégularité dans les qualités.*

Le *Violet* constitue une jonction du cercle entre *Indigo* et *Rouge*. Il constitue une liaison exactement comme, de leur côté, l'*Orangé* et le *Vert* forment la liaison entre les deux éléments qui les encadrent :

Principes :		SOUFRE *Orangé*		MERCURE *Vert*		SEL *Violet*
Eléments :	FEU *Rouge*		AIR *Jaune*		EAU *Bleu* — TERRE *Indigo*	

Nous voyons que le *Bleu* et l'*Indigo* se suivent comme si l'*Indigo* était lui-même une couleur composée. Il s'agit là effectivement d'un intervalle irrégulier qui déplace le *Violet*, *lequel est comme un appel vers le Rouge de son origine.* Nous observerons plus loin, lorsque ceci sera mis en relation avec le son, une irrégularité apparente identique dans la gamme musicale et... dans le système planétaire.

Rappelons maintenant que chaque élément participe de deux qualités et voyons, comparativement, comment les quatre couleurs simples vont se comporter, en considérant que chacune d'elles participe de la couleur composée qui la précède et de celle qui la suit :

Le FEU, état radiant, participe du *sec* et du *chaud.*
Le *Rouge* .... participe du *Violet* et de l'*Orangé.*

Le chaud sera Orangé.

L'AIR, état volatil, participe du *chaud* et de l'*humide.*
Le *Jaune* ...... participe de l'*Orangé* et du *Vert.*

L'humide sera Vert.

L'EAU, état liquide, participe de l'*humide* et du *froid.*
Le *Bleu* .... participe du *Vert* et de l'*Indigo.*

Le froid sera Indigo.

La TERRE, état solide, participe du *froid* et du *sec.*
L'*indigo* .... participe du *Bleu* et du *Violet.*

Le sec sera Violet.

Le froid et l'*Indigo* nous montrent encore une fois cet étrange décalage : l'*Indigo* est *en même temps* le froid et la Terre, et participe donc de l'*Elément* et de la *Qualité.*

Nous voyons donc que l'*Indigo* est en même temps Terre et aussi la qualité froide de cette Terre qui est froide et sèche, une eau dont l'humidité est séchée par le Feu.

Quittons pour quelques instants le « raisonnement pur », et voyons un fait : la mesure des intensités calorifiques dans le *spectre normal* révèle que *le maximum de chaleur est situé dans le jaune orangé* qui, ainsi que nous venons de le voir est « chaud », tandis que l'intensité calorifique devient très faible à partir de l'*Indigo* (qui est dit froid) pour être pratiquement insignifiante dans l'ultra-violet (1), ce qui vient à l'appui des correspondances métaphysiques établies précédemment.

Si nous mettons le problème posé par les couleurs en regard de celui que pose l'harmonie musicale, nous constaterons qu'il y a identité entre les fonctions numériques. Rappelons en effet :

La « hauteur » du son (nombre de vibrations) est en raison inverse de la longueur de la corde vibrante, de même que le nombre de vibrations des couleurs est en raison inverse de leur longueur d'onde (2).

En partant d'une corde donnant par exemple 16 vibrations, *la moitié* de cette corde donnera l'octave du son initial et 32 vibrations. Donc une première octave jouera entre 16 et 32 vibrations, c'est-à-dire entre sa longueur entière et sa moitié (3).

Or *le nombre de vibrations de la couleur* Violet *extrême* (limite de l'Ultraviolet) *est le double du nombre de vibrations du* Rouge *extrême* (limite de l'Infra-rouge). Ainsi, pour la gamme dont l'octave complète comprend *sept* sons purs, comme pour la Lumière décomposée par le prisme en *sept* couleurs franches, le problème réside dans le passage de *Un* à *Deux,* comprenant sept étapes fondamentales.

Dans l'harmonie musicale, il y a *Trois Principes* d'harmonie simple et parfaite :

(1) Cf. Lefebvre, *Spectroscopie*, p. 158, fig. 30 et 31.
Expériences faites par M. Langley au moyen du bolomètre et d'un réseau de Rowland. La situation du maximum de chaleur dans le *Jaune orangé* (raie D) a permis de constater l'identité entre les courbes des intensités lumineuses et calorifiques dans le *spectre normal*.

(2) En appelant l la longueur d'ondes des couleurs, v le nombre de vibrations et c la vitesse de la lumière, la formule est la suivante :

$$v = \frac{c}{l}, \text{ soit } \frac{\text{vitesse de la lumière}}{\text{longueur d'onde}} = \text{nombre de vibrations.}$$

(3) Les nombres donnés ici sont quelconques. Le *La* du diapason a 435 vibrations. Le *La* supérieur en a 870, c'est-à-dire le double.

La Quinte $= \frac{2}{3}$ ou 2 à 3.

La Quarte $= \frac{3}{4}$ ou 3 à 4.

La Tierce $= \frac{4}{5}$ ou 4 à 5.

On voit immédiatement la relation de ces rapports harmonieux avec la Tétractys et le Triangle sacré *Trois, Quatre, Cinq* (1).

Comme par hasard notre système planétaire est également septuple, comprenant le *Soleil, Mercure, Vénus, Terre* ou *Lune, Mars, Jupiter* et *Saturne* (2). Or voilà que Jupiter joue exactement le même rôle que l'*Indigo*. Il présente une irrégularité dans le système, étant d'ailleurs d'une grandeur anormale par rapport à sa place. Résoudre ce problème nous entraînerait trop loin maintenant (3).

Sachez seulement que le système solaire est construit, *analogiquement*, sur les mêmes lois d'harmonie que la gamme sonore, que la lumière, que les groupes vibratoires, que les couches électroniques des atomes, enfin que la Genèse en général.

Or notre monde n'est pas si simple que cela paraît à première vue. De même que les « harmoniques » dans les sons constituent des résonances à des octaves de plus en plus éloignées, de même notre système planétaire septuple (octave) a des résonances plus hautes, et d'autres groupes septuples de planètes circulant autour du Maître du Monde, *Râ*, le Soleil (4).

(1) Cf. *Le Temple de l'Homme*, I, pp. 171 *sqq*.

(2) Uranus, Neptune et Pluton sont invisibles à l'œil nu.

(3) Jupiter est la planète la plus grosse de notre système solaire. Pour en donner une idée, voici quelques chiffres : tandis que Mars a un volume plus petit que le sixième de celui de la Terre, Jupiter a un volume égal à 1 300 fois celui de la Terre, et presque double de celui de Saturne.

(4) Rappelons aussi : L'étoile double de Sirius — qui joue pour l'Égypte pharaonique le rôle d'un soleil central pour notre système tout entier — nous suggère aujourd'hui l'existence d'un système cosmique atomique avec pour *noyau* cette « Grande Pourvoyeuse » qui est l'ancienne Sothis *(Spd.t)* : une révision de notre cosmologie pourrait bien s'imposer un jour prochain. Cf. *Le Roi de la Théocratie pharaonique*, pp. 38-39.

Ce qui importe, c'est que tout le système comporte des *octaves*, c'est-à-dire les sept sons ou aspects du rapport « Principe-Elément » et que toujours sept facteurs qualitatifs constituent le phénomène. Nous arriverons peut-être un jour à parler du cercle, des notions de Temps et Espace et de leurs rapports qui constituent la spirale cosmique, alors nous comprendrons directement les cycles planétaires septuples, les enchevêtrements de ces cycles, et nous verrons d'où vient cette apparente irrégularité de Jupiter, de la couleur *Indigo*, de la forme inconnue entre les vibrations ultraviolettes et les rayons X, etc.

D'autre part, l'étude occulte des métaux correspondant aux planètes montre que le règne métallique se groupe exactement, comme tous les règnes, en sept casses qualitatives (1), et c'est la raison pour laquelle les Anciens ne les désignaient jamais autrement q uepar les symboles planétaires (2).

Cette tradition qui remonte aux premiers siècles de notre ère, a sans doute des racines anciennes. Voyons donc quelques caractéristiques des sept métaux ainsi que leurs correspondances avec les planètes et les couleurs.

Le *Fer* est assimilé à *Mars*, l'*Arès* grec, divinité de la querelle et de la guerre, ainsi qu'à la couleur *Rouge*.

« *De tous les dieux qui habitent l'Olympe, dit à Arès le Zeus de l'Illiade, c'est toi qui m'es le plus odieux ; car tu n'aimes toujours que la discorde, la guerre et les combats ; tu as l'esprit intraitable et indocile de ta mère Héra, que j'ai peine à réprimer par mes paroles.* »

« *Arès, dieu furieux, naturellement méchant et inconstant* », a *les* caractères essentiels de *Seth*, l'éternel ennemi d'*Horus* ; or déjà dans les textes des Pyramides il est question du « *métal sorti de Seth* ». Ainsi que le précise Plutarque, il s'agit du *Fer* que les Egyptiens appelaient « *os de Typhon* »,

(1) Ce « classement qualitatif » n'a évidemment rien de commun avec celui des « corps simples » qui, pourtant, lui aussi, comprend sept classes !

(2) Cf. M. Lémery, *Cours de Chimie*, 1756, et également M. Macquer, *Dictionnaire de Chimie*, 1778, ouvrages dans lesquels les sept métaux sont désignés par les symboles ou noms des planètes.

Fig. 29. — *Les métaux assimilés aux planètes. Dans la grotte, de gauche à droite : Jupiter, Mars, Saturne, Mercure ; en avant : la Lune, le Soleil et Vénus.*

c'est-à-dire de *Seth* dont le nom signifie « *empêchement violent, obstacle, opposition* » (1). Plutarque précise encore que le *Fer* est tantôt entraîné par l'aimant dénommé « *os d'Horus* », tantôt repoussé dans une direction opposée.

Par ailleurs, la planète Mars a un éclat *rouge* et déjà les Egyptiens la désignaient sous le nom d' « *Horus le Rouge* ».

Associant ces divers mythes, on peut comprendre que les Grecs aient assimilé le *Fer* issu de *Seth,*

(1) Cf. Pyramides 13 c et 14 a. Plutarque, chap. LXII. En Égypte, le *Fer* est appelé « *bia n pet* », le métal du ciel.

principe de la guerre et de la discorde à *Arès,* et les Romains à *Mars,* et par suite à la couleur *Rouge,* et l'élément *Feu,* en tant que principe contractant, desséchant : le désert brûlant est l'apanage de *Seth.*

L'*or* est assimilé au *Soleil* ainsi que la couleur *jaune-orangé.*

Depuis l'époque grecque, puis à travers les écrits arabes jusqu'à notre Moyen Age, le métal de l'Or, inoxydable, fut considéré comme la perfection du règne métallique et pour cela assimilé au Soleil, ainsi que pour son éclat. Dans les anciens dictionnaires de Chimie, le symbole de l'Or est identique à celui que l'on utilise actuellement pour désigner le Soleil : un disque avec un point central, signe dans lequel on reconnaît le hiéroglyphe de *Râ* le Soleil. A l'époque ptolémaïque, le nom de l'Or (*neb*) est en effet un des surnoms de *Râ* et, d'une façon générale, ce terme est synonyme de Maître, ou Seigneur.

Quant à la couleur *jaune* ou *jaune orangé* attribuée au Soleil, bien curieusement, les deux premières raies spectrales de l'Or viennent se situer dans les deux zones *jaune et orangé du spectre.*

L'*argent* est assimilé à la *Lune* et à la couleur *blanche* (mais comme le Blanc représente la totalité des couleurs non décomposées par le spectre, le *jaune* remplace ici le *blanc pur*).

Depuis la plus haute antiquité, l'*argent* est effectivement désigné par un terme qui signifie *blanc* (*hedj*), synonyme de Lumière et de tout ce qui a caractère blanc laiteux. La divinité protectrice de l'Egypte du Sud (couronne blanche) se nomme *Nekhebit la blanche,* or Nekheb sert également à désigner la *Lune* (1)...

La raie spectrale caractéristique de l'argent se superpose à celle du mercure et se situe dans le *jaune-vert.*

Le *mercure* est assimilé à la planète *Mercure* et à

(1) La Lune est, dans le mythe pharaonique, assimilée à *Thot* et à *Khonsou. Thot,* qui règle les temps et les saisons, a pour oiseau sacré l'Ibis blanc, ou Ibis sacré.

L'association de *Nekhebit* à la *Lune* donne à cet astre un caractère nourricier.

Pour *nekheb :* Lune, cf. *Wört.*, II, p. 308.

la couleur *verte*. Or, en Ancienne Egypte, cette planète est symbolisée par le crocodile *Sebek*, toujours peint en vert. Par ailleurs un texte des Pyramides précise : « *Sebek aux plumes vertes...* » (Pyr., 507.) Comme par hasard la première ligne spectrale du métal mercure (vif argent) se situe à la limite du *vert-jaune*.

Le *cuivre* est assimilé à *Vénus* et à la couleur *bleue* ou *bleu-vert*.

Dès les premières dynasties, les pharaons exploitèrent les mines de cuivre ainsi que les gisements de turquoise et de malachite du Sinaï, où l'on trouva d'importants sanctuaires dédiés à *Hathor*, l'Aphrodite des Grecs, la Vénus romaine (1). On comprend dès lors pourquoi *Hathor* est souvent désignée par l'épithète « *la déesse bleue* », car non seulement elle protégeait les gisements susdits, mais le lapis-lazuli lui était également attribué. Cette pierre avait, en Egypte pharaonique une grosse valeur, et l'on distinguait soigneusement le lapis-lazuli véritable de l'émail *bleu* de même couleur dont les analyses ont démontré que le *cuivre était la base de coloration* (2). D'autre part, la planète *Vénus* était désignée comme étoile du matin, ou comme étoile du soir. Disons enfin que le chlorure de cuivre fournit dans le spectre, en première ligne deux raies importantes situées dans les zones *bleue* et *vert-bleu*, et qu'en outre sa flamme est d'un beau *bleu* avec bordure extérieure *verte*.

L'*étain* est assimilé à *Jupiter*, à qui revient l'*Indigo* ; or la ligne spectrale du bichlorure d'étain tombe précisément à la limite du *bleu sombre* et de l'*indigo* (3).

(1) C'est l'aspect *Sekhmet* de *Hathor* qui est comparable à Vénus. Pour les gisements du Sinaï, cf. L. DE LAUNAY, *Les richesses minérales de l'Afrique*, p. 284. Les Anciens ont extrait du cuivre des mines de Sarbout el-Khâdim et de la malachite et de la turquoise des gisements de l'Ouady-Magharah. Pour le culte de *Hathor* en ce lieu, cf. Flinders PETRIE, *Researches in Sinaï*.

(2) Cf. C.R. LEPSIUS, *Les métaux dans les inscriptions égyptiennes*.

(3) Les musées renferment des miroirs de bronze, dont l'analyse révèle un alliage de cuivre et d'étain, ce qui témoigne de l'usage de l'étain par les Égyptiens, qui pourtant ne possèdent aucun gisement de ce métal. A part les célèbres gisements d'Angleterre, où ont-ils pu se fournir d'étain, dont les mines se trouvent pour l'Afrique, soit dans le Congo français, soit à Madagascar, soit dans le Transvaal?...

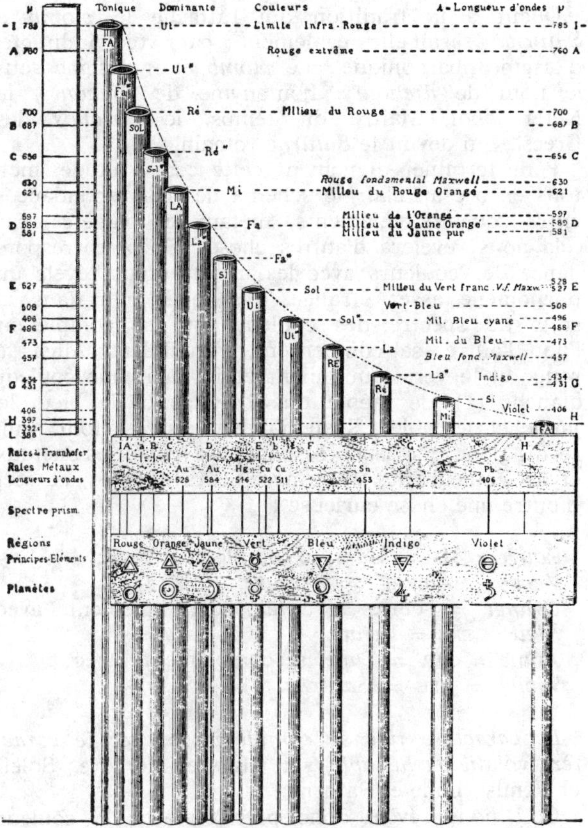

Fig. 30. — *Harmonie. Analogies. Fonctions. Facteurs.*

D'autre part, l'ancienne tradition attribuait, paraît-il, à *Jupiter,* l'électrum, c'est-à-dire un alliage d'or et d'argent.

Le *plomb* est assimilé à *Saturne* et à la couleur *violette.* Le spectre du plomb métallique donne en première ligne une raie située exactement au milieu du *violet, qui garde son éclat dans toutes les circonstances... et qui est donc absolument caractéristique du plomb* (1).

(1) *Spectroscopie, op. cit.*, p. 75.

Quant à la tradition qui rattache le *plomb* à *Saturne,* serait-elle également, par voie indirecte, d'origine pharaonique ? Le *plomb* était désigné sous le nom de *djehouty,* homonyme de *Djehouty,* le Neter *Thot,* Maître du temps, le *Chronos* des Grecs... qui devint le *Saturne* romain.

Pour terminer dignement cette courte étude, mettons encore au clair le schéma des correspondances entre couleurs, Eléments, métaux et planètes, car cela nous révélera d'autres choses. Or la correspondance des couleurs avec les métaux nous révèle un phénomène assez étrange, c'est qu'il y a dans la suite du spectre des couleurs qui se complètent l'une l'autre, se compensent, s'annihilent. Ainsi le rouge et le vert s'annihilent et forment une couleur blanche (1), de même que l'orangé et le bleu, le jaune et le violet. Reste l'indigo qui est tout seul. Je dis donc que la correspondance entre les métaux et les couleurs les situe avec leurs qualités, et ceci montre une chose curieuse :

Rouge = FEU = *Mars,* se complémente avec
Vert = MERCURE = *Mercure.*
Orangé = SOUFRE = *Soleil,* se complémente avec
Bleu = EAU = *Vénus.*
Jaune = AIR = *Lune,* se complémente avec
Violet = SEL = *Saturne.*

Le caractère fixe se complémente avec le caractère volatil ou instable, soit Mars et Mercure ; Soleil et Vénus ; Lune et Saturne.

Ceci nous révèle donc premièrement la couleur occulte des planètes, ensuite *la nature réelle du phénomène de complémentation,* jusqu'ici absolument inexpliqué. De plus ceci laisse l'Indigo, qui est Terre, soit Jupiter, absolument seul, *non complémenté,* ayant tant *caractère fixe que volatil* (*Amon*) (2).

Donc le complément, jusqu'à maintenant conçu uniquement dans le caractère mâle et femelle, se

(1) En soustraction donnent du blanc, en addition donnent du noir.

(2) Le sens exact de ce qui est dit ici, je ne puis pas le développer plus avant, mais je puis affirmer sous serment que c'est absolument vrai.

trouve illuminé d'un nouveau jour, car il y a, de plus, la nature fixe et volatile, ce qui va maintenant sembler évident mais était à démontrer.

De même ceci montre que s'il y a un rapport entre les planètes (Mars et Mercure par exemple), rapport gravifique, Jupiter reste seul, gravite seul, sans équilibre étranger *un maître dans le ciel comme le Soleil,* et ce n'est pas pour rien, mais en connaissance de cause vraie, que les Anciens l'appelaient *Amon,* et qu'ils ont, de *Jupiter-Amon,* fait le *Neter* du Ciel comme *Râ* est le Maître du Monde. D'ailleurs « *Zevs* » et Jupiter signifient la même chose.

⁂

Ce qu'il est intéressant de constater ici c'est que tout se tient, depuis le son jusqu'aux systèmes cosmiques : il n'y a qu'*une* seule Harmonie commandée par les Nombres, ce pourquoi nous pouvions affirmer dès le début : l'Harmonie est le rapport naturel d'une cause à son effet conditionné par un milieu. Notre cause est la Trinité, notre milieu les Quatre éléments ternaires.

L'effet de l'harmonie est la septuple manifestation : Principes-éléments.

Mais rappelons également qu'en réalité tout phénomène énergétique est composé de *sept facteurs* ou puissances résultant de la contraction de *neuf fonctions,* ce qu'exprime le mythe pharaonique par les *Neuf Neter* de l'origine (la Grande Ennéade) et par les *Sept Hathor* présidant au destin de l'enfant nouveau-né (Harmonie) ou encore les *sept* vaches sacrées du Ciel. Rappelons également que *Séchat, Neter* de l'écriture, porte pour symbole une étoile à *sept* branches, et que le nombre Sept donne à ce Neter le nom de *Sefekht* qui signe toutes choses en ce monde (1). Il y avait aussi les *sept* parfums sacrés consacrés aux *sept* planètes (2). Plus tard, on

(1) Cf. *Her-Bak « Disciple »*, par Isha Schwaller de LUBICZ, pp. 158, 228 et 231.

(2) M. BERTHELOT, *Alchimistes grecs*, Introduction, p. 13 et p. 73. Papyrus W. de Leyde, IIIe siècle de notre ère.

parlera dans la Bible des *neuf* Archanges et des *sept* Anges aux *sept* trompettes, des *sept* chandeliers aux *sept* branches, des *sept* sceaux, etc., etc.

***

Les théories modernes sur la constitution de la matière en arrivent à ne plus considérer que le *Nombre spécifique* comme caractéristique d'un corps simple. En toute rigueur, *l'atome,* porteur des caractéristiques de chaque corps se résume à trois « facteurs » :

— Un nombre N de *neutrons,* particules électriquement neutres comparables à ce qui, ailleurs, est appelé « sel fixe » (1).

— Un nombre Z de *protons,* particules chargées positivement.

L'ensemble N + Z définit le nombre du poids atomique et constitue le noyau, dont la densité prodigieuse atteint des milliers de trillions de fois celle de l'eau, et qui rassemble toute la masse de l'atome.

— Autour du noyau, d'une petitesse extrême, gravitent des *électrons,* de *nombre Z,* chargés négativement. Ces électrons, extrêmement légers, se déplacent sur des orbites à des vitesses incroyables *en tournant sur eux-mêmes autour d'un axe perpendiculaire à leur orbite.* De plus la totalité des électrons est disposée en *sept couches d'énergies,* ce qui a fait comparer un atome à un véritable système solaire (2) !

Dans l'analyse de la matière, on trouve donc, avec les *protons,* les *électrons* et les *neutrons,* un parallélisme frappant avec les Trois Principes. Mais n'a-t-il

(1) Cf. *Le Temple de l'Homme*, I, chap. 1er : « De la Conscience », pp. 68-69, où l'électron est comparé au « volatil » par rapport au neutron « fixe ».

(2) Cf. Paul PASCAL, *Notions élémentaires de Chimie générale* (Masson éd., 1953). Les corps simples sont classés en un tableau de *Neuf colonnes* verticales et *Sept lignes* horizontales, le tout formant une progression arithmétique à raison 1. Ce classement (Mendeleief) définit les nombres caractéristiques, les valences, affinités, etc.

D'autre part, p. 39, on relève entre autres fonctions :

« *n* est ce que l'on appelle le nombre quantique principal ; les rayons des orbites varient proportionnellement à son carré, les fréquences en raison inverse de son cube, les vitesses en raison inverse de sa valeur, les énergies en raison inverse de son carré. »

pas été dit que ceux-ci sont de caractère double ?

Les toutes dernières découvertes (1955) viennent en effet de démontrer non seulement l'existence d'*électrons positifs* et *négatifs* mais aussi du *proton négatif* ou *antiproton* :

« Il y a très longtemps que les théoriciens soupçonnaient l'existence de cette particule. Comme il existait un électron positif et un électron négatif, beaucoup pensaient que le proton négatif devait être une réalité... », écrivit à ce sujet le prince L. de Broglie.

« On sait que *la transformation de l'énergie en masse* prévue par Einstein a été obtenue en 1931 pour la première fois par la création des électrons positifs et négatifs.

« Ensuite on a trouvé d'autres particules qui ont été créées à partir d'une énergie plus grande. Ces particules sont les *mesons* (appelés aussi électrons lourds)...

« *Si le proton négatif a été trouvé, cela signifie que l'on peut créer des protons positifs et négatifs à partir d'énergie. Ce serait le premier exemple de la création de noyaux analogues à ceux existant dans la nature...* », écrivait M. Leprince-Ringuet.

En 1956, l'*Antineutron* est à son tour découvert : « La dernière des nombreuses particules fondamentales qu'exige la parfaite symétrie de celles rencontrées dans l'univers, c'est-à-dire l'antineutron, a maintenant été détectée (1).

Toutes ces analogies sont extrêmement séduisantes, mais ne l'oublions pas, *ce ne sont encore que des symboles de la Réalité, il n'y a aucune identification possible entre l'énergie atomique et l'Esprit, origine de la matière.*

L'Energie-Cause est Esprit, tandis que l'énergie intra-atomique n'est qu'énergie cinétique, mécanique, et nullement vitale (2).

(1) L.M. Cork, *Radioactivité et physique nucléaire*, p. 22.

(2) Cf. chap. « Le Mystère de tous les jours », p. 187 ou *Le Temple de l'Homme*, I, p. 40.

CONCLUSIONS

Puisque tout se tient, j'ai été conduit, étant donné les conditions qui s'imposaient, à citer les planètes, les couleurs, les sons, etc., alors que nous parlions du Triangle créateur. Or nous voyons que sa fonction donne sept facteurs : Trois principes en liaison intime avec les Quatre éléments, formant sept manifestations de l'harmonie, que nous pouvons choisir où nous voudrons car il y aura sept couleurs, sept sons, sept planètes, sept races, sept organes principaux du corps humain, sept corps occultes, sept chakras ou centres occultes du corps, et toujours sept facteurs de tout ensemble de manifestation.

Or nous ne sommes plus tout à fait aussi ignorants, car nous savons déjà d'où viennent les sept et comment dans leur formation jouent les Principes et les Eléments, nous n'ignorons plus que l'apparence simple cache des affinités, ainsi l'hexagramme nous servira, à nous aussi, de bouclier contre l'ignorance

Voici que l'harmonie se précise. Nous voyons un monde aux douze lieux, de quatre fois trois qualités, et dans ce monde nous voyons tourner sept porteurs de l'harmonie.

Trois Principes, Quatre éléments, Deux sexes, Sept facteurs, Neuf fonctions... Quand nous aurons étudié les fonctions corporelles des Nombres, nous aurons tous les éléments pour constituer un monde visible, tangible, vivant, subissant naissance et mort, et nous verrons l'*harmonie fatale* régir ce monde.

Du moment qu'il y a l'Un Unique, éternel, incompréhensible, tout en découle *suivant le Nombre,* c'est-à-dire l'Harmonie, c'est-à-dire l'*image du vivant d'après le modèle éternel,* pour parler comme Platon. *L'Harmonie est fatale.*

Le Feu qui soulève la terre, l'eau qui envahit les continents, la montagne qui s'écroule, la fleur qui croît, l'enfant qui naît, la créature qui meurt, tout, absolument tout, obéit à l'Harmonie cosmique ; tout est donc décrit dans le Nombre comme Deux et Trois découlent de Un, Quatre de Deux, Cinq de

Trois et Quatre, les Douze de Cinq (Pentactys), le Sept du Triangle, etc.

Ainsi voyons-nous également que le Monde ne suit aucunement la logique arithmétique, et si nous voulons, de l'ignorance passer à la Sagesse, nous devons faire appel à l'Entendement et non à l'Intelligence (1).

(1) Texte inédit. Nous avons cru nécessaire d'ajouter à ce texte inédit les quelques notes concernant l'atome auquel l'auteur fait sans cesse allusion.

CHAPITRE IX

HARMONIE ET VOLUME

La génération, qu'elle soit métallique ou humaine, qu'elle soit « création » ou procréation par semence, représente une *réduction en volume d'une Energie qui n'est ni volume ni espace.* Le volume seul est espace. Il est une quantité, une substance non matérielle contractée en matière, comme à l'échelon plus bas une substance albuminoïde est coagulée par la chaleur ou par une semence.

Ceci pose comme origine une Energie non polarisée, une abstraction que l'on peut appeler l'Unité insécable, l'Unique.

Ce même état énergétique retrouve ses *analogues* à tous les étages du devenir des « volumes », mais ces volumes ont déjà un corps, qui sera finalement les albuminoïdes animaux.

Cette genèse comprend la grandeur Temps et s'exprime en trois dimensions directement. Elle représente ainsi une *unité Temps-Volume.* Le premier produit sensible de la Genèse, partant de l'Energie non polarisée, comprend une première octave qui figure, en Nombres, le passage de Un, insécable, à Deux, première unité sécable. Ce sont les sept et neuf étapes de la « *Genharmonie* » (1) exprimant la *Loi de Genèse.*

Pour la Genèse, les grandeurs Temps et Espace en volume sont identiques. Cette Genèse est le passage des virtualités, ou possibilités, à l'état actuel. C'est

(1) Ce mot signifie ici : harmonie et Genèse, c'est-à-dire l'harmonie en la Genèse.

la fonction de qualification, ou spécification du moment métaphysique en moment physique, c'est-à-dire — théologiquement et philosophiquement — le Verbe en Ton. (On peut faire un parallèle en parlant du souffle qui devient parole.)

Toute spécification représente une disposition pour ou contre une autre spécification (une affinité), elle est donc une première expression de la Conscience. Or la première spécification représente la manifestation d'un état virtuellement contenu en l'Unique, et formulée par la « *Genharmonie* ». (C'est ce qui permet de parler d'une information de la Conscience en parlant de Genèse.)

Ce devenir se rapporte à la Création et à la Fonction ésotérique de la Création, et va commander la fonction phénoménale commençant avec le premier Nombre Deux, le premier espace défini en volume, le premier Ton (ensuite la première octave).

Avec le premier Ton, ou volume, commence le monde créé, exotérique, un volume entrant en rapport avec un volume, ce qui n'est qu'une scission entre Temps et Espace. La gamme révèle alors les Nombres et par eux toutes les fonctions possibles, c'est-à-dire toute la Conscience et tous les rapports internes de la matière.

Ceci concerne l'exotérisme du monde, donc la relation des quantités entre elles pour lesquelles il y a temps séparé de l'espace, dont la nouvelle liaison est faite par le mouvement (1).

LA MYSTIQUE DE L'ESPACE

Ceci concerne le Volume qui est Espace.

Une puissance contractante (*Toum* du Mystère d'Héliopolis, le Verbe de saint Jean), que nous traduirons par une fonction numérée ϕ (Nombre d'or), agit en la substance informe appelée Esprit, et contracte celle-ci en un volume qui est Espace déterminé, et il n'est pas d'autre Espace que le Volume. L'Esprit est Espace, mais ne paraît pas

(1) Extrait du *Temple de l'Homme*, I, Première Partie, chap. 1er : « Conscience et grandeurs irréductibles », p. 80.

Fig. 31 a. — Genharmonie.

Fig. 31 b. — Hathor *de Dendérah,* Horus *d'Edfou et* Horus *resplendissant.*

comme tel sans la détermination en volume. Celui-ci est la première et universelle matière. Elle est sphérique, c'est-à-dire chaos des formes qui toutes sont comprises en la sphère.

La puissance paternelle, contractante, oblige l'Esprit à devenir matière, mais ceci est un acte créateur opposé à la nature de l'Esprit qui veut se libérer de cette emprise par une contre-activité qui est le Mouvement. Le Mouvement mécanique est l'énergie du désespoir, la révolte de l'Esprit contre son emprisonnement en détermination.

Or la puissance contractante est un Feu qui surpasse tous les feux ; ni le mouvement ni rien ne peut le vaincre si ce n'est son propre excès, c'est-à-dire qu'il ne peut se résoudre en non-matière que s'il communique sa puissance à l'esprit, espace matérialisé, pour en faire un Feu identique à lui, car l'action contractante, matérialisante, cesse lorsque la substance, sur laquelle elle agit, lui est devenue égale.

Une puissance ne peut pas agir contre elle-même, il lui faut un opposé.

Ainsi la forme du volume résulte d'un combat entre le mouvement, révolte désagrégeante de la matière, et la puissance contractante sur l'Esprit, dont l'apparence de ce double effet est la vie et que nous traduisons par les Nombres spécifiques des formes-volumes, parce que c'est cette vie qui se manifeste par les Volumes. Les cinq volumes réguliers sont, comme les Quatre éléments et leur quintessence dodécaédrique, des symboles-bases pour l'entendement. Ce sont les hiéroglyphes des Nombres en formes. Ils ne sont pas réels (sensibles) comme formes, mais ils sont la Réalité définissant les nombres frontières des cinq phases d'une genèse entre la spère, les formes et leur réévanouissement.

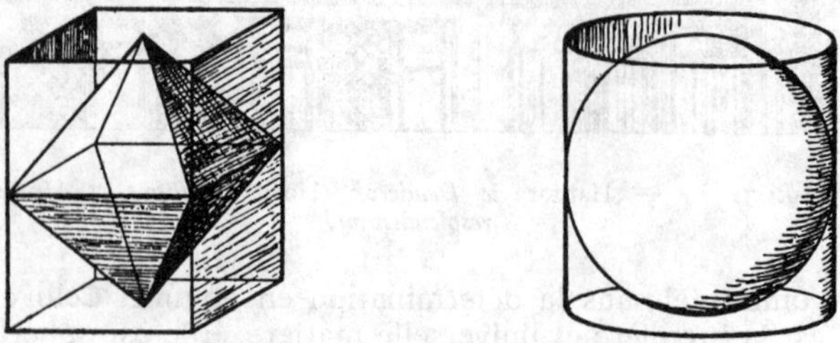

Fig. 32.

Dans un parallélépipède de volume 1, *l'octaèdre vaut* $\frac{1}{3}$.

Dans un cylindre de volume 1, *la sphère vaut* $\frac{2}{3}$.

Le noyau de l'extrême contraction Ø est octaédrique. Il est « Huit », résumant toutes les possibilités numériques, il est le cœur solide cosmique, il résulte de l'impulsion ϕ, mais la fonction cinq n'apparaîtra que plus tard. L'octaèdre a six sommets, huit faces, douze arêtes. Son volume est *un tiers* du parallélépipède le contenant, comme la sphère inscrite est *deux tiers* du volume du cylindre la contenant (1).

HARMONIE ET VOLUME

L'Univers, qu'il s'agisse d'un atome ou du Tout, existe et persiste grâce à un équilibre interne que nous appelons Harmonie et dont nos sens, effet de cet équilibre, nous révèlent les éléments, surtout par l'oreille, sens direct ne subissant pas l'analyse mentale.

Les principes qui dirigent la mathématique pharaonique, exprimés par des nombres simples, sont ce que j'appelle la « semence du Temple », dont des souvenirs sont venus jusqu'à notre grand Moyen Age...

Certaines anomalies de calcul — fondé sur ces principes qui appartiennent plus à la théologie qu'à une science rationnelle — ont conduit ce savant exceptionnel que fut Paul Tannery vers des découvertes inattendues pour notre pensée occidentale.

Lorsque Tannery, par exemple, étudia les *Eléments d'Eudoxe,* il remarqua une singularité dans sa terminologie qu'il résume ainsi :

« Ces nombres se multiplient, les rapports forment un composé par addition ; quand les deux termes d'un rapport sont élevés à la seconde ou à la troisième puissance, le rapport est dit doublé, triplé (2)... »

(1) Extrait du *Temple de l'Homme,* I, Deuxième Partie, chap. 1er : « Les bases de la mathématique pharaonique », p. 176.

(2) P. TANNERY, *Mémoire scientifique,* III, p. 70.

Rappelons qu'en musique les intervalles *s'additionnent,* tandis que les rapports de vibrations *se multiplient,* par exemple :

une quinte + une quarte = une octave ;

$$\frac{3}{2} \times \frac{4}{3} = 2 = \text{une octave.}$$

Cette anomalie de langage amena Tannery à découvrir le rôle important que joua la musique dans les mathématiques anciennes.

Lorsque Kepler appelle *sesquialtère,* c'est-à-dire $\frac{3}{2}$, le rapport entre un cube et un carré, il y a une forme de pensée très proche de cela.

Mais Jean Kepler est génial. C'est l'homme inspiré qui a écrit le *Mysterium cosmographicum,* le secret du Monde, œuvre de jeunesse que vingt ans plus tard il ne reniera pas :

« Reprenant les idées de Pythagore, il veut montrer comment l'homme, imitant le Créateur par un instinct naturel, sait, dans les notes de sa voix, faire le même choix et observer la même proportion que Dieu a voulu mettre dans l'harmonie générale des mouvements célestes. Dans un dernier chapitre, il précise même la nature des accords planétaires : Saturne et Jupiter font la basse, Mars le ténor, Vénus le contralto et Mercure le fausset.

« Ailleurs, il traite de politique ; il veut même prouver que la Terre a une âme et connaît le zodiaque.

« C'est du milieu de ce chaos, de ce monde de rêves, que jaillit, dans le dernier livre, la troisième des lois qui portent son nom. Il l'énonce ainsi :

« *La proportion entre les distances moyennes de deux planètes est précisément sesquialtère de la proportion des temps périodiques* : ce qu'il appelle proportion sesquialtère, c'est celle dont les termes de l'exposant sont $\frac{3}{2}$.

« Ici, contrairement à ses habitudes, il ne fait pas connaître l'histoire de ses idées. Nous savons seulement, par un passage célèbre, qu'il a longtemps cherché, sans doute par des voies analogues à celles qu'il a fait connaître dans son *Mysterium,* et que la lumière est venue peu à peu. Il avait soupçonné la loi dès le 8 mars 1618, mais, trompé alors par un faux calcul, il y avait renoncé. Il y était revenu le 15 mai, et alors un calcul plus exact l'avait convaincu de la vérité de la loi.

« *Depuis huit mois, dit-il, j'ai vu le premier rayon de lumière ; depuis trois mois, j'ai vu le jour ; enfin, depuis peu de jours, j'ai vu le soleil de la plus admirable contemplation. Je me livre à mon enthousiasme ; je veux braver les mortels par l'aveu ingénu que j'ai dérobé le vase d'or des Egyptiens, pour en former à mon Dieu un tabernacle, loin des confins de l'Egypte. Si vous me pardonnez, je m'en réjouirai ; si vous m'en faites un reproche, je le supporterai. Le sort en est jeté, j'écris mon livre ; il sera lu par l'âge présent ou par la postérité, peu importe ; il pourra attendre son lecteur ; Dieu n'a-t-il pas attendu six mille ans un contemplateur de ses œuvres ?* »

Et il termine son livre par une prière : *Gratias ago tibi Creator Domine...*

« Ainsi se trouvaient établies les trois lois qui régissent les mouvements planétaires... (1) »

Quels documents, encore accessibles en ce XVIIe siècle, si riche en ardents chercheurs, ont servi à Kepler ? Lui, ne se soucie pas d'Eudoxe, les volumes réguliers « platoniciens » lui servent de point de départ pour son travail, *et les résultats sont les trois lois des mouvements planétaires, fondation de notre astronomie.*

Kepler est, comme les Anciens, persuadé que Dieu, le Créateur, ne peut pas avoir créé un monde désordonné. Ceci veut dire : une « Loi d'ordre » doit pouvoir être dégagée de l'observation de la nature et cette loi doit alors nécessairement obéir aux Nombres. S'il y a dans la mécanique céleste une force gravifique, elle ne peut pas agir arbitrairement, donc elle est soumise aux mêmes lois qui ordonnent les Nombres. Et puisque toute l'Architecture des Nombres obéit au Pentagone et au dodécaèdre qui en dérive, c'est-à-dire les formes résultantes de ⌀, c'est ce Nombre principe Cinq qui doit commander tous les autres ; ce qui, dans la proportion musicale, devient la Quinte ou $\frac{2}{3}$ de

(1) G. BIGOURDAN, *L'Astronomie*, Paris, Flammarion, 1917.

la note initiale en tant que corde (le Temps) et $\frac{3}{2}$ (sesquialtère) en tant que vibrations (la distance).

Kepler n'a pas suivi tout à fait ce raisonnement, trop « rêveur », dira-t-on, mais c'est cette réalité qui l'a finalement inspiré. Cette réalité est le noyau divisé en $\frac{1}{3}$ et $\frac{2}{3}$ que nous retrouvons partout en Egypte pharaonique (1).

La notation fractionnaire des puissances qu'impose le calcul pharaonique permet l'expression simple, immédiate, de la troisième loi de Kepler, soit $T^{\frac{2}{3}} = R$ (qui se transcrit par $\sqrt[3]{T^2} = R$) où T est le temps de révolution d'une planète mesuré en jours, heures, etc., de la terre, tandis que R est le rayon, la distance moyenne de la planète au soleil. Ainsi des rapports peuvent être établis, fixant les distances proportionnelles de toutes les planètes d'un système solaire. Il suffit d'en connaître un pour connaître tous les autres.

« Par la réunion des qualités les plus opposées, a dit Arago, Kepler occupe dans l'histoire de la science une place tout à fait exceptionnelle...

« Superbe et audacieux quand il cherche, Kepler redevient modeste et simple dès qu'il a trouvé et, dans la joie de son triomphe, c'est Dieu seul qu'il en glorifie...

« Les lois de Kepler sont le fondement solide et inébranlable de l'astronomie moderne, la règle immuable et éternelle du déplacement des astres dans l'espace ; aucune autre découverte peut-être n'a mieux justifié ces paroles du Sage : « *Qui accroît la Science accroît le travail* » ; aucun autre n'a enfanté de plus nombreux travaux et de plus grandes découvertes ; mais la longue et pénible route qui y a conduit n'est connue que du petit nombre. Aucun des nombreux écrits de Kepler n'est considéré comme classique, ses ouvrages sont bien peu lus

(1) Cf. *Le Temple de l'Homme*, I, Première Partie, chap. III : « Principe cosmique des Volumes » et Deuxième Partie, chap. Ier, V : « Des Volumes pharaoniques ».

aujourd'hui ; sa gloire seule sera immortelle : elle est écrite dans le ciel ; les progrès de la science ne peuvent ni la diminuer ni l'obscurcir, et les planètes, par la succession toujours constante de leurs mouvements réguliers, la raconteront de siècle en siècle. »

Les trois lois de Kepler :

1° *Les orbites planétaires sont des ellipses, dont le soleil occupe un des foyers.*

2° *Chaque planète se meut dans son orbite de telle façon que les aires comprises entre les rayons vecteurs sont proportionnelles au temps employé à parcourir les arcs compris entre ces rayons.*

3° *Les carrés des temps des révolutions planétaires sont comme les cubes de leur distance moyenne au soleil.*

⁂

1° Lorsque Kepler énonce sa formule, il la pense en notation avec indice fractionnaire, cette notation implique nécessairement la relation avec la notation musicale.

2° Lorsqu'il dit que la proportion entre le *temps* et le *rayon* est *sesquialtère,* c'est-à-dire comme 3 à 2, il faut entendre que *le carré du temps a la valeur d'un cube.*

Ce sont ici les vestiges d'une forme de pensée que bien curieusement, en partant d'une tout autre base, nous sommes arrivés à retrouver par la seule notation fractionnaire (1).

⁂

Ainsi que le dit F. Arago, les ouvrages de J. Kepler sont fort peu lus actuellement, et si ses trois lois constituent la base de notre astronomie, rares sont

(1) Extrait du *Temple de l'Homme,* I, Troisième Partie, chap. III, Conclusion.

ceux qui connaissent la route que suivit cet être génial pour les découvrir.

J. Kepler, contrairement à notre esprit scientifique actuel, fut conduit uniquement par sa Foi et sa conviction profonde en l'Harmonie divine. Héritier de la pensée pythagoricienne, il démontre par son œuvre comment la « Mystique du Nombre », jugée de nos jours avec scepticisme et mépris, peut conduire à des résultats positifs et indiscutables. Il applique, en somme, la méthode prêchée en cet ouvrage : « Laisser parler l'Intelligence du Cœur » qui donne les « Intuitions », et ensuite contrôler scientifiquement.

J. Kepler était convaincu de la véracité du système héliocentrique récemment découvert par Copernic, mais il était surpris par les énormes différences qui existaient entre les distances au Soleil des différentes planètes : si Mercure, Vénus, la Terre et Mars s'échelonnaient en progression régulière, l'énorme distance qui séparait Mars de Jupiter le déconcertait. Aussi Kepler rechercha-t-il avec assiduité quelles étaient les raisons de ces espaces, à quelles lois obéissait le système planétaire.

Nous croyons utile de donner ici la préface du petit ouvrage dans lequel J. Kepler expose le résumé de ses recherches et le chemin qui le mit sur la voie de ses grandes découvertes. Lorsque vingt ans après, il découvrit les trois formules qui couronnaient son succès, il ne renia pas ses premiers essais dans lesquels on pressent déjà la formule définitive reposant sur la relation entre *le temps de révolution* et *le chemin parcouru*, d'où se déduit le rayon de l'orbite : soit la racine cubique du carré du temps.

C'est la vision « spatiale » qui dirigea toutes ses recherches.

⁂

PRÉPARATION DE TRAITÉS COSMOGRAPHIQUES
CONTENANT LE SECRET DE L'UNIVERS
SE RAPPORTANT AUX CONDITIONS ADMIRABLES
ENTRE LES CIRCUITS CÉLESTES PAR RAPPORT
AUX VRAIES ET RÉELLES CAUSES POUR LE NOMBRE ET LA GRANDEUR DES SPHÈRES CÉLESTES, AINSI QUE DES MOUVEMENTS PÉRIODIQUES EXPLIQUÉS A L'AIDE DES CINQ CORPS GÉOMÉTRIQUES RÉGULIERS

par M. Jean Kepler
de Würtemberg
en ce temps, mathématicien des Etats nobles
de Steiermark.

(Cet opuscule a été publié pour la première fois à Tübingen en l'Année du Salut 1596.)

PREFACE AUX LECTEURS

Chers lecteurs ! Je me suis proposé dans ce petit livre que Dieu infiniment Bon et Tout-Puissant a posé comme base, lors de la Création de notre monde mouvant et de l'ordonnation des cycles célestes, ces cinq corps réguliers qui depuis Pythagore et Platon jusqu'à nos jours ont connu une si grande gloire et qu'Il a adapté la nature, les nombres et les proportions de ces corps aux cycles célestes ainsi qu'à la proportion de leurs mouvements.

Mais avant que je ne te rende familier avec ces questions, je voudrais te raconter quelque chose concernant ce qui m'a incité à faire ce livre ainsi que la manière de mon procédé, ce qui, je crois, aidera ta compréhension et te fera faire connaissance avec ma personne.

Déjà, il y a six ans, lorsque je me consacrais à des relations assidues avec le très célèbre Magister Michael Mästlin à Tübingen, j'ai éprouvé combien, à beaucoup de points de vue, était maladroite l'opinion courante sur la construction du Monde. A cause de cela j'étais tellement ravi par Copernic, que mon maître citait fréquemment lors de ses cours, que non seulement je défendais souvent ses opinions lors de discussions avec les candidats, mais que j'ai même composé soigneusement une dissertation sur la thèse que le « premier Mouvement dépendait de la rotation de la Terre ».

Je m'essayais déjà d'attribuer également à la Terre, pour des raisons physiques, ou si cela te convient mieux, pour des raisons métaphysiques, le mouvement du Soleil, ainsi que Copernic le fait pour des raisons mathématiques. Dans ce but j'ai peu à peu en partie tiré des cours de Mästlin et en partie par des essais audacieux de moi-même, rassemblé tous les avantages que Copernic a contre Ptolémée pour des raisons mathématiques.

De ce travail, Joachim Rhätikus aurait pu facilement me délivrer puisqu'il avait déjà traité tout cela en détails brefs et clairs dans sa *Narratio.* Pendant que je roulais cette lourde pierre, comme ça, à part, en même temps que la Théologie, il se trouva heureusement que je fus appelé à Graz comme successeur de Georg Stadius. Là le devoir de ma charge m'obligea à m'occuper plus intimement de ces études. Lors de l'explication des éléments de l'Astronomie, ce que j'avais entendu de Mästlin ou acquis par mes propres réflexions me devint d'une grande utilité, et comme chez Virgile la légende se renforce du seul fait qu'elle se meut et acquiert des forces en avançant, mes réflexions assidues sur ces choses m'incitèrent à un plus grand approfondissement.

Enfin en l'année 1595 je me suis jeté avec toute la puissance de mon esprit sur cette question, désirant utiliser pour le mieux le temps libre que me laissaient les heures d'enseignement de mon professorat.

Il y avait trois choses que j'étudiais sans relâche pour savoir pourquoi elles sont telles et pas autrement, c'est-à-dire le nombre, la grandeur et le mouvement des orbites. Je fus décidé pour oser cela par la belle harmonie des choses en repos, c'est-à-dire le Soleil, les étoiles fixes et les espaces avec Dieu le Père, le Fils et le Saint-Esprit. Je poursuivrai cette analogie plus avant dans ma Cosmographie. Puisque les choses en repos se comportaient de telle façon je ne doutais pas d'une harmonie semblable dans les choses mouvantes. D'abord j'ai essayé de résoudre cette question avec des chiffres et j'ai regardé si peut-être une orbite était le double, le triple, le quadruple, etc., d'une autre et de combien son chemin pouvait dévier de n'importe quel autre.

J'ai perdu beaucoup de temps avec ce travail et ce jeu de nombres. Il ne résultait de Loi ni par les proportions ni par les différences. Il en advint la seule utilité que je fixais bien dans ma mémoire : les distances que donne Copernic et que toi, cher lecteur, tu sois par le récit de mes divers essais rejeté peureusement d'un côté à l'autre comme par les vagues de la mer de sorte que, finalement fatigué, tu te rendes plus tôt aux causes que j'expliquerai dans ce petit livre comme en un havre de sécurité. En dehors d'autres raisons que je décrirai plus tard, j'ai bientôt trouvé consolation et espoir que m'accordait cette observation que le *Mouvement suivait toujours la distance et que toujours là où entre les orbites se montrait un grand saut, celui-ci paraissait également dans le mouvement. Je pensais donc : si Dieu a mis un accord entre les mouvements et les distances, il doit aussi sûrement avoir accordé les distances avec autre chose* (1).

Mais puisque sur ce chemin je n'arrivais pas à mon but, j'ai cherché un faux-fuyant étonnamment hardi. J'intercalais entre Jupiter et Mars ainsi qu'entre Vénus et Mercure deux nouvelles planètes, qui toutes les deux étaient invisibles à cause de leur petitesse, et leur accordais leur propre temps de révolution. Ainsi je pensais pouvoir obtenir une Loi dans des proportions telles que les proportions entre deux orbites diminuent vers le Soleil et augmentent vers les étoiles fixes, ainsi que la proportion de l'orbite de la Terre qui est plus petite vers celle de Vénus que la proportion de l'orbite de Mars vers celle de la Terre. Mais cela ne suffisait pas d'intercaler une seule planète dans l'immense espace entre Jupiter et Mars. La proportion de l'orbite de Jupiter envers celle de la nouvelle planète était toujours encore plus grande que celle des orbites de Saturne et Jupiter et si par ce procédé j'obtenais une proportion possible le calcul n'aboutissait jamais. On ne pourrait pas obtenir un nombre déterminé d'étoiles mouvantes, ni en allant vers

(1) C'est nous qui soulignons : annonce de la troisième loi.

les étoiles fixes, ni en allant vers le Soleil, où la division de l'Espace derrière Mercure, en suivant cette proportion, devait aller à l'infini. De plus il n'existe pas de nombre d'une telle perfection, qui permette de tirer la conclusion pour laquelle au lieu d'une quantité infinie il n'y a justement que telle quantité d'étoiles mouvantes, et si Rhätikus dans sa *Narratio* conclut de la sainteté du nombre Six à la nécessité du nombre Six des orbites planétaires, ceci me paraît invraisemblable ; car lorsqu'on parle de l'Architecture du Monde on n'a pas le droit de déduire ses preuves de Nombres qui ont obtenu leur signification de choses qui sont devenues *après* le Monde.

J'ai ensuite employé un autre procédé et j'ai essayé de voir si on ne pouvait pas représenter dans un quadrant (quart de cercle) la distance d'une planète quelconque comme reste du sinus et le mouvement comme reste du complément du sinus.

Que l'on dessine un carré A B sur le rayon A C de tout l'Univers. Autour de l'angle opposé à A qui représente le Soleil ou le centre du Monde, c'est-à-dire l'angle B, on trace avec le rayon B C le quadrant C E D.

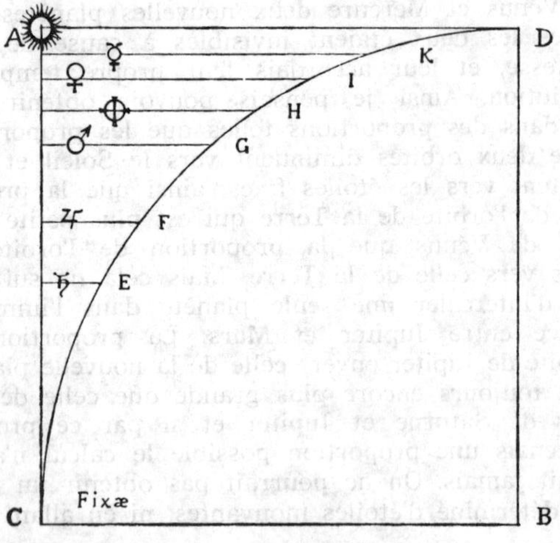

Fig. 33. — *Schéma d'après Kepler.*

Que l'on trace ensuite, sur le vrai rayon du Monde A C, le Soleil, les étoiles fixes et les étoiles mouvantes proportionnellement à leurs distances. De ces points on mène des lignes droites (parallèles) jusqu'à couper le quadrant opposé au soleil.

Ensuite j'ai admis comme proportion de la force mouvante des différentes planètes, la proportion de ces parallèles l'une envers l'autre.

Au Soleil appartient la valeur infinie, puisque A D touche le quadrant et ne le coupe pas, donc la force motrice dans le soleil est infiniment grande ; il s'agit donc ici précisément du mouvement dans sa réalité absolue.

Chez Mercure l'indéfinie ligne droite est coupée en K, c'est pourquoi son mouvement est déjà comparable à celui des autres étoiles.

Pour les étoiles fixes il n'y a plus de ligne du tout, tout s'est réuni en un point C. Ici donc il n'y a aucune force disponible pour le mouvement.

Ceci était ma proposition qu'il fallait vérifier par le calcul. Si quelqu'un se rend compte qu'il manquait deux choses : 1° je ne connaissais pas le sinus entier, c'est-à-dire la grandeur du quadrant admis ; 2° les forces mouvantes n'étaient exprimées qu'en proportion les unes envers les autres — qui, dis-je, se rend bien compte de cela, devra douter que j'aie pu sur ce chemin difficile atteindre quelque chose.

Néanmoins, à force de travail continu et de comparaisons sans fin des sinus et des courbes, j'ai finalement compris que cette proposition était impossible. J'ai perdu presque tout l'été avec ce dur travail. Finalement, par une circonstance sans aucune importance, j'approchais de la véritable question. Je crois que c'est grâce à une décision divine qu'il m'est arrivé que, par hasard, j'ai reçu ce qu'aucune peine ne me permettait d'atteindre. Je le crois d'autant plus que, sans cesse, je priais Dieu qu'il veuille bien faire réussir mon plan si Copernic avait annoncé la vérité. Et voilà, lorsque le 9 (19) juillet 1595 j'ai voulu montrer à mes auditeurs que les conjonctions sautent toujours huit signes et ainsi passent l'une après l'autre tous les triangles, si l'on peut les appeler ainsi, de sorte que la fin de l'un forme toujours le commencement de l'autre (tu vois cela dans la figure ci-jointe des grandes conjonctions de Saturne et Jupiter), voici que par les points où les côtés des triangles se coupaient, se dessinait un petit cercle car le rayon d'un cercle inscrit dans un de ces triangles est la moitié du rayon du cercle circonscrit. La proportion entre ces deux cercles était, pour le coup d'œil, tout à fait semblable à celle qui existe entre Saturne et Jupiter, et le triangle est la première figure géométrique, comme Saturne et Jupiter sont les premières planètes.

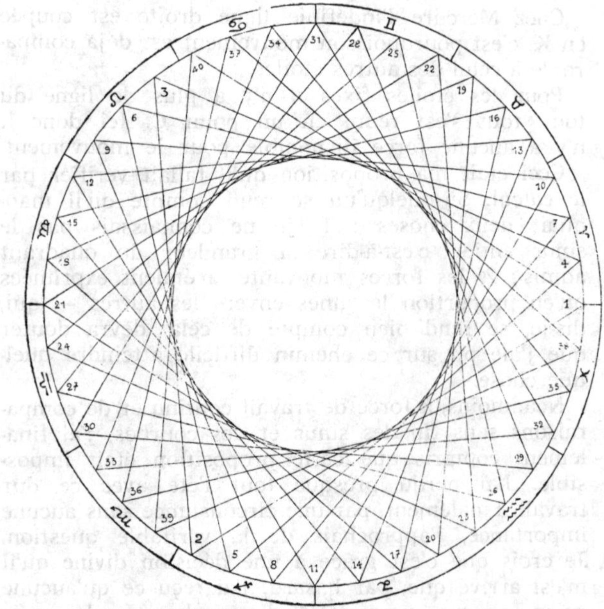

Fig. 34. — *Schéma d'après Kepler.*

Tout de suite j'ai essayé, avec un carré, la deuxième distance entre Mars et Jupiter, avec un pentagone la troisième, et avec un hexagone la quatrième. Et puisque dans la deuxième distance entre Jupiter et Mars, l'œil exige, j'ai ajouté un carré au triangle et au pentagone. Cela ne prendrait aucune fin si je voulais tout relater en détail.

La fin de cet essai inutile était en même temps le commencement d'un essai heureux. J'ai pensé que sur ce chemin, je n'arriverais jamais au Soleil si je voulais maintenir l'ordre parmi ces figures, et que je ne trouverais aucune raison pour laquelle il devrait y avoir plutôt six que vingt ou cent planètes. Néanmoins, ces figures me plaisaient puisqu'elles sont des quantités et quelque chose qui existait avant le ciel. Car la quantité a été créée au commencement, avec le corps, et le ciel le deuxième jour ; si donc, pensais-je, il peut se trouver, pour la grandeur et la proportion des six orbites que Copernic admet, cinq figures parmi toutes les autres infinies, ayant des qualités particulières par rapport aux autres, tout devait aller à volonté. A nouveau, j'insistais. Mais que peuvent signifier des figures planes pour des orbites dans l'espace ? Il faut s'adresser à des corps solides.

Tu vois, cher lecteur, maintenant tu as toute ma découverte et la matière de tout mon petit livre présent ! Car si l'on dit cela à quelqu'un qui ne connaît même que peu la géométrie, immédiatement il imaginera les cinq corps réguliers avec la proportion des sphères inscrites et circonscrites. Tout de suite, il se rappellera de cette addition d'Euclide à son théorème 18, livre XIII, où il est prouvé qu'il ne peut pas exister plus que cinq corps réguliers ou qu'il est impossible d'en imaginer plus.

Il est étonnant, quoique je n'étais pas encore au clair avec moi-même, quant à l'ordre des différents corps, que j'aie néanmoins, sur la base d'une supposition sans aucune preuve — tirée des distances connues des planètes — touché si heureusement mon but dans l'ordre des corps, et lorsque plus tard j'étudiai la question avec des raisons soigneusement étudiées, je n'eus plus rien à modifier.

En souvenir, je te communique une phrase telle qu'elle m'est venue et qu'à l'instant je l'ai formulée : « *La Terre est la Mesure pour toutes les autres orbites ; autour d'elle, décris un dodécaèdre : la sphère circonscrite est Mars ; autour de l'orbite de Mars, décris un tétraèdre : la sphère circonscrite est Jupiter ; autour de l'orbite de Jupiter, décris un cube : la sphère circonscrite est Saturne. Maintenant, pose dans l'orbite de la Terre un icosaèdre : la sphère inscrite est Vénus ; dans l'orbite de Vénus, pose un octaèdre : la sphère inscrite est Mercure.* »

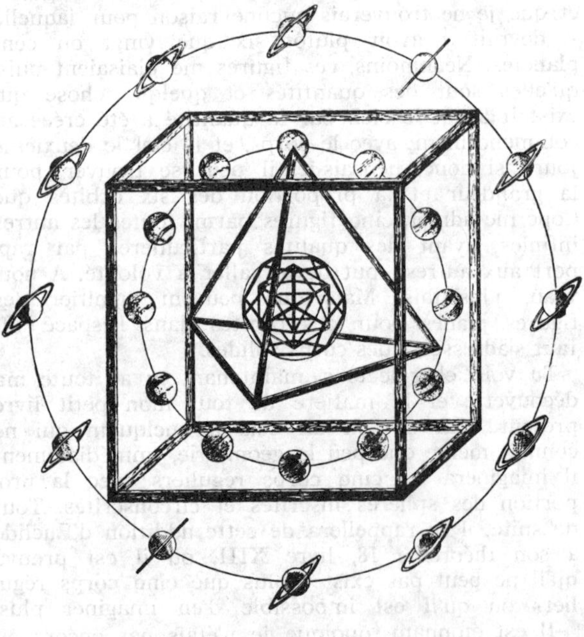

Fig. 35. — *Orbites de Saturne, de Jupiter et de Mars.*

Et tu as ici la Raison pour le nombre des planètes. De cette façon je suis arrivé au résultat de mon effort. Maintenant, apprends ce que je me suis proposé avec ce petit livre. Il ne me sera jamais possible de décrire avec des paroles la joie que j'ai puisée dans ma découverte. Je ne regrettais plus le temps perdu, le travail ne m'ennuyait plus ; je ne fuyais plus aucun des calculs si difficiles soient-ils ; nuit et jour, je les ai passés à calculer afin de voir si la formule énoncée correspondait avec les orbites de Copernic, ou bien si les vents devraient emporter avec eux ma joie. Pour le cas où, comme je le pensais, j'aurais bien compris cette question, je fis le serment à Dieu le Tout-Puissant et le Très-Bon de proclamer à l'humanité par publication dès la première occasion ces merveilleux exemples de sa Sagesse, quoique ces recherches ne fussent aucunement terminées et que beaucoup de conclusions puissent être tirées de mon idée fondamentale, et dont j'aurais pu me réserver la découverte. Mais afin que tous ceux qui ont l'esprit tourné vers ces choses puissent sans retard faire avec moi pour la gloire de Dieu, autant de découvertes que possible, afin qu'ensemble nous chantions les louanges de la sagesse du Créateur.

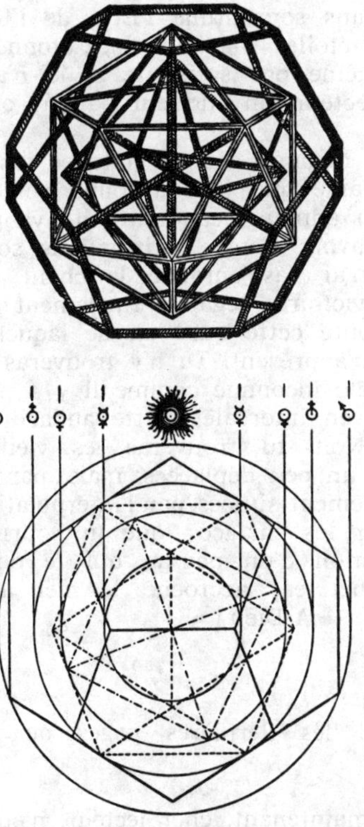

Fig. 36. — *Orbites de Mars, de la Terre, de Vénus et de Mercure autour du Soleil.*

En peu de jours, cela « collait ». Je vis comment un corps après l'autre se plaçait entre les planètes respectives et donnait à tout le travail la forme du petit ouvrage présent ; cela reçut l'acquiescement du célèbre mathématicien Mästlin. Tu vois donc, cher lecteur, que je suis maintenant lié par mon serment et ne puis pas satisfaire le poète satirique qui exige que l'on retienne ses livres pendant neuf ans.

Ceci est la raison de ma hâte, mais pour t'enlever toute hésitation et tout mauvais soupçon, j'ajouterai volontiers encore une deuxième raison en te citant la parole célèbre d'Archytas (de Cicéron Lälius, 23) : « Et si j'avais escaladé les cieux et reconnu dans son intime l'Etre de l'Univers et la beauté des étoiles, ma jouissance étonnée n'en serait tout de même pas satisfaite si je n'avais pas en toi, cher lecteur, un auditeur patient, attentionné et curieux. »

Si tu as reconnu cela et si tu es juste, tu retiendras le blâme que je soupçonne non sans raison. Mais si tu admets ceci, tout en ayant des doutes quant à savoir si mes affirmations sont certaines, et si je n'ai pas entonné le chant du triomphe avant la victoire, regarde finalement toi-même ce livre et toute cette question de laquelle nous parlions jusqu'à présent. Tu n'y trouveras pas de nouvelle planète inconnue comme il y a peu de temps je voulais en intercaler, cette audace ne s'est pas justifiée. Non, tu trouveras les vieilles planètes, seulement un peu déplacées, mais, par contre, tellement solidement situées par l'interpolation des corps limités par les surfaces, que tu pourrais répondre à la question d'un paysan qui te demanderait à quel crochet est accroché le ciel afin qu'il ne tombe pas : « A Dieu ! »

⁂

Et voici les dernières pages de l'ouvrage de Kepler :

« ... Or maintenant, cher lecteur, n'oublie pas que le but de tout ceci, c'est la connaissance, l'admiration et l'adoration du Créateur Omniscient. Car, à quoi sert d'aller des apparences au sens caché, du phénomène extérieur à la vision intérieure, de l'observation de l'Univers à l'intention profonde du Créateur, si vous vous arrêtez là, si vous ne vous laissez pas emporter d'un bond, de toute la dévotion de votre cœur, à l'entendement, à l'amour, à l'adoration du Créateur ?

« Joignez-vous donc avec moi d'un cœur pur et reconnaissant à la louange de celui qui a fondé l'œuvre la plus parfaite.

O Dieu, Toi qui créas le monde, notre maître éternel à tous,
Que ta louange retentisse autour du monde !
Certes, ta gloire est grande ; portée sur des ailes puissantes
Elle résonne dans toute la splendeur de l'étendue céleste.
Dans ses premiers bégaiements, déjà, l'enfant chante tes louanges ;
Une fois rassasié au sein de sa mère, il balbutie ce que tu lui inspires.
Et la force de ses paroles abaisse l'orgueil arrogant de ton ennemi,
De celui qui n'a que mépris pour Toi, pour ta Justice et pour ta Loi.
Moi, par contre, je cherche ton empreinte dans l'univers ;
Ravi, je contemple la puissante magnificence de l'édifice céleste,
Cette œuvre géniale, cette merveille de ta toute-puissance.
Je regarde comment tu as fixé les voies selon des normes quintuples,
Le soleil, au centre, donnant Vie et Lumière.
Je regarde par quelle loi il règle les révolutions des astres,
Comment la lune change, le travail qu'elle accomplit.
Comment tu dissémines des millions d'astres sur le champ du ciel.
O Créateur du monde ! Comment l'homme de la lignée d'Adam,
Pauvre, déchu, habitant cette petite motte de terre,
Comment a-t-il pu te forcer à t'occuper de tous ses soucis ?

Il est sans mérite ; pourtant tu l'élèves au-dessus des anges
Et tu le combles d'honneurs.
De plus, tu ceins magnifiquement sa tête d'une couronne rayonnante.
L'homme doit être le roi de toute ton œuvre !
Tu lui soumets les voies mouvantes du ciel qui se trouve au-dessus de sa tête,
Tout ce que la terre produit, du bétail créé pour le travail à celui destiné au foyer domestique,
Tous les animaux qui vivent dans les sombres forêts,
Tout ce qui, dans l'air, se meut d'un vol léger,
Tout ce qui nage dans les flots des mers et des rivières,
L'homme doit tout dominer, tout gouverner par son autorité et sa maîtrise.

O Dieu, Toi qui créas le monde, notre maître éternel à tous,
Que ta louange retentisse autour du monde (1) !

(1) Traduction française de R.A. Schwaller de Lubicz, inédite en France.

CHAPITRE X

« CELA » EST « UN »
ET INCONNAISSABLE

CELA Se regarde et alors Tout est.

L'affirmation et la négation sont en LUI,
Le Haut et le Bas sont en LUI,
Le lever et le coucher du Monde sont en LUI,
Le mâle et la femelle sont en LUI,
Tout ce qui se complémente est en LUI,
Tout ce qui se contredit est en LUI,
Tout ce qui est double s'unifie en LUI.

Toutes les Puissances de l'Univers *sont* quand Il se regarde.
Son regard sépare et lie les deux qui sont séparés,
Son regard émane Dieu qui est Deux plus le regard de l'Inconnaissable.

Dieu est UN et TROIS en UN,
Dieu est le Verbe et la Source de toutes choses,
Dieu est l'origine des choses,
Dieu est les Nombres,
Dieu est toutes les Qualités,
Dieu donne sans cesse, en se donnant,
Dieu se fait chair toujours,
Dieu est la Lumière.

Et la lumière tombe sur la Volonté et la Volonté jette une ombre et cette ombre est l'image de la Volonté.
Ces Ombres, ce sont les choses de ce Monde.

Dieu est Trois en UN, la Volonté est Quatre, faite de Deux.
Ainsi sont les Neuf Puissances autour de l'Inconnaissable UN.
Dieu est UN.

Dieu se regarde alors Lucifer regarde Dieu, deux Puissances, le Dieu éternel des Eaux et le Daïmon.
Et encore le Daïmon se regarde et il est double,
Celui qui est Lumière de Dieu
et *Seth* qui la porte cachée, le Corps, le Désir.
Ainsi ils sont Deux et Deux c'est-à-dire Quatre éléments du Monde Volonté.
Au-dessus et dedans est la Lumière.
Alors est le triangle du Monde, Un et Deux,
Trois et Quatre et Cinq, les Douze lieux
qui tournent autour de la trinité divine,
qui est axe de l'Univers.
Au centre donc il y a alors le lieu qui a douze faces, et chacune a cinq côtés.
Seule l'Unité incompréhensible est indépendante de ce monde ternaire.
Et Dieu a tous les noms et Dieu préside à Tout.

Dieu est Trois et ce sont les Puissances.
Ce qui se regarde est Deux, soi-même et l'autre, c'est la semence.
Deux fois soi-même et l'autre se multiplient.
Et la forme demeure et se continue.
Mais la Lumière cherche la Lumière et ne veut pas demeurer.
Toutes choses sont à l'image de la Volonté et tout ce monde est image de Volonté et la Volonté est le Nombre,
Sorti du Quatre qui est Neuf plus l'Inconnaissable.
Ce sont là tous les Nombres et toutes les Volontés, tout en est issu.
Ainsi fut ce qui est en bas qui est comme ce qui est en haut.
Et ce qui n'est qu'une seule chose venue du regard de l'UN.
Alors Dieu voulu entendre et il fut oreille.

HYMNE A LA CREATION ETERNELLE

Ecoute ce qui est dit :

Au premier Temps la Lumière de Dieu est invisible. Le Soi et l'Autre se combattent en Dieu et le Soi et le Moi se disputent la Lumière de Dieu. Mais déjà l'autre la prend et la cache dans sa cuisse (sexe) alors la Lumière est, et la Lumière est visible et paraît par les Ténèbres.

Le Moi qui est l'Autre, cachant la Lumière de Dieu dans sa cuisse, *Seth,* le reflet de Dieu, dit alors : Je serai l'éternelle négation et par Moi paraîtra visible la Lumière de Dieu.

Ceci est la première nuit d'un jour et le premier Temps, où tout est confondu, en les Eaux.

Au deuxième Temps le combat continue entre le Soi et *Seth.* Montant et descendant, créant ainsi le haut et le bas, le froid et le chaud ; enfin, le Moi s'enfuit avec la Lumière cachée dans les profondeurs des Eaux, repoussant vers le Haut le Soi ; et ceci distingue l'étendue, et les eaux du Ciel d'avec les eaux de la Terre, lesquelles gardent l'or et le sang mort et la tourbe de toute chose et le Moi.

Ceci est la nuit du second jour et le deuxième Temps.

Au troisième Temps le Soi se concentre vers la Lumière invisible et *Seth* se dessèche en terre et devient visible lui-même, et les eaux qui ont l'air se distinguent de la terre qui a le feu. Et la semence est cachée en terre.

Ceci est la nuit du troisième jour et le troisième Temps.

Au quatrième Temps, les combattants se contemplent et rassemblent leurs forces et font appel à l'étendue. Le Soi lui demande le Temps passif et le Moi lui demande le Mouvement actif. C'est ainsi que la vraie lumière brille la nuit et la Lumière visible brille le jour et ils tracent dans le Monde une croix qui délimite leur domaine.

Ceci fait les directions, les jours et les nuits et les saisons et les temps sublunaires, où toutes les apparences sont trompeuses. C'est la ruse des combattants évoquée par *Seth* qui s'érige en Dieu.

C'est la nuit du quatrième jour et le quatrième Temps.

Au cinquième Temps le Soi se remet à poursuivre le Moi, ils se joignent et se séparent et chaque fois *Seth* s'affaiblit dans cette lutte.

Déjà sept et neuf fois ils se sont heurtés et les eaux et les airs se peuplent de vie et d'êtres vivants en grande abondance, comme les faibles profitent de l'épuisante lutte des forts.

C'est la nuit du cinquième jour et le Soi aperçoit la Victoire.

C'est le cinquième Temps.

Au sixième Temps,
la terre tombe faible, et la semence en elle germe et produit toute la vie végétale et animale de la terre, ceux qui marchent et ceux qui rampent, toute vie participant du Soi et de l'Autre en puissance de se multiplier, suivant la semence de son espèce. Et chaque espèce est l'ombre de l'un des douze lieux du Monde et un nombre dont l'ensemble se ramasse en un être unique, image du Tout et de l'Harmonie.

Ceci est l'homme fait du résidu assemblé de la terre à l'image du Tout révélé par le combat en Dieu du Soi et de l'Autre, et l'homme continue à le porter en lui. Ainsi est-il passif et actif en UN, mâle et femelle parce qu'il ne s'est pas encore regardé lui-même à l'imitation de Dieu.

Cet homme règne sur la terre et ce qu'elle contient, dans la Lumière reflétée de Dieu qui est son âme sur terre, en terre.

Il est à l'image du Tout et parfait en lui-même et toute l'œuvre du monde s'accomplit en lui.

Ceci est la nuit du sixième jour et le sixième Temps.

Au septième Temps tout est accompli,
Seth, affaibli de la Lumière invisible que le Soi lui a reprise, ne brille plus que du reflet visible

en l'or et le sang du monde ; et il a produit tout ce qu'il peut générer, et c'est le jour du repos du Dieu réfléchi.

Alors commence le Temps de la vie sur terre, il est à l'image des Temps de la création ; et d'abord il monte une vapeur entre la nuit et le jour et elle arrose toute la terre et ce qu'elle contient, et ceci pendant quatre fois dix jours, et toute semence se gonfle et se dissout, et bientôt cette vapeur se repose et la nouvelle terre produira le germe de toutes choses.

Cette nouvelle terre a pour nom Heden et l'homme vivant est en elle, et la tentation, et la défense, et tout ce qui est double, et le feu et l'eau.

S'asseyant sur terre Il regarde son jardin et Il nomme toute chose de son nom, mais Il ne s'est pas encore regardé lui-même.

Alors ses sens s'obscurcissent entre le jour et la nuit et Il entre en contemplation de lui-même jusqu'au douzième jour.

Le treizième jour le Soleil luit et Il s'éveille, se regardant lui-même, et Il se voit en Elle, son autre Moi. Elle brille de la Lumière du Soi, mais Elle aussi participe du Soi et de l'Autre.

Il dit à Elle : tu es comme mon autre Moi, et Elle répond : tu es comme l'autre de Moi, tu es mon ennemi mais mon désir va vers Toi.

Ainsi se connaissent l'Homme et la Femme ; ils se joignent pour mourir tous les deux et combattent la mort par leur semence.

Ici se terminent les premiers Temps de l'homme de la Terre.

Alors commencent les Temps de leur lignée,
et des hommes sages les ont écrits, et ont légué leur Sagesse et leur histoire aux hommes de la Terre.
Mais ce livre-ci est le premier écrit pour être légué à l'Homme infini.

⁂

Voici ce qu'il est dit de l'Homme fini de la terre et de l'Homme infini.

Quand l'Homme se fut regardé et se vit en Elle, Il éprouva de la joie à se reconnaître et ce fut sa plus grande joie.

Et l'Homme s'aima en Elle et Il dit : « Je suis. »

Depuis ce temps toutes les contradictions sont en lui et toute chose se scinde en deux aspects qui lui apparaissent.

Et le Oui et le Non habitent son cœur et sa tête.

Quand il monte il se voit tomber.

Quand il grandit il se voit humilié.

Quand il donne il se voit appauvri.

Quand il adore il pense à blasphémer.

Quand il aime il voit la haine.

Quand il possède il se voit jaloux.

Quand il cherche le Beau il mesure la laideur.

Quand il trouve le Bien il comprend le Mal.

Quand il cherche Dieu il découvre l'Homme.

Quand il naît il prépare sa mort.

Il souffre en naissant, il se réjouit dans la Vie et la Mort est son effroi.

Mais il est dit à l'Homme : « Tu posséderas la terre », et il veut posséder la terre, et sa joie est de posséder et dominer.

Il est dit à la femme : « Tu seras possédée », mais la femme se révolte et sa joie est de séduire pour posséder.

L'homme dans son obéissance fait naître la jalousie et l'humiliation.

La femme dans sa désobéissance part de la jalousie et de son humilité.

Et l'Homme, enfant de la femme, dit : « Je suis », et la femme, en montrant son enfant, dit : « Je suis »,

Ce sont les hommes auxquels appartient la Terre, et qui lui appartiennent, et ils seront aussi longtemps que cette Terre qui est leur monde.

Or il est dit qu'au milieu du jardin Heden il y a un arbre dont les fruits rendraient immortels les hommes qui en mangeraient, après s'être vus en Elle.

Cet arbre est semé le premier jour de la Création et il porte fruit en trois jours. Ce fruit ne mûrit qu'en Lumière invisible et il porte la Lumière divine qui est sa chair.

Quand vient le brouillard obscur qui humecte et dissout toute semence, alors le fruit de l'arbre central meurt comme toute semence, et quand le brouillard s'épaissit dans la vallée, naît une nouvelle terre et, de cette terre, un homme à l'image du Tout... mais la Terre résiduelle de l'autre n'est pas en lui.

Cet homme également s'annihile en la contemplation de lui-même et quand au jour du soleil son corps s'éveille, ses sens contemplent la beauté de son autre lui-même et il en est effrayé.

Il dit à Elle : « Va ton chemin car c'est en toi que je vais mourir avant d'être né à la Terre. »

Et son corps reste anéanti et son âme reste en contemplation du Soi encore trois jours.

Alors avant que revienne une nuit il s'éveille, il regarde le Soleil de la Terre et celui-ci descend dans les Ténèbres.

L'HOMME éternel est, étant mort avant de naître à la Terre.

Il dit : « Je suis la Vie. »

Et Elle le regarde et demande : « Qui suis-je ? »

Il répond : « Tu es l'apparence. Mais si tu veux aussi renoncer à l'apparence tu seras aussi la Vie. Et tu seras, en toi, la Vie, comme moi. Et, dans chacun de nous l'âme unie de chacun vivra éternellement ; et elle sera connaissante. Et tout périra, mais toute « âme unie » vivra car elle est vie éternelle. Lumière sans ombre. »

Et l'Homme éternel, anéanti dans la contemplation de la Lumière est un en chacun. Et c'est sa plus grande joie, car nulle contradiction ne subsiste.

Et le Oui habite son cœur et le Non habite sa tête et c'est le cœur qui commande.

Sa tête dit Non et veut, son cœur dit Oui et ne veut rien.

Il ne veut pas monter car il est au sommet,

Il ne veut pas grandir car il est le plus grand,

Il ne veut pas donner car il est le don rayonnant,

Il ne veut pas adorer car il est adoration,
Il ne veut pas aimer car il transmue tout en lui,
Il ne veut pas posséder car il est Tout,
Il ignore le Beau car il est la Beauté
Il ne cherche pas Dieu car Dieu est en Lui,
Il ne peut pas mourir car il est mort avant de naître.

Et il dit : « Qu'est-ce Moi ? » Il connaît tout, mais il ignore le Moi.

Et les hommes dualisés disent : « Quel est celui-là qui passe ? Il se moque de tous et de nous. »

Mais Il passe et se donne.

Et les hommes dualisés disent : « Haïssons-le », mais ils ne peuvent pas le haïr, alors ils l'oublient.

Seuls les animaux vont à lui et leurs yeux tristes irradient la confiance.

DEUXIEME PARTIE

CHAPITRE PREMIER

LES DEUX INTELLIGENCES

Notre Occident juge nécessairement l'Antiquité à la lumière de ses propres facultés ou, plus exactement, *de ce qu'il suppose* d'après les facultés intellectives qu'il a cultivées si exclusivement qu'il ignore ses autres possibilités.

Or le problème de l'*intelligence* n'est pas résolu pour autant ! A côté de l'intelligence cérébrale, nous avons une intelligence émotive que le « cérébralisme » traite en phénomène indépendant.

On prête volontiers à l'animal une certaine intelligence, tout en résumant ce complexe intellectif sous le nom d'instinct. Or il est possible de transmettre un ordre verbal à l'animal domestiqué, ou familier, à condition que celui-ci ait pris l'habitude de sa signification. Tel son, tel mot, signifient qu'il doit se comporter d'une façon donnée. Mais l'observation montre que le sens émotif de l'animal perçoit la volonté émotive de l'homme, sans que celui-ci ait besoin de l'exprimer par la parole, car l'animal comprend l'*intention éprouvée,* comme il pressent les tremblements de terre ou autres cataclysmes, comme il comprend que son maître va partir en promenade ou en voyage, comme il pressent la mort.

Dans la même catégorie d'intelligence, il faut classer la transmission de pensée entre humains. Qu'une pensée soit éprouvée émotivement, cette émotion se transmettra soit à une personne, soit à une foule, et la distance ne joue plus aucun rôle. Il reste un lien *émotif* entre la mère et son enfant.

La stèle du hérault royal *Intef*, porteur du sceau royal, compagnon unique de Thoutmès III, énumère longuement ses qualités, parmi lesquelles on relève :

« ... *Prêtant son cœur pour écouter les requêtes de tout plaignant, et de tout homme de vérité dénué de tromperie, au cœur équitable, le véritable, dont le cœur sait et connaît les pensées alors que rien n'est sorti de ses lèvres, parlant à l'entendement, suivant son cœur*... » (Urk, IV, 970.)

Or notre pensée est toujours *descriptive*, elle pourrait être définie comme visuelle. Il nous est normalement impossible de penser quoi que ce soit sans que cette pensée se présente à nous en image ou en écrit. Sans la formulation (muette ou exprimée), c'est-à-dire sans une expression imagée et descriptive, il n'y a pas de pensée mentale. Le mental est constrictif, il contracte en image ce que nous éprouvons ou constatons. La substance mentale tend vers le centre, vers la définition de ce qui fixe : elle est centripète.

L'émotion, par contre, pourrait être définie comme auditive, elle dilate. Le sens émotif (et non pas l'émotion qui est un résultat) est d'une substance rayonnante. L'émotion, elle, résulte de l'effet de l'intelligence émotive dilatante sur le complexe solaire constrictif, en tant que réaction intermédiaire avec la pensée humaine, réaction qui donne la possibilité d'une interprétation mentale.

Chez l'animal le centre émotif passe directement au centre actif, ordonnateur, du système central.

La connaissance de cette source intellective du centre émotif, en connexion avec l'intelligence cérébrale, peut ouvrir les yeux sur une tout autre façon de penser et d'agir. Elle n'exclut plus une connaissance directe, sans aucun intermédiaire physique ou descriptif. C'est ici le siège de ce qui fait l'intuition, et cette faculté peut être cultivée au point de permettre, entre personnes dûment préparées, la communication de la pensée sans aucun signe extérieur. Ce contact (qui est une véritable identification personnelle) permet de résoudre des problèmes d'ordre technique et pratique là où notre mode mental analytique ne voit que des enchaînements quantitatifs mécaniques.

LA SAGESSE DE L'ANCIENNE EGYPTE

Pour étudier l'Egypte pharaonique, il ne faudrait pas opposer à un préjugé péjoratif (qui a prédominé dans certains milieux quant aux connaissances de l'Ancienne Egypte) un préjugé favorable. Il s'agit de regarder les faits tels qu'ils sont, autant qu'il nous est aujourd'hui possible de les constater.

Dans le domaine religieux, il faut avant tout reconnaître qu'une théologie illustrée par le mythe symbolique aura facilement caractère idolâtre pour la partie du peuple non initiée au profond sens symbolique, d'ailleurs difficilement accessible.

C'est une raison valable pour le maintien du caractère historique du christianisme.

Notre recherche ici étant particulièrement orientée vers le sens ésotérique — celui du Temple — ne doit pas dégénérer en généralités et laisser croire à une *Sagesse propre au peuple.* Celui-ci a ses « dieux », ses craintes, ses espoirs superstitieux et sa « sorcellerie ». L'accusation d'idolâtrie des Egyptiens de la part du peuple de Moïse a sa raison d'être, mais révèle en même temps une mauvaise foi qui feint d'ignorer délibérément la Connaissance gardée par le Temple (1), et met également en lumière le sens de l'affirmation religieuse que Moïse a donnée à son peuple : une forme de puissance abstraite, *accessible à tous,* un Dieu justicier et vengeur, une autre forme de symbolisme mais de caractère populaire et non plus réservée à une élite.

Le sens profond est le même, mais quant à l'expression, c'est tomber d'un excès dans un autre.

Si nous considérons les thèmes théologiques essentiels, réels et invariables que sont le principe de la Réincarnation et le principe de la Rédemption, nous devons reconnaître en la théologie pharaonique une profonde Sagesse.

La Rédemption est une promesse, une grâce divine, pour l'homme animé par son âme immortelle, et

(1) Quoique, par ailleurs, la Bible reconnaisse la Sagesse pharaonique dont fut instruit Moïse.

dont le but conscient est sa réintégration définitive (1) ; ce n'est pas un don naturel réalisé en chacun. Christ — l' « onction » du Verbe divin — est le Rédempteur pour celui qui le réalise en soi. Mais en posant la Rédemption comme dogme exclusif, il appelle la damnation en complément.

L'autre thème essentiel est la Réincarnation avec les conséquences karmiques, formant une « roue » d'épuisement, allant vers la libération. Ceci est la loi *pour tous*. La punition est la réincarnation, mais celle-ci est aussi une miséricorde divine qui permet de se racheter et de réaliser progressivement la réintégration spirituelle.

Or le principe de la réincarnation est une réalité *démontrée par le fait de l'évolution* qu'impose l'observation de la Nature. Ceci est une vraie justice, sans cruauté, sans menace, une justice que chacun accepte. C'est aussi la forme *collective* d'un gouvernement religieux comme, à l'opposé, le principe de la Rédemption (qui est individuelle) représente la forme *individuelle* de la directive religieuse. Il est prouvé que ce sont les collectivités et les peuples gouvernés par cette foi en la réincarnation, qui ont duré le plus longtemps, avec un minimum de troubles.

Or l'Egypte pharaonique maintient le culte Osirien — celui du renouvellement et de la réincarnation — pour le peuple ; mais elle enseigne, pour l'élite du Temple, le principe Horien, l'Horus rédempteur. Dans le sens mystique l'élite est précisément constituée par ceux dont tout l'effort tend vers la libération des incarnations, c'est-à-dire vers une fin évolutive dans le corporel. Le Verbe divin *est* dès l'Origine, comme l'affirme d'une façon précise l'évangéliste saint Jean. En se « faisant chair » Il manifeste l'Univers, l'Homme Cosmique (le *Purusha* des *Upanishad*). Il est à l'origine des choses et porte en soi la possibilité de la Rédemption, puisque la Cause séparatrice, divisante, porte nécessairement aussi en elle le principe réunifiant.

Il n'y a qu'une seule Vérité qui est le Maître de l'Univers.

(1) Cf. Isha Schwaller de LUBICZ, *La Lumière du chemin*, chap. VI et *Le Roi de la Théocratie pharaonique*, chap. IX.

*
**

Avec la fermeture effective des Temples, gardiens d'une science très ancienne, fondée sur la Connaissance dont quelques échos sont recueillis par les Grecs, commence la recherche individuelle que l'on catalogue sous le nom de gnosticisme.

La gnose — ou Connaissance — a beaucoup intrigué les hommes. Le Temple, tant en Egypte qu'en Attique, en était maître. Il n'est plus défendu alors d'en rechercher les clés. L'étude de la gnose est un devoir pour ceux qui aiment la Sagesse. Plus tard le *gnosticisme* devient une sorte de doctrine opposée à l'Eglise ; ce n'est plus seulement l'amour de la Vérité, mais une dangereuse interprétation individuelle où la fantaisie mentale se donne libre cours ; alors, facilement — par le naturel orgueil de l'homme et sa foncière vanité — elle risque de conduire à l'athéisme. Pour se contenter de la simple et claire révélation qu'offre la Passion Christique, il faut déjà avoir eu l'intuition de son ésotérisme. Passion Osirienne sublimée en Horus.

*
**

Le « *Neter Neterou* », Dieu Un et inconnaissable, est, en Egypte pharaonique (comme d'ailleurs également aux Indes quoique dangereusement compliqué), une notion en conclusion logique.

L'humain actuel étant virtuellement l'Homme Cosmique, il subit en sa Conscience une évolution qui, à travers certaines étapes, le conduit vers l'universalité. Comparativement à l'état actuel, ces étapes représentent des pouvoirs d'action bien supérieurs aux nôtres (les Saints et les Maîtres), et puisque évolution il y a — ce qui aux étages inférieurs est contrôlable — il y a logiquement une étape finale qui est l'ultime perfection.

Ceci est un raisonnement encore « mécaniste » mais qui peut rendre concevable la position du Sage, car la Sagesse est ici indispensable puisque ce « perfectionnement » de la Conscience exige la connaissance d'un élargissement *qualitatif* qui n'a rien de commun avec le raisonnement cérébral.

En Egypte pharaonique, le Roi symbolise la perfection humaine actuelle du cycle en lequel il opère. Comme tel, il peut quelquefois être désigné par « *Neter* », mais il n'est ni un dieu ni un *Neter* en tant que « Principe de la Nature ». Le *Neter* ou fonction, que l'on peut aussi appeler l'une des forces cosmiques, est anthropomorphisé mais *jamais humanisé.* Il représente l'une de ces fonctions ou forces innées en l'homme, une des étapes de sa gestation en humain.

En Grèce, par contre, les *Daïmon* ou dieux de l'Olympe, sont humanisés. Rien ne s'oppose à ce qu'on appelle n'importe comment l'Apollon de Delphes : aucun symbole ne le distingue en tant que Principe ! Ce qui ne diminue en rien la perfection de cette œuvre de la statuaire « humaine ».

Certes, c'est toujours la même directive anthropocosmique qui préside au mythe hellénique, mais à l'inverse de la Réalité. La pensée de l'Homme Cosmique tombe en terre. Quand cet Homme Cosmique — humanisé — se retourne, c'est pour revenir à son universalité : il va vers l'Olympe, ce n'est pas l'Olympe qui est comme l'homme.

L'homme est à l'image de Dieu, mais cette figuration humaine des dieux par les Grecs est la vraie signature de leur mentalité.

Le Temple pharaonique signe ses figurations humaines des *Neter* soit par la tête ou par la coiffure, soit par le costume et les attributs. *Ils ont un nom,* le nom de l'une des fonctions vitales organiquement innées en l'homme actuel.

***

En Ancienne Egypte, habitée par le peuple que les Grecs disaient être le plus sain et le plus religieux du monde, chacun est, avant tout, préoccupé du moment permanent de la Vie.

L'on consacrera la pierre à la construction des temples, mais aussi — et surtout — à la maison de pérennité qu'est la tombe. Celle-ci doit résister au temps, être bâtie en pierres durables ou creusée dans la roche.

La demeure passagère de cette vie sera en briques crues, y compris le palais du Roi que le nouveau Roi « repliera » pour n'habiter que sa propre maison. Ainsi le peuple pharaonique reste, dans son existence, conséquent avec sa foi, sa conviction.

Un membre de notre civilisation de transition, mécanisée et décadente, souffrirait de cette vie simple et bien plus proche de la Nature, s'il devait subitement revenir à la façon de vivre de ce vieux peuple nilotique groupé autour du *Temple*. Celui-ci est un îlot de paix sereine pour les hommes de bonne volonté.

Nous ne savons plus où trouver ce centre de paix, et probablement la majorité ne saurait même plus supporter cette sérénité.

CHAPITRE II

LE MYSTÈRE DE TOUS LES JOURS

LE MYSTÈRE DE TOUS LES JOURS : toute la puissance du père et de ses pères est dans la *semence.* Le gène du chromosome porte toute l'hérédité du père, en forme, en substance, et tous ses caractères. Puis cette semence fixe l'hérédité de la mère avec la substance qu'apporte sa nourriture.

Sans forme visible ou tangible, la semence est le modèle, l'Idée, de ce qu'elle engendre ; elle est une Puissance transcendante. Autour d'un modèle sans corps se coagule une substance sans forme en un être vivant, complet, complexe, pensé par la Puissance.

De l'action ésotérique de l'Idée à la Forme — sa finalité — résultent les « finalités » exotériques, transitoires, les étapes formelles apparentes.

C'est la merveille du monde, et tout ce qui est, tout ce qui existe, a semence ; comme pour la création mentale sont semence la Volonté et la Pensée.

Une pensée de la Puissance transcendante oblige *une* substance de la Substance universelle, passive (qui attend n'importe quelle semence), à devenir tel produit, tel héritier, un monde qui succède à un monde : *une seule Puissance en une seule Substance* à travers toutes les finalités transitoires vers la finalité prévue : l'Homme.

A la fin de l'humanité vient l'homme sans corps, la *Substance en la Puissance.*

***

Ne pas être, puis être et ne plus être, est la *pulsation* qui fait l'Univers apparent : les finalités transitoires. Puissance-Idée, Forme-Finalité et Puissance sans forme sont l'alternance vitale, la pulsation cosmique.

Le rythme invariable dans la succession des étapes — les finalités transitoires — entre l'Idée et la Chose, fixe la Loi de la Genèse.

Et les organes qui assimilent (à travers l'aérien, le liquide et le solide) ainsi que les organes qui informent — pour l'intelligence et les sens — sont fils d'une énergie de même nature que la chose qu'ils assimilent ou éprouvent.

La réalité indiscutable du mystère évident qui fait de l'invisible le visible, de l'impondérable le pondérable, est le Verbe de la Sagesse. L'invariable de la Loi de la Genèse est la base de la philosophie traditionnelle. Toute recherche sans ces guides conduit à l'impasse ou au néant.

Tout est créé ou généré ; qu'importe ce qui est ainsi manifesté ? La Connaissance est en *ce qui crée* et ce qui fait générer.

Le ternaire est au commencement. Exemple : le choc des corps fait le son ; il y a une impulsion, une résistance, un effet. Ceci recommence une troisième fois avec ce qui reçoit. Le son s'étend en volume, en sphères concentriques alternées en densité, qui définissent l'axe vertical et les deux dimensions du plan horizontal. Le son porte en lui le volume, les orientations, le prisme des octaves, les spires des harmoniques dans l'extension en spires sphériques des couches de densité ; il a en lui les interférences et les synchronismes de ses nombres et de ses temps, les *spécifications* du son. Elles se concrétisent en les instruments qui, ensemble, font l'oreille.

L'oreille n'est pas *faite* pour entendre. On ne dira pas que le lit et le dessin des rives sont faits pour le fleuve ?

Le son a fait l'oreille, c'est pourquoi celle-ci détecte le son.

Ainsi les énergies des états de la matière ont, à travers l'« évolution », fait les sens informateurs.

La Pensée de la Puissance crée l'organe de la fonction, et la Pensée est la Conscience en action.

Alors, la doctrine de l'Anthropocosme dit : étudie l'oreille pour connaître le son, étudie l'œil pour connaître la lumière...

⁂

LA GESTATION comble le gouffre entre l'Idée, la forme, et la matière. Aspirer et expirer, la pulsation, l'alternance, sont l'autre mystère de chaque instant. C'est la gestation. Le rapport proportionnel régulier des durées fait le rythme. L'heure, le jour, le mois, l'année et les coïncidences des mouvements du ciel, sont les contenants des rythmes des atomes, des cellules vivantes, de tout ce qui existe.

Et le désordre fait le monde, l'Harmonie : le désordre disperse les parties, qui s'assemblent à nouveau suivant leurs affinités. Désordre, chaos ; ordre, harmonie : l'alternance des rythmes.

Gester n'est que : faire et défaire, créer et détruire, affirmer et nier, contracter et dilater.

Ce qui fut sert de semence à ce qui sera, la forme détruite sert d'assise à la forme qui vient : *Genèse.*

La finalité pour chaque phase de la *Genèse* est la conscience innée de ce qui la précède. La finalité de la *Genèse* est, pour l'humanité, l'homme ; elle est, pour la Sagesse, l'Homme Cosmique libéré de la genèse de ses éléments, Conscience totale innée.

Ainsi l'Univers est incarné en l'homme et n'est que l'Homme virtuel, l'Anthropocosme.

Et l'homme est le plan, la carte cosmographique sur laquelle la Sagesse lit l'Univers, la Genèse, les Fonctions.

⁂

LA BASE ANTHROPOCOSMIQUE libère la philosophie du cercle restreint à la seule spéculation des idées, en lui offrant l'objet des applications expérimentales. C'est une synthèse de l'Art et de la Science, de la Foi et du Raisonnement, de la Pensée et de l'Expérience, du Sentiment et de la Démonstration.

L'Energie-cause devient minéral, le minéral devient végétal, le végétal devient animal, l'animal devient homme, l'homme devient Homme Cosmique, le Saint.

Bouddha, Jésus (*Jehoshuah*). Ainsi le minéral a souffert la scission de la Cause, le végétal a souffert le minéral, l'animal a souffert le végétal, l'homme a souffert l'animal, et l'Homme Cosmique aura souffert l'humanité. La souffrance vitale est la Conscience qui subit en dépassement.

La *Genèse* est extension de la Conscience.

⁂

CROIRE, SAVOIR et CONNAÎTRE sont les trois portes d'entrée du Temple.

« Savoir », c'est constater par les moyens *actuels* des sens, la réalité de ce que l'on a cru ; « croire », c'est avoir la conviction de la réalité de ce qui est indémontrable, mais la *Vérité* est la congruité de ce que l'on croit ou sait, croit et sait, avec ce qui est .Cette identification est Connaissance, elle est la porte de sortie au-delà du Temple : être dans l'Etre.

Nous pouvons croire en l'Univers en l'homme, nous pouvons étudier l'Univers par l'homme, parce que l'homme est confondu avec l'Univers en l'homme. L'identité de l'Univers avec l'homme est la source de sa Foi, la source de sa Science, la promesse de sa délivrance : la Connaissance de l'« arbre du *Centre* » (*Genèse* de Moïse).

⁂

L'UNITÉ de la source, l'unité du but, l'unité de la fonction, font une solidarité qui fonde la morale de l'homme supérieur. En un point quelconque de la surface de la sphère universelle, éclate une parcelle — impondérable — de l'Energie causale. Elle projette en toutes directions d'innombrables étincelles qui cheminent *à volonté,* en s'éloignant vite ou lentement, et toutes se retrouveront à l'antipôle. Chacune des étincelles était libre, mais la surface sphérique les conduit.

Les conditions de vie sont d'un ordre cosmique, la volonté et le libre arbitre sont de l'ordre particulier et ne peuvent aucunement affecter les conditions de vie. Celles-ci sont « sacrées » et concernent la « Sagesse ». La Connaissance seule approche la Sagesse. La purification, l'onction et le couronnement sont les rites à accomplir pour avoir le droit d'approcher le « Saint des Saints » (1).

***

LE MOYEN POUR RÉVÉLER la particularité d'un être à un autre est le *symbole.* Il est la spécification d'un être. Les spécifications sont l'affinité et les apparences formelles en Temps, Espace et Mouvement. Mais la Connaissance n'exige pas de moyen de transmission parce que l'Etre n'est pas séparé des êtres. L'homme n'est pas symbole de l'Univers : il est l'Univers.

***

LE RÈGNE DE L'ESPRIT est la Conscience de l'Unité et l'ordre régi par cette certitude.

***

La CONSCIENCE est identification d'une nature avec une nature semblable, de l'être spécifié avec la spécification de l'autre être.

***

L'ENERGIE n'est pas mécanique. La Masse est Energie coagulée par la semence, son *Mouvement* est mécanique : la puissance de révolte, la réaction libératrice contre l'emprisonnement.

***

LA RÉGÉNÉRATION est genèse comme la procréation est à l'image de la création : forme et universalité ; Moyen porteur de l'Idée, et l'Idée sans moyen terme. L'homme est la transition : le moyen terme devenu qui s'évanouit à nouveau dans l'Idée.

Et l'homme aura *mangé,* c'est-à-dire ramené à sa source, tout ce que l'Univers connaît du minéral à l'animal.

L'Energie, à travers le moyen minéral, devient

(1) Cf. *Le Roi de la Théocratie pharaonique,* fig. 48, p. 289.

grain de blé. Le pain mangé par l'homme devient chyle, puis lymphe et sang. Le sang avec la lymphe fait la chair et les os.

Les canaux, par flux et reflux cosmiques, conduisent l'énergie solaire, blanche et rouge, à travers tous les lieux où dorment les douze puissances enfermées dans les organes. Une fois chaque deux heures du jour et de la nuit, chacune des douze s'éveille lors du passage de *Râ*, ce soleil du sang, puis se rendort. Dans les centres endocrines, c'est-à-dire les transformations par « induction », l'Energie, portée par ce flux, est libérée et sera distribuée par le bulbe et la moelle en flux d'énergie nerveuse. Les « self-inductions » (1) feront la sensibilité. Mais c'est dans les centres supérieurs que l'Energie sera à nouveau dépolarisée, et l'Energie non polarisée est Esprit.

Seul l'Esprit a conscience de l'Esprit.

Ceci est Genèse en Régénération.

⁂

L'ANTHROPOCOSME est une réalité, une base indiscutable. L'Univers n'est pas une « imagination », ni une « volonté », mais il est une « projection » de la *Conscience* humaine.

⁂

LA SCIENCE ET L'ORDRE DE VIE, fondés sur l'Homme-Univers, sont fondés sur le roc. Autrement, Science et ordre de vie sont fondés sur le sable mouvant d'innombrables *suppositions*.

⁂

LA PHILOSOPHIE qui est Amitié ou Amour de la Sagesse, est un *état*. Mais la philosophie qui est une recherche dialectique est une erreur, un fourvoiement. Elle est la survivance d'un temps où le vide de Connaissance était remplacé par la foi, imposée en formules à caractère éthique : source de la fatale réaction révolutionnaire.

(1) Cf. *Le Temple de l'Homme*, III, p. 108.

Toute contrainte appelle le mouvement et le mouvement est révolte.

Maintenant, la fausse philosophie est remplacée par l'« empirisme de la Pensée scientifique », c'est-à-dire une recherche dirigée par les découvertes successives : une pensée de bout à bout.

La complexité toujours croissante des problèmes soulevés par cette mentalité incite à la spécialisation et, *par réaction,* fait sentir le besoin d'un moyen de coordination.

L'absence d'un plan du chemin à suivre, montrant ses profils, sa direction et son aboutissement, cause l'inquiétude de tous ceux que les œillères d'une préoccupation spécialisée n'aveuglent pas.

D'autre part, le caractère purement éthique d'une doctrine religieuse ne correspond plus à la mentalité du « savoir » actuel et aux problèmes que ce « savoir » évoque. Les promesses de récompense ou de punition dans l'Au-delà n'affectent plus cette humanité *qui n'a pas reçu d'éducation concernant la vie plus vaste que celle de l'existence physique.*

On naît, on meurt, on vient, on va. Qui vient ? Qui va ? Les réponses à ces questions sont du domaine de la spéculation de la pensée. Elles sont infiniment moins convaincantes que les raisonnements mécanistes du rationalisme expérimental.

Or le Mystère, base de la Foi, c'est-à-dire l'évidence incompréhensible, est le *Mystère de tous les jours,* et l'homme lui-même en est la révélation, l'analyse explicative.

Vus à travers la pensée anthropocosmique, les symboles du pain et du vin deviennent une réalité émouvante, et l'humanité atteint aujourd'hui un stade de conscience qui la rend apte à suivre ce chemin, quelle que soit sa déchéance morale, et par conséquent sociale, et quelle que soit la gravité de sa déviation dans la recherche de la Vérité.

La vraie science ne va pas vers la complexité mais vers l'extrême simplicité, et l'Ancienne Egypte nous en indique le chemin.

⁂

LA RAISON D'ÊTRE n'existe que pour ce qui est créé ou né. Par conséquent, l'Univers ne peut être que l'apparence des spécificités virtuellement contenues en l'Unique, et rien n'existe ou ne peut se produire qui ne soit effet de cette semence ou Volonté, en laquelle rien ne peut être arbitraire.

⁂

Ce que l'on a pu concevoir personnellement de la Connaissance est une question individuelle. Lorsque l'on veut répandre ce que l'on a connu de ce domaine qui échappe au rationnel, par simple devoir d'apporter une petite pierre à l'édifice de la Connaissance, on se heurte au manque de vocables et d'images qui permettent de concrétiser la pensée. Alors, la tentation est très grande de s'appuyer sur les récents progrès de la science en atomistique et la désagrégation de la matière en énergie, afin de soutenir la thèse ésotérique.

OR, C'EST EN LETTRES DE FEU QU'IL FAUDRAIT ÉCRIRE : NOUS NE CONNAISSONS SCIENTIFIQUEMENT QUE L'ÉNERGIE CINÉTIQUE, TANDIS QUE L'ÉNERGIE VITALE EST À LA BASE ET NON À LA FIN DES CHOSES.

CE N'EST PAS LA MÊME ÉNERGIE.

LA RÉSIDE LA CLÉ.

L'Energie-Cause est *Esprit, un feu latent,* sans mouvement, c'est-à-dire un *feu dans le Temps* (Genèse) et non dans l'Espace. Le corps constitué, ayant volume, donc étant espace lui-même, pourra seul se mouvoir dans l'Espace, y définir un temps et manifester une énergie cinétique.

La vitesse de la lumière est une référence mécanique pour des équivalences mécaniques d'un système mécanique.

L'énergie intra-atomique libérée est énergie cinétique, comme la radioactivité, et nullement énergie vitale. Elle peut, par ricochet, agir en destruction mécanique ou en vitalisation sur l'organisme vivant, mais elle-même n'est pas vitalement causale. Elle peut aider une semence à croître plus intensément (action physico-chimique du milieu), mais ne pourra jamais causer cette croissance.

⁂

La libération explosive de l'énergie cinétique ne peut concerner qu'une énergie mécanique. *Seule la désintégration du « neutron » pourrait libérer l'énergie vitale, et ceci ne peut se faire que par évolution, et non par rupture mécanique. La relibération de l'énergie vitale se fait en dernier lieu par l'énergie nerveuse du corps organique et, plus encore, par les facultés spirituelles de l'Intellect, chez l'humain.*

La désintégration énergétique du neutron constitue l'évolution en élargissement de la Conscience.

C'est dire : que seul le milieu de son origine peut « dissoudre » ce « centre-masse » de la matière.

CHAPITRE III

L'ANTHROPOCOSME

I

ANTHROPOCOSME

Aux Indes, la tradition du *Vastupurushamandala* (1) — c'est-à-dire du plan du temple fondé sur l'Homme Cosmique — est encore vive. Les cathédrales du Moyen Age chrétien avaient le Christ en croix pour image modèle de l'édifice. Nous connaissons en Egypte au moins encore un temple disposé sur une figure humaine, mais, tandis que cette figure est représentée dans un « geste rituel », l'Homme du temple de Louqsor est l'homme *naissant et grandissant*. Nous pensons qu'il n'existe nulle part ailleurs les vestiges d'un temple semblable.

S'il ne s'agissait là que d'une curiosité architecturale, ou d'une fantaisie pieuse ou simplement respectueuse envers le principe royal, ceci ne présenterait ici aucun intérêt pour nous.

Mais tous les temples initiatiques sont fondés sur le principe de l'Anthropocosme, c'est-à-dire l'« homme en tant qu'Univers », l'anthropomorphisation de la pensée divine, soit dans sa totalité, soit dans l'une des fonctions cosmiques innées en l'homme, ultime produit de la Nature. Il s'agit là non seulement d'une symbolisation, mais d'une doctrine-base pour toute la pensée.

(1) Cf. *Le Temple de l'Homme*, I, Quatrième Partie, chap. VIII : « Le temple hindou ».

La tendance rationnelle sera portée à étudier la partie composante d'un Tout à la lumière des caractères révélés par l'ensemble. Le bon sens orienterait vers l'étude de la partie composante, ou du moins vers l'observation de cette partie vue pour elle-même, afin d'étudier ensuite ce qu'il adviendra du caractère observé chez la partie, dans le composé ou conglomérat, la masse nouvelle.

Il y a dans le principe *Purusha,* ou Anthropocosme, une autre position : l'homme n'est pas la partie composante, mais le produit final. Il n'est pas une partie du Tout, mais ce Tout dans son expression vivante ; et c'est au contraire l'Univers qui apparaît comme dispersion des parties, dont chacune est vivante séparément et, quoique indépendante, est analysée par rapport au Tout humain.

Pour exemple, considérons l'atome et la matière. Etudier l'atome en partant de ce que nous savons de la matière sera la tendance naturelle. La tendance sera d'étudier l'atome, afin de comprendre la matière. Mais il y a là une erreur : la matière se présente comme un conglomérat en lequel les forces ou énergies de l'atome sont compensés (1), donc les caractéristiques de l'atome vif cessent ou se modifient, comme la coagulation rendant inertes les particules colloïdales qui forment, en milieu vif, le mouvement brownien. Nous aurons, au contraire, une image de l'atome dans les systèmes stellaires où la matière des corps en mouvement s'organise en une image vivante, semblable aux éléments énergétiques de l'atome. Une nébuleuse sera plus sûrement l'image de l'atome que ne peut l'être la matière, c'est-à-dire que cette nébuleuse sera un Tout vivant, un symbole par lequel on pourrait espérer connaître la nature composante de la matière (2).

(1) L'atome, étant composé d'autant de *protons positifs* que d'*électrons négatifs*, est *neutre*. Quand il y a perte d'un électron, l'atome devient un *ion positif* ; si, au contraire, il y a acquisition d'un ou plusieurs électrons, il devient un *ion négatif*.

D'autre part, l'organisation électronique des électrons peut être perturbée par un choc, thermique par exemple ; il y a alors déplacement des électrons, et l'atome est dit « *excité* ».

(2) Les plus récentes théories voient en effet l'atome comme « *formé d'un noyau entouré d'une nébulosité d'électrons en mouvement incessant...* » répartis en « couches d'énergie » jouant exactement le même rôle que les « orbites de Bohr ».

Ainsi, l'homme est un Tout vivant en lequel il y a les atomes vivants comme lui, formant sa matière, ses composants organiques, qui révèlent (analysent) tous les aspects fonctionnels de l'Univers.

L'Anthropocosme se présente comme la base d'une doctrine-guide pour la Connaissance et comme un centre de ralliement pour tous les aspects de la pensée, auxquels peuvent faire appel toutes les « philosophies », aussi bien « matérialistes » que « spiritualistes ».

Les bases de cette doctrine sont :

a) le fait que l'Univers est nécessairement limité par les *spécificités caractéristiques* de la chose et de l'Etre ;

b) le fait que la variété des aspects et du comportement de tout ce qui forme l'Univers est *mesuré par la conscience ;*

c) le fait qu'il y a, d'une façon quelconque, biologiquement ou mécaniquement, une *évolution*, c'est-à-dire un *enchaînement* du plus simple au plus complexe, et que l'humain est un effet actuellement final, sinon encore parfait.

S'il y a pour nous, dans le devenir naturel, l'homme pensant actuellement connu, une suite de ce devenir naturel vers un homme plus parfait peut être admise, car rien ne prouve que la limite de ce devenir est atteinte. Il nous est même impossible de conjecturer de l'état de l'homme futur ayant atteint la limite du devenir naturel. Chaque moment du devenir limite l'Univers à la conscience de ce moment ;

d) tout effet résultant d'une impulsion, comme le produit d'une semence, représente la corporification des spécificités virtuellement immanentes en cette impulsion, c'est-à-dire en cette semence.

Ainsi l'homme, en tant qu'effet final du devenir naturel, représente la réalisation des spécificités immanentes à la cause originelle, quelle que puisse être cette cause.

***

La Conscience, ou mesure de l'Univers, apparaît sous trois aspects essentiels :

a) la spécificité caractérisant toute substance et matière, déterminant les affinités et répulsions ;

b) les spécificités fonctionnellement individualisées en organes coordonnés.

Ces deux aspects représentent une conscience innée en les formes qui font l'Univers ;

c) la conscience innée reflétée par l'organe cérébral (le cortex compris dans la calotte cérébrale) constitue l'intelligence (cérébrale).

La *Raison* (1) est de la nature de l'Etre qui a conscience des trois aspects de la conscience, comme l'artiste représente la « Raison » dans sa faculté de pouvoir contempler et comprendre son œuvre, gestée par lui par pure sensibilité esthétique.

Ici l'Etre signifie la virtualité de toutes les spécificités possibles, donc la conscience sans objet. C'est le moment métaphysique de la doctrine et la « pierre d'achoppement ». Les « philosophes » peuvent mentalement accepter ou refuser cette *Raison,* ceci ne changera rien au fait, ni même au caractère utile de la doctrine de l'Anthropocosme.

Il n'est pas une fonction dans l'Univers qui ne puisse être observée et reconnue par l'être humain

(1) Par la *Raison*, j'entends l'aperceptivité première et pure de la complémentation par l'acte « essentiel » de la reconnaissance de soi-même (voir le mystère héliopolitain). C'est une « auto-insémination » de l'esprit d'où résulte, finalement, l'Intellect par le reflet, l' « inversion » de la Conscience, faculté spécifiquement humaine.

La raison est ainsi à l'origine du phénomène mental, comme, en principe général, le *fiat lux* est à l'origine de la Nature. La reconnaissance de soi-même est la dualisation de la Conscience illimitée (perdant son caractère cosmique pour la spécificité) qui devient d'abord *Intuition*. Celle-ci reste Instinct tant qu'elle n'est pas orientable par l'Intellect, orientation d'où peut résulter ou la Connaissance — donc la maîtrise consciente de l'aperception directe — ou la science mentale par la réduction objective de la « vision » encore intuitive.

La Raison est à l'origine du phénomène mental : elle constitue le pôle originel de ce phénomène qui a son anti-pôle définitif avec le confondement, ou re-confondement, de la conscience innée en l'homme (la forme finale naturelle) avec la Conscience cosmique.

Ainsi la Raison s'oppose au confondement ou unification ; entre ces deux « pôles », il y a l'être naturel « Iehovien ».

L' « onction christique » peut être considérée comme le don de la *Royale Irrationalisation* de l'être naturel. Ceci trouve son image dans le fait que la suppression disciplinée de la présence mentale cérébrale (la conscience psychologique) peut provoquer le « confondement » (communion).

en sa forme humaine énergétique, physiologique, psychique et mentale. Mais la clé est la Raison.

C'est pourquoi les Sages pharaoniques (et tous les Sages de ce monde) ont attribué à chaque partie du corps humain, aux organes et fonctions vitales, un *Neter,* c'est-à-dire un Principe cosmique.

Afin de rendre accessible à tous cette abstraction de l'unité qu'est l'Anthropocosme, les gnostiques et les grands théosophes de notre Moyen Age l'ont présentée sous l'image du Microcosme.

II

PRINCIPE DU MICROCOSME

Le Microcosme en tant que doctrine anthropocentrique est, en science ésotérique, intimement lié au géocentrisme de l'astronomie.

Si la Terre est le centre de l'Univers en mouvement, elle commande à cet Univers. Si le Soleil en est le centre, la Terre n'est plus qu'une particule planétaire d'une mécanique céleste.

Le monde serait dans ce dernier cas un simple phénomène physique, obéissant à des lois mécaniques avec, pour fondation, la loi de gravitation. Or cette manière de voir se trouve être aujourd'hui discutable, puisque, en approchant de l'essence atomique de la matière, déjà nous constatons que les forces d'affinités remplacent, au cœur des choses les lois quantitatives de gravité (1).

(1) Notons à ce propos : Pour lutter contre la pensée mécaniste et empêcher la déchéance de l'anthropocentrisme, ce qui allait ouvrir la porte à une conception purement matérialiste de l'Univers conduisant nécessairement au rationalisme, l'Église catholique romaine a poursuivi, *avec raison*, Galilée et Copernic, comme le fit en son temps l'Hellade, encore fidèle au traditionalisme, contre Aristarque de Samos : celui-ci fut menacé de procès (par Cléanthe, stoïcien) pour sa théorie héliocentrique, « afin de ne pas troubler la paix de Vesta au centre de la Terre ».

Ceci peut paraître une façon de voir très « réactionnaire », mais il ne faut pas oublier que la conception astronomique héliocentrique était parfaitement connue de l'Antiquité et des Temples, mais restait réservée aux initiés. D'ailleurs, nous voyons qu'après Copernic, Kepler s'est immédiatement attelé (avec succès) à la recherche,

D'autre part, il est évident que l'Univers est, pour nous qui voyons le ciel tourner autour de nous, ce que nous sommes nous-mêmes, puisque c'est l'homme qui le regarde, l'étudie et le juge. Nous pourrions supposer l'existence de ce même homme dépouillé des contingences d'un corps physique, nous pouvons admettre une sorte de surhomme, un saint, mais il nous est impossible de le représenter sans corps ni forme. De ce fait l'homme reste, pour les hommes actuels, le sommet d'une évolution biologique, et nous ne pouvons ni le nier ni le remplacer par un concept supérieur, sans attribuer à celui-ci les caractères qui sont les nôtres.

Ceci est le raisonnement-base qui place nécessairement, vitalement, l'homme au centre de l'Univers et motive la conception ésotérique d'un système anthropo et géo-centrique du Cosmos.

Dans ces conditions, il faut rester logique avec cette proposition. Si l'homme est, en principe, le sommet, c'est-à-dire le but de l'Univers, cette conception finaliste impose qu'il soit le résumé de tous les éléments et de toutes les phases de la genèse du monde : Dieu créa l'homme à son image.

L'Univers stellaire ne peut pas alors être autre chose que l'essence de la forme et des fonctions vitales de cet homme, manifestation finale, formelle, actuelle.

Cette forme est actuelle et non éternelle, elle n'est ni définitive en son évolution ni absolue dans ses possibilités présentes. La forme actuelle est transitoire, mais représente toutes les possibilités virtuelles de l'état absolu attendu, quand ce qui est mortel (variable) sera vaincu :

Le Christ en sa passion : *Ecce homo !*

L'homme est ainsi le Cosmos lui-même. Ce n'est pas l'individu humain qui est en jeu, mais l'Homme

vraiment géniale, des lois régissant le mécanisme planétaire, et ceci, comme il le dit lui-même, sur des documents anciens et sur la base des cinq corps réguliers platoniciens. Son excuse était : puisque l'Antiquité connaissait le système héliocentrique, pourquoi ne pas l'enseigner également ? Son époque avait déjà perdu le sens du « Temple ».

Certes, le système géocentrique venu jusqu'à nous par Ptolémée n'était ni rationnel ni harmonieux, mais il répondait à une raison mystique, tandis que le système héliocentrique mène au rationalisme analytique mécaniste.

qui fait, en chaque homme, en tous les hommes, le principe vital humain.

La doctrine du Microcosme, base ésotérique de toutes les expressions religieuses et initiatiques, est la doctrine des principes et fonctions de la vie, dont le caractère abstrait se concrétise dans les fonctions de l'économie corporelle, dans les fonctions psychiques du corps émotif, dans les fonctions d'intelligence de l'homme mental, lequel fait, à travers les sens, le rapport de la connaissance innée, acquise en cette vie ou rapportée à la naissance, avec les formes résiduelles de la *genèse cosmique de l'homme* et qui meublent le monde.

Il y a dans l'Univers un nombre infini de lieux où, par le concours *des astres et leur harmonie*, une même substance non matérielle, énergétique, répond aux diverses vibrations ou influences. C'est grâce à cette substance « résonnante » qu'il existe la possibilité d'une relation sensorielle pour l'homme avec son milieu. Ce sont ces divers aspects d'une même substance se « coagulant » en matière cérébrale qui nous permettent d'avoir l'*intelligence* de la vision, de l'ouïe, de l'odorat, du goût et du tact, à travers le *mécanisme* des sens.

La doctrine du Microcosme ne se soucie pas directement de ces mécanismes, tel celui de l'oreille ou celui de l'œil ; ce qui lui importe est de localiser le *centre susceptible de nous donner l'intelligence* de ces perceptions, par les coïncidences cosmiques et actuelles particulières.

Or ces centres ne peuvent pas être situés au hasard dans le corps nerveux ou cérébral : une relation harmonique doit exister entre l'Homme Cosmique — qui comprend également le monde stellaire — et cet homme incarné, appelé Microcosme (1).

L'étude de cette harmonie est la clé de l'ésotérisme. Il y a ainsi une *science ésotérique* puisqu'il y a une projection de l'Univers en le corps humain,

(1) Le principe de l'harmonisation peut se définir ainsi : la désharmonie est toujours destructive. Elle dissocie les éléments constitutifs d'un état et ceux-ci vont ensuite se réassocier librement en un nouveau système, harmonieux, par le fait de l'*affinité naturelle* des éléments entre eux. L'affinité sélective est la source de l'Harmonie.

corps d'expérience et, pour ainsi dire, atlas pour les situations spatiales cosmiques.

C'est cette science qui a donné connaissance aux Sages de tous les temps de la situation des *Chakras* du *Yoga* hindou et de la marche à suivre dans ce procédé d'évolution rapide. C'est cette science qui a révélé, entre autres, aux Sages le mystère des transformations et transmutations de la matière, des hérédités, de la naissance, et du passage en des états supramatériels. En Ancienne Egypte comme dans l'Ancienne Chine, le roi incarne le Cosmos pour son peuple et représente l'*incarnation de l'état actuel* de l'accomplissement de l'homme, c'est le *Colosse.*

C'est pourquoi, en Ancienne Egypte, les rois portent des noms mystiques et les dynasties évoluent comme des étapes embryologiques de la genèse d'un empire, né à une date déterminée par le ciel, connue, et, de ce fait, connue aussi dans son devenir et sa fin.

III

TOTEMISME. HERALDIQUE

Chaque humain est un tout, chacun est pour lui-même un ensemble de qualités définies. Que le souffle du *héraut* donne le *blason* qui sera l'*enseigne,* l'étoile à suivre, et la *devise* dictera la conduite à tenir.

Le totémisme a été très mal compris ; c'est la raison pour laquelle le mot « totem » incite à mal comprendre le sens ésotérique de sa signification réelle. Nous avons en Occident l'héraldisme qui, dans son sens original « ésotérique », est du totémisme. Il y a une science ésotérique de l'héraldisme, pur symbolisme des qualités particulières des individualités comme, par exemple, le sont les *décorations tombales des nobles de l'Empire pharaonique.*

Dans la chevalerie (la cabbalerie) d'Occident, l'homme distingué parmi les hommes recevait pour bouclier la « table d'attente », d'une des sept couleurs symboliquement (planétairement) conforme à sa nature. Sur cette table s'inscrivaient ensuite les hauts faits ou événements *caractéristiques de sa personnalité.* Ce blason devenait l'enseigne de cet homme et de ses descendants. Lui-même devait choisir sa devise, telle, pour exemple : « *Honny soit* (*qui*) *mal y pense* » (car mon intention sera toujours pure).

L'embryon humain parcourt toutes les phases de la genèse animale, et l'une ou l'autre phase marque plus que les autres le type animal de l'homme.

Toute la Nature est en l'homme et une parenté entre un homme et un aspect particulier de la Nature le marque, c'est-à-dire le « spécifie » comme individualité parmi les hommes.

Cette spécification n'est pas quelconque. Diverses circonstances viennent concourir pour cela, tels l'hérédité physique, le moment astral et le milieu physique. Ces conditions seront donc nécessairement celles qui lui sont intimement parentes et favorables pour son activité. Cet homme ira toujours — et malgré son libre arbitre — vers cette ambiance, vers cette chose, vers cet aspect de la vie.

Connaître cette parenté est connaître son totem : c'est connaître ses « armes ».

Le *héraut* est la conscience, le souffle ; le *blason* est la Vie ; les *armes* sont les symboles de l'ambiance propre et des moyens ; la *devise* dicte la ligne de conduite morale choisie.

⁂

La Nature, c'est-à-dire l'homme corporel, résume quatre éléments et une quintessence : le tronc organique, la tête organique, l'appareil organique reproducteur et les membres du mouvement. La quintessence est la pensée, et les sens font la communion entre l'extérieur corporel et l'intériorité incorporelle. La terre, l'air, le feu et l'eau, *analogiquement,* et l'archée pour la quintessence.

Trois principes président à l'existence : ce qui *fait,* c'est-à-dire l'Esprit ; ce qui *est* fait, c'est-à-dire le corps et sa spécificité ; ce qui conjoint les deux : la conscience.

D'où les deux aspects ou parties inégales : l'Esprit-conscience mâle, le corps-conscience femelle, qui résultent du Verbe, l'action interne d'où provient tout, l'Unique.

Le Verbe fait paraître : c'est le tissage (*Neith*). Un devient Deux, le Verbe est la racine de Deux, l'harmonie surnaturelle. On appelle aussi cette racine : Ciel. La Terre est Deux.

Mâle et femelle sont en chaque individu humain. L'harmonie est l'échelle des phases de la genèse du métabolisme, l'activité du Verbe. L'homme corporel, la Nature, est Terre, et l'homme incorporel est Ciel. Ils sont Un, l'homme, c'est-à-dire : la Vie.

⁂

Il y a le métabolisme en l'homme et il y a le métabolisme de l'homme.

Métabolisme, c'est-à-dire : décomposer le composé, séparer ce qui est pur et recomposer le pur, ceci est sublimer, exalter la qualité. Le pain corporel et le vin, sang spirituel, deviennent finalement Vie éternelle. La Conscience, de corporelle, devient énergie nerveuse, puis semence, pensée et ferment universel, indéterminé.

Le métabolisme de l'homme est la métempsychose, il a pris et prend toutes les formes ; l'une prime sur les autres : sa lignée personnelle, l'enseigne de la lignée d'un ancêtre. L'accident.

⁂

Etre et la fonction de l'être font le phénomène qui est nouveau premier être, lequel en sa fonction donne le nouveau deuxième être... Sept et neuf fois : c'est la gamme qui passe de la virtualité de la Cause à l'effet.

Elle manifeste les possibilités immanentes en la Cause, mais non nécessairement réalisées. Des *possibilités* résultent les déviations qui sont accidents. Les accidents font les types définis, arrêtés dans la genèse de la finalité parfaite.

Les finalités, dans la marche vers la finalité absolue, font les pierres, les plantes, les animaux, les couleurs, les qualités. La limite des perceptions fait la possibilité des sens qui nous renseignent. Le Ciel de l'homme est ce qui est informé, cette information n'a pas de limites pour ce qui précède l'homme *actuel* dans son devenir.

*
**

La « suite » des finalités, qui est l'apparence fugitive d'un monde, variée par une information sensorielle encadrée dans des limites, rend impossibles les identités. Hier, à travers aujourd'hui, a engendré demain. Aucun moment n'est identique à un autre. Ce n'est que hors du temps, donc hors de la série, donc pour la Conscience, qu'un type d'être peut s'identifier avec un type de la genèse. Les conditions et accidents définissant ce type sont constants dans les possibilités de la genèse constante. L'être de l'Homme Cosmique comprend tous les types, parce qu'il comprend toutes les possibilités virtuelles ou réalisées. Mais l'homme actuel spécifié par un type évoque les conditions et accidents qui l'ont signé et qui le placent dans le rythme de ce type, c'est-à-dire évoquent sans cesse les accidents qui l'ont déterminé.

Ceci est le caractère magique du *totem-héraldique* particulier : une identité. Essentiellement, c'est par et dans le geste que l'identité peut exister.

C'est la raison de la magie d'envoûtement. Mais il est dit aussi que l'on peut soigner une plaie à distance, si l'on soigne l'arme blanche encore tachée de sang vif qui l'a provoquée. Magie des analogues. Ne cherchons pas les explications en des raisons qui sont hors de nous, des explications « matérialistes » comme les communications « astrales » ou psychiques, qui admettent une séparation.

L'Univers est l'homme, l'homme est l'Univers, et si les individualités se distinguent les unes des autres, toutes sont solidaires, vitalement, par l'Univers.

L'identification fait la magie et les soi-disant miracles, et l'être humain dispose de la faculté de s'identifier avec n'importe quoi dans l'Univers.

L'obstacle est la présence cérébrale, la conscience psychologique qui place un voile entre la conscience incarnée en l'homme (sa connaissance innée) et la

Conscience cosmique. Supprimer un instant la pensée propre, cesser de se rendre compte sensoriellement de l'ambiance, c'est se confondre avec la Conscience cosmique vivante, c'est puiser à la source de vie.

Les facultés sont, à ce moment, exaltées au-delà des limites normales. C'est en cette *méditation* qu'il faut rechercher la connaissance de son enseigne. Aussi, dans à peu près toutes les sociétés dites « primitives », on oblige le garçon à sa puberté, à se mettre dans un état de transes, afin de déterminer son totem, l'image ou la chose qui est l'enseigne de sa lignée personnelle, en plus de l'enseigne de la tribu à laquelle il appartient. Il adaptera ensuite sa vie au rythme de son totem, il saura comment se comporter et il connaîtra ce qui lui est ami ou ennemi.

En notre Occident, le nom donné à l'enfant, nom rattaché à un principe ou un patron, devrait jouer ce rôle. Le religieux, plus consciemment, choisit son modèle parmi les saints.

Ce devrait être le premier souci des parents que de noter les caractéristiques des tendances et dispositions de leur enfant, afin de pouvoir, à la puberté, le guider dans son choix — sans jamais le lui imposer. Chacun doit se reconnaître lui-même, et c'est ici un problème délicat.

Il n'est pas difficile de choisir une pierre, une plante, un animal, vers lesquels on se sent plus particulièrement attiré. Mais ceci ne signifie rien, c'est un choix raisonné. Nous avons souvent vu des personnes choisir une pierre précieuse et n'en avons encore jamais vu aucune choisir, par exemple, de la pyrite ou de l'ocre. Laquelle choisira l'araignée, ou le scorpion, ou la vipère ? Et pourtant...

Il ne s'agit pas d'un choix en ces choses, mais d'un état d'être qu'il faut « reconnaître ». Pour l'homme d'Occident, il est devenu bien difficile de discerner le vrai du faux. Aussi accorde-t-il toute la valeur à l'objet de son travail qui pourtant n'apporte absolument rien à sa Réalité, c'est-à-dire à l'élargissement de sa conscience qui est le but de son existence. Il a oublié que c'est l'amour qu'il met dans son ouvrage, la recherche à vivre avec la vie du matériau qu'il façonne, qui seuls peuvent augmenter sa qualité d'homme.

Le totem-héraldique est un état d'être et une phase de la genèse cosmique, symbolisés par ce moment.

Cette phase — ce symbole — est représentée par un minéral, un végétal ou un animal, et, à l'étage supérieur, par un organe et une fonction. Or cet animal précis dépend d'une lignée végétale, et celle-ci se rattache à une phase de la genèse métallique. L'un est fondement du devenir de l'autre.

L'individualité d'un humain n'est que la « finalité » humaine de ce type marqué particulièrement, de cet embranchement sur le tronc universel de la genèse cosmique. L'animal n'a pas à prendre conscience de ce moment de la conscience universelle, il est l'aspect animal de ce moment. Ce retournement sur elle-même de la conscience, répétition du « Soi devant le Soi-même » de la création, est le propre de l'homme. Lui peut ainsi se voir lui-même et, comme un spectateur « cérébral », constater l'aspect de l'être qu'il est au milieu de l'Etre universel. Cette scission de la conscience qui distingue Bien et Mal, c'est-à-dire délimite une fraction en temps sur le fil éternel de la conscience, est l'apparence illusoire, mais à travers laquelle s'expérimente (c'est-à-dire s'élargit) la Conscience cosmique qui se reconnaît elle-même dans toutes ses possibilités, virtuellement immanentes en elle. Ceci signifie que la corporification de la Conscience de l'Unique n'est pas autre chose que la Genèse, à travers laquelle, depuis le mental jusqu'à l'être humain, la Conscience descend dans la matière et, à ce moment, se retourne sur elle-même pour revenir à sa source en tant que « conscience consciente », à travers une genèse libératrice qui n'est qu'une exaltation qualitative. « *L'Homme Cosmique tombé en terre se retourne face vers le Ciel.* » C'est le thème théologique de tous les Temples initiatiques.

La particularité totémique-héraldique non seulement n'est pas un obstacle à ce retour, mais sa reconnaissance est, au contraire, un moyen exceptionnel pour hâter ce retour. En effet, toute particularité cesse quand elle est universalisée dans son propre caractère.

Il ne suffit donc pas de reconnaître seulement le symbole de sa lignée, il faut encore y adapter sa vie et surtout chercher à vivre tous ses aspects à travers toute la Nature.

Ailleurs, j'ai parlé de la distinction à faire entre l'incarnation séminale, la continuité de l'espèce, et la réincarnation individuelle.

Le totem-héraldique ne concerne que l'individualité et sa *réincarnation.* C'est pourquoi il faut noter que cette individualité ne s'incarnera que dans le milieu social et le lieu terrestre conformes à sa lignée et à l'étage de la conscience déjà atteint. Ainsi, pour exemple, si à une époque de ses vies son totem-héraldique d'homme *vivant près de la Nature* a pu être l'*Aigle,* ce sera par la suite l'une des qualités (fonction plus typique) de l'aigle qui sera son symbole, tel, par exemple, l'*œil* en général (cela pourra aussi être la rapacité de l'aigle). Cet œil verra mieux les couleurs, ou mieux les contours et lignes. Que ce soit l'une ou l'autre tendance, cette disposition devra diriger sa vie « consciemment », et cette individualité, si elle veut aller au-delà d'elle-même, devra chercher à vivre tout ce qui a, par exemple, couleur dans l'Art comme dans toute la Nature, jusqu'à éprouver le moment où la genèse s'exprime en couleurs, par la couleur. Cet exemple n'est pas à prendre à la lettre, mais seulement pour guider la pensée. Il s'agit en réalité de dispositions, de tendances vitales, et non de facultés exceptionnelles.

Comme exemple de totémisme, il sera intéressant de considérer la tombe de cette princesse égyptienne de la Ve dynastie, dont les murs sont entièrement décorés de peintures représentant tout ce qui peut se rattacher à la *langue,* depuis le Verbe créateur — à la parole — et jusqu'en des symboles hermétiques, tel ce chasseur qui prend un hippopotame par la langue avec un lasso.

C'est ici un exemple d'universalisation du particulier qui est l'une des grandes leçons pharaoniques : toujours le tout est compris dans la partie.

Ainsi chaque Temple, c'est-à-dire chaque individualité humaine, est l'Univers, vu non sous un angle particulier, mais dans une phase de sa genèse, toujours située dans la genèse totale, comme peut l'être *le mouvement* de l'enfant au quatrième mois de sa gestation.

Et le totem-héraldique n'est que le symbole de

l'un de ces moments du devenir corporel (la Nature) de la conscience dans sa marche vers la conscience d'elle-même, pour atteindre finalement la libération des contingences corporelles.

IV

DE LA SCIENCE MYSTIQUE-MAGIQUE

La notion d'identité exclut la séparation tout en reconnaissant deux êtres. Cette dualité en Unité, l'incompréhensible vérité de la Trinité, est la base de toute magie. Nous regardons ce mystère avec l'œil du raisonnement, c'est pourquoi il nous domine et nous échappe. Si nous le considérons par le fait, il nous livre, au contraire, la clé de la science magique.

Nos sens — donc notre certitude raisonnable — n'appréhendent que l'effet, mais si nous concluons de cet effet à la qualité de la cause métaphysique, nous reportons les qualités d'un étage bas à un étage plus haut, par supposition, ce qui est logiquement une erreur.

Si la cause métaphysique était de la qualité de l'effet, celui-ci serait encore cause semblable. Mais il ne pourra plus être cause que pour une conséquence de sa nature physique, et non plus de nature métaphysique.

Pour qu'un « retour » se produise, il faudra parcourir toute l'échelle des possibilités concrètes jusqu'à la « coagulation » ultime.

Le fait ne nous prouve indiscutablement qu'une chose : la nécessité, la certitude d'une cause.

Certains aspects géologiques, certaines plantes, certains phénomènes (dont les produits fermentés), certaines races et espèces animales, certains tempéraments et certaines dispositions vitales chez les humains, montrent un lien de ces effets avec le lieu sur terre et les époques propices. Ce sont là des conditions cosmiques qu'un Dieu, connaissant le Cosmos, pourrait expliquer — mais nous avons le droit et le devoir de les constater.

Sans la puissance de la Trinité, pas un brin d'herbe ne pourrait exister, c'est-à-dire qu'une Identité doit présider au phénomène vital.

La raison de cette identité, nous ne pouvons pas la maîtriser, mais nous pouvons devenir maître de la connaissance des circonstances et des dispositions à prendre, pour lui offrir l'occasion d'agir. Ceci est la science magique. Et, par le fait que nous nous adressons à une puissance supérieure à nous et non préhensible par notre intelligence dualisante, nous avons affaire à une science mystique, c'est-à-dire qui fait intervenir une puissance cachée, à laquelle il nous est impossible de ne pas croire (1).

L'orgueil de l'homme est incommensurable, et notre science rejette simplement dans l'avenir ce qui est ignoré de la connaissance physique des causes. Déjà l'on sait que le bombardement nucléaire des « rayons cosmiques » transforme l'Azote en un certain carbone, réduit par la plante, sur terre, en charbon tout court. Effet énergétique sur la structure atomique ? Il ne nous reste plus qu'à découvrir comment devient l'Azote et, avant cela, comment l'Energie toute simple, c'est-à-dire une puissance inconnue fait le complexe atomique appelé Hydrogène. On y arrivera, si la tour babylonienne ne s'écroule pas, et elle ne s'écroulera pas si la base physique tient bon, mais comme dit le Sage : nulle pierre ne résistera si ce n'est la pierre triangulaire, la Puissance *Trinité.*

Tout phénomène vital, c'est-à-dire toute vie, n'est que le fait de cette identité.

Le principe de l'Anthropocosme nous invite à rechercher en nous-mêmes l'indice des moments caractéristiques, pour l'identification. Ainsi l'homme dans son organisme, dans son comportement, au moment des identifications ou réactions vitales en tous sens, devient le révélateur qui nous permet

(1) Un bon nombre de « recettes », mises au jour dans le « laboratoire » du temple d'Edfou, confirme cette science mystique magique ; recettes que le Professeur Loret, par exemple, a vainement expérimentées, tout en obéissant strictement aux opérations prescrites. Parmi ces préceptes, l'encens appelé « *kephi* » reste et restera un casse-tête pour les *non-initiés.*

Voir aussi *Le Temple de l'Homme*, I, Quatrième Partie, chap. 1er : « Du papyrus chirurgical Edwin Smith », v : « A propos des incantations magiques », pp. 627 *sqq.*

d'observer (constater psychologiquement hors de nous) les conditions sensibles qu'offre à cet instant la nature de l'ambiance phénoménale, terrestre ou astronomique.

Ces identifications font la science traditionnelle qui permet d'agir en connaissance de cause et en prévision des effets. Ceci est la seule vraie science. Elle est parfaite et de caractère mystique-magique.

V

DIEU ET LE DETERMINISME

La Connaissance n'est possible que si une loi invariable ordonne la genèse d'une finalité, impliquée dans la virtualité de l'impulsion causale originelle. Logiquement, ceci impose un déterminisme. Mais la logique vitale n'a rien de commun avec la schématisation des séries arithmétiques, elle est motivée par le constant interéchange d'une action absorbée avec la réaction ou nouvelle activité, donc un constant double renversement. Mille embranchements sont possibles sans dévier la marche vers le but préconçu.

Il est dit : « Le Verbe s'est fait chair... »

L'impulsion créatrice a pour but l'ultime forme, virtuellement immanente en cette semence cosmique. Tous les accidents, tous les embranchements qui surviennent en cours de réalisation, sont issus de la genèse vers le but : toutes les causes auront leur effet-cause, mais elles devront une fois atteindre l'épuisement (1).

Le déterminisme se concentre ainsi sur les causes volontairement ou involontairement engendrées, mais le déterminisme cosmique n'a plus rien de commun avec la volonté ou la « prévision » possible, il s'appelle « volonté de Dieu », mais une volonté qui n'a plus rien d'arbitraire et qui n'agit plus réactivement sur l'impulsion créatrice.

Le vrai Dieu et notre Etre ne sont qu'Un. Toute

(1) Principe du *Karma* hindou et image de la roue karmique.

prière à Dieu s'adresse à notre propre Etre, mais non à notre Moi, notre personne, forme momentanée de l'Etre.

Or notre Etre, en tant qu'existence, est la Conscience qui se cherche elle-même, et sa finalité ultime est cette Conscience libérée des contingences formelles imitatives. Beaucoup d'étapes marquent cette genèse et ces étapes sont virtuellement en nous. Des êtres, ayant atteint des étages plus haut que le nôtre actuel, trouvent en ces étages, encore virtuels en nous, leur point d'appui pour leur rapport avec notre conscience, encore restreinte. C'est à ces êtres supérieurs, qui restent en contact « personnel » avec les humains, qu'un appel, une prière, une « offrande » peuvent être adressés pour une modification dans la marche des événements concernant le Moi.

Les « Maîtres », les « Saints », sont virtuellement en chaque humain et c'est à eux que peut aller notre prière, notre sacrifice vrai. Il est puéril de chercher ces puissances hors de nous, comme des objets.

Le déterminisme n'affecte que le moment actuel, c'est-à-dire ce qui a forme passagère, mais il n'existe pas pour ce qui est indestructible.

La prière, le sacrifice *pour* tel ou tel appel, ne peuvent donc s'adresser qu'à cette puissance, intermédiaire entre l'éternel et l'actuel, dont la conscience plus vaste peut nous conduire, nous inspirer, à travers nous-mêmes.

Dieu et les Maîtres (ou Saints) sont réels du moment qu'il y a une évolution de la conscience, c'est-à-dire une extension de l'Etre existant, auquel notre forme corporelle sert de support, lequel n'est qu'une concrétisation dans l'étage atteint.

Or, aucun raisonnement, aucune intuition, ne peut affirmer que l'homme actuel est l'étage définitif de la Vie.

Mais laissons ce mot Dieu, si mal compris, laissons même ce Dieu que l'on appelle Eternel, et disons l'Unique, en lequel se fondent et s'annihilent les *Neter* qui sont les Puissances ou Fonctions de la Nature. L'Unique *est*, mais Il cesse pour nous quand nous regardons les étages de la conscience dans leur aspect sensible : la Nature.

D'elle-même, la Nature va jusqu'à son évanouissement en ce de quoi elle est faite : cycle Osirien, renouveau constant après la mort dans les eaux d'Occident. D'elle-même, la Nature ne peut pas se dépasser, parce qu'elle ne se renouvelle qu'en cycle naturel : la Genèse peut être arrêtée, mais elle n'est pas réversible.

C'est avec le renversement de la Conscience, la conscience de la Conscience, l'étape humaine supérieure, que peut intervenir la brisure du cycle naturel, l'Art, par la puissance de négation qui marque ce retournement de conscience. Nier l'apparence, nier la polarité, nier la foi en la réalité sensorielle — descendre volontairement aux enfers de la destruction — pour ressusciter au troisième jour. Tout a été dit aux oreilles qui n'entendent pas.

La voie de la Connaissance, donc de l'Anthropocosme, conduit à travers un désert. Il faut oser trouver ce désert mystique. Mais celui qui y restera athée mourra de soif : il n'aura pas osé rejeter, avec le Diable, le « Dieu » qui lui fait pendant, et n'aura pas su apercevoir l'Unique qui seul peut unir ce qui est séparé, qui seul peut joindre les opposés et briser le cycle d'Ashavérus de la Nature ; il n'aura pas su trouver le membre fécondateur de la Nature Osirienne volontairement disséquée, centre caché dans l'essence de la Nature, d'où peut naître la Lumière Horienne.

⁂

On ne peut dissocier que ce qui est, par nature, discordant. Mais n'est-ce pas précisément le but vital que d'homogénéiser ce qui est opposé ? N'est-ce pas le but, visé dès l'origine, que ce retour à l'Unité ?

Qui voudrait dissocier le pôle nord de l'aimant d'avec son pôle sud détruirait l'aimant, dont l'intangible mais indiscutable réalité est la « force-aimant ».

Il n'entrera pas facilement dans la tête des « équationnistes », souffleurs et raisonneurs, que c'est cette Unité-Vie qu'il faut considérer et apprendre à voir, sans polarité.

Il faut apprendre à joindre ce qui est opposé, de telle sorte que les éléments joints cessent d'être séparément en l'Unité nouvelle. Même dans l'enfant humain ses père et mère restent disjoints, colorant chez l'un plus le physique, chez l'autre plus le psychique, le corporel ou le mental.

Le porteur corporel de la qualité scinde celle-ci en deux pôles antagonistes, d'où le phénomène.

CHAPITRE IV

DE LA PENSÉE PHARAONIQUE

I

ELEMENTS DE LA MENTALITE PHARAONIQUE

Pour l'étude de la Pensée ou mentalité pharaonique, nous disposons d'un grand nombre de documents, tels les papyrus, les inscriptions sculptées, les objets culturels et familiers, les tombes et les monuments.

Les papyrus comprennent des proverbes, des conseils moraux, des hymnes, des contes allégoriques, des textes dits « Livre des morts », que l'on devrait plutôt appeler « Livre des migrations de l'âme », en ne confondant pas la libération de l'âme et la métempsychose encore Osirienne.

A ces papyrus s'ajoutent des textes thérapeutiques, chirurgicaux et mathématiques.

Ce sont principalement les contes allégoriques qui ont servi à l'élaboration de la grammaire égyptienne.

Nous ne confondons jamais, ainsi que le fait l'égyptologie classique, l'écrit et la langue. L'écriture sacrée (hiéroglyphique) est formée de figurations et non de signes convenus. Une écriture dite « hiératique » est le hiéroglyphe transcrit en cursive. Cette cursive invite à de multiples simplifications, mais elle présente ce caractère, intéressant à noter, que du hiéroglyphe on retient le « geste » essentiel. Si simplifié que soit le signe, il se rattache par un *geste* à la figure hiéroglyphique d'origine.

Pourquoi l'Empire pharaonique a-t-il maintenu pendant des millénaires une écriture hiéroglyphique symbolique, au lieu d'adopter une écriture alphabétique en signes simples conventionnels ? Depuis longtemps le hiéroglyphe était, en Babylonie, devenu cunéiforme, et l'écriture hébraïque comprenait un alphabet conventionnel. L'égyptologie classique prétend que les Pharaons n'avaient pas d'alphabet, ce qui — *nous le savons* — est une grave erreur. Mais cet alphabet — c'est-à-dire un système ordonné de lettres au nombre limité — reste hiéroglyphique. Ce système — semblable au système hébraïque, mais loin d'être construit sur les mêmes principes — constitue une base numérique et philosophique d'une importance fondamentale dans la construction sémantique de l'écriture.

Le fait de conserver une écriture hiéroglyphe est un indice sérieux pour l'étude de la pensée pharaonique, puisqu'une transcription en signes conventionnels s'adresse à une langue et crée un être mental qui remplace l'être fonctionnel que maintient le symbole figuré.

Pour simplifier leur étude de l'écriture égyptienne, les philologues de nos jours ont convenu de remplacer le symbole en adoptant certaines lettres de notre alphabet, complétées par des modifications apportées par des points et des signes, afin de transcrire en lettres la figure hiéroglyphique. On peut ainsi éventuellement conclure à une langue et reconstituer progressivement une grammaire, mais on s'éloigne de l'*intention* qui fit garder aux Anciens la figure symbolique à la place d'un signe conventionnel.

Le hiéroglyphe, ou *medou-Neter,* c'est-à-dire le « bâton » (1) ou *support* du signe divin, est le seul moyen direct pour transcrire le sens ésotérique, celui qui ne peut se délimiter quantitativement (2). Le signe conventionnel *mental* ne peut

(1) Rappelons le bâton runique.

(2) Ceci n'exclut pas un système alphabétique fondé sur les Nombres pour exprimer un sens ésotérique. Isha Schwaller de Lubicz a, dans *Her-Bak* « *Disciple* » (Flammarion, 1956), orienté la compréhension du lecteur vers ce système, surtout dans l'analyse théologique et par des exemples de lecture.

que transcrire le fait sensoriellement réel, c'est-à-dire qui est défini seulement par comparaison.

Une faute est commise par les savants égyptologues, faute facile à éviter d'ailleurs, qui est de traduire le sens (également *toujours imagé*) des textes, en mots *résumés* de notre langue européenne.

Lorsqu'il est dit que tel chef commande son nome « jusqu'à sa limite », il n'y a qu'une nuance lorsqu'on transcrit « tout entier », mais lorsqu'il est dit que tel chef suprême commande son nome « comme sa forme » (1), il ne s'agit certainement plus d'un site géographique, et l'on ne peut pas transcrire ce terme par « tout entier », quand on sait que chaque nome est consacré à un *Neter*, le patron, ce *Neter* étant un Principe. Si ce *Neter* est, par exemple, Anubis — le chacal — celui-ci représente un *type fonctionnel*, le Principe auquel le nome est soumis (son totem) : le commander comme sa « forme » signifie le maintenir vitalement dans un rythme donné.

On devrait, au moins, respecter l'aspect imagé des phrases. Nous verrons avec le papyrus mathématique que cette (mauvaise) habitude de transcrire en notre vocabulaire a souvent empêché la compréhension de l'intention du scribe.

Quant aux textes sculptés sur les murs — qui apparaissent la première fois dans les pyramides de la Ve dynastie — sur les murs des temples et sur les stèles, nos égyptologues reconnaissent que leur signification reste en grande partie incompréhensible, ou alors d'une banalité déconcertante. Ici nous abordons l'Egypte secrète, celle qui nous révélera la mentalité pharaonique, le mode de pensée des Maîtres de cet empire. Ils ont accordé une importance primordiale à la construction et aux inscriptions et figurations des tombes (mastabas ou tombes creusées dans la roche). Leur souci essentiel est la survie, la connaissance du métaphysique de l'existence, l'incarnation actuelle n'étant qu'un passage.

S'agit-il d'une simple foi ou d'une connaissance ? S'il s'agit seulement d'une foi — j'entends de la

(1) Cf. G. Lefebvre, *Grammaire de l'Égyptien classique*, § 189 *a* et *b*.

part des Maîtres et non du peuple — alors il y a une science « mentale » en parallèle. S'il s'agit de Connaissance, alors la science, rationnelle comme la nôtre, n'a aucune raison d'être.

Or, d'avoir maintenu le système d'écriture hiéroglyphique — et ceci contre la facilité utilitaire que présente un alphabétisme conventionnel — démontre que la mentalité pharaonique refusait une pensée métaphysique et rationnelle. La forme hiéroglyphique d'une écriture rend impossible un système syllogistique d'une telle science. Les mathématiques pharaoniques vont venir confirmer cette attitude.

Il est hors de doute que rien ne rendait impossible l'invention d'un système d'écriture, comme celui de Babylonie, de l'Inde ou des Hébreux. Le raffinement de la pensée des anciens Egyptiens, que nous voyons à travers leurs œuvres, et comme l'étude du temple que nous résumons en cet ouvrage vient le prouver, ne permet qu'une seule conclusion : c'est volontairement que ce mode d'écriture, avec toutes ses conséquences, était cultivé.

Nous aurions affaire à la Connaissance, c'est-à-dire à une initiation quant au secret de la Vie, une connaissance de la « clé de Vie », ce qui est le secret du Phénomène excluant une science fondée sur les causes objectives des phénomènes.

La symbolique hiéroglyphique est essentiellement positive. Elle choisit ses types dans la Nature ou dans les faits représentatifs d'une fonction, tels le tissage, l'arc, la flèche, ou un siège. Elle représente les Principes — les *Neter* — non par des abstractions (tel l'œil de Dieu le Père dans un triangle), mais par des personnages humains, quitte à remplacer la tête humaine par une tête animale, un cobra, ou un scarabée ou par une tête de faucon (1). Le Principe *Neter,* déterminatif, a son hiéroglyphe à part. La théologie ne reconnaît qu'une seule abstraction et rien ne peut la figurer, c'est le *Neter des Neter,* l'Unique : ce qui est, le Principe de tous les principes.

Le peuple pharaonique, qui se préoccupe seulement de la survie, et qui sacrifie tout à la vie de

(1) On anthropomorphise, mais on n'humanise pas le Principe.

l'âme résumant le principe immortel, est terriblement positif, « terre à terre », dans toutes ses expressions. C'est que tout pour lui est symbole d'une *fonction* participant de la genèse de la Nature sensible, image de la genèse de l'immortalité. Ceci motive la « stylisation » des scènes de la vie dans les tombes des hauts personnages, telles ces scènes de la vie des champs et de l'élevage, à Saqqarah, des scènes de lutte à Beni-Hassan, de différents métiers et de travail artisanal, ou des scènes familiales, à Thèbes.

Le choix des couleurs et même de la *technique d'application* de la couleur, tout est symbolique.

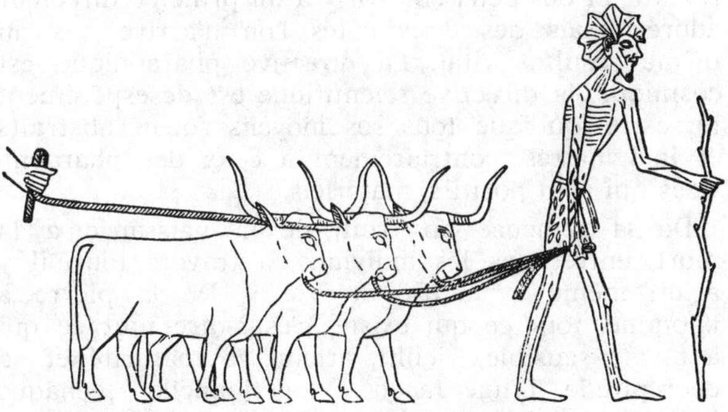

Fig. 37. — *Scène de la vie des champs. Le « bouvier est un arbre, ses bras sont des branches, ses cheveux et son visage une feuille, et le bâton sur lequel il s'appuie marque à chacun de ses embranchements la naissance d'un bourgeon ».*

Toute la pensée est exprimée par le geste, et non par des mots. Et c'est par cela qu'est signé ce qui fait la « Science » pharaonique, c'est-à-dire une science magique (et je pense ici au « Trismégiste », et non à la sorcellerie). Que dans le peuple ait fleuri une vaste sorcellerie, autant que dans notre premier Moyen Age, c'est certain, mais c'est la *pensée* qui nous intéresse ici, la directive du comportement des Maîtres.

En quoi consiste alors cette « science magique » ? Dans l'*évocation*, non une évocation imaginaire, mais un « choc » pour l'éveil de la conscience de ce qui est inné en l'homme, la coïncidence fonctionnelle. Ceci est la seule explication possible, en concordance avec tout ce que l'Ancienne Egypte nous laisse encore connaître d'elle.

C'est pourquoi la figuration théologique imprègne toute la vie de ce peuple, et c'est aussi la raison qui lui fit observer sans défaillance la directive théologique dans tous ses actes. Les Grecs ont dit que le peuple pharaonique était le plus pieux des peuples. Dirait-on aujourd'hui que le peuple strictement scientifique dans tous ses actes serait un peuple pieux ?

Il y aurait pourtant une similitude dans cette fidélité, et des deux côtés il y a un principe directeur adoré ; mais des deux côtés l'on n'arrive pas au même résultat vital. La directive pharaonique est cosmique, la directive scientifique est désespérément terrestre, quoique tous ses moyens soient abstraits et imaginaires, contrairement à ceux des pharaoniques qui sont positifs, matériels.

De la semence au fruit, de la naissance à la mort, entre tous les individus, à travers tout, il y a un même « souffle de Vie ». De la pierre à l'homme, tout ce qui existe, c'est-à-dire tout ce qui a forme sensible, vieillit, atteint sa maturité et sa décrépitude. D'une façon « fonctionnelle », chaque individu est en liaison avec tout. Il faut donc admettre une interaction *possible* sans lien matériel. Comme la pensée peut se transmettre sans support sensible physique, il *doit* exister une possibilité d'agir sur la matière par la volonté. Si la puissance de l'individu isolé n'est pas suffisante, peut-être que le cercle d'un certain nombre peut agir. Nous voyons que l'homme, abstrait de son contrôle cérébral, peut déployer une force musculaire extrême, comme nous le voyons pouvoir devenir insensible à la douleur et même invulnérable.

Or l'Egypte met l'accent sur le geste. Le symbole porteur du geste est le mouvement, mais puisque le mouvement (mécanique du bras, par exemple) ne peut avoir d'effet que sur le corporel et qu'il s'agit d'un « mouvement vital », les Anciens ne peuvent qu'évoquer une « genèse » par le symbole du mouvement. Cette genèse est alors considérée comme *mouvement d'un devenir,* qu'il s'agisse d'un accomplissement ou d'une destruction.

Notre concept du geste résulte d'une observation objective, mais le concept du geste est, chez les Anciens, synonyme d'une fonction vitale : une puissance qui anime dans un sens déterminé. Autrement dit, il s'agit d'une *fonction déterminante,* d'où *résultent* forme et mouvement.

Dans ces conditions, on peut faire abstraction de l'objet quand cette fonction déterminante, le *Neter,* est définie. Par exemple : la « nature » végétale porte la couleur verte à l'époque végétable de sa croissance. Ceci étant général, l'idée de la puissance végétative se rattache à la verdeur. Même si cette couleur n'existe pas visiblement (comme dans la prolifération des cellules animales), la couleur verte sera aussi, entre autres, symbole de la végétation. Il y a la *fonction verdoyante* dont la couleur est le geste sensible.

Ceci est compris dans cet esprit — la *puissance fonctionnelle* qui fait les parentés et qui permet également les *identités.* C'est donc dans cet esprit qu'il faut entendre la *Table d'Emeraude* affirmant que « ce qui est en haut (cosmique) est comme ce qui est en bas (particulier) » ; alors suit la conclusion qui est la Magie : « ... ce qui est en bas est comme ce qui est en haut. »

Ainsi ne peut se formuler une *science magique,* pharaonique, qu'avec la connaissance des conditions cosmiques, à travers les identifications fonctionnelles des parties avec le tout par une même Vie ou Genèse.

C'est donc au fruit cosmique final connu et actuel — c'est-à-dire à l'humain — que l'on doit s'adresser pour connaître les forces du milieu, d'où il résulte.

Ce qui est sensible évoque l'intangible et ceci fera le caractère du symbole ; le geste visible évoque la fonction qui est puissance animante ; ceci fera le pouvoir « *magique* » par identification, et permettra, par l'accessible, de réaliser l'inaccessible.

Si, pour l'explication discursive, nous pouvons parler d'un microcosme humain, dans l'esprit pharaonique il ne peut s'agir que d'une *identité,* que je traduis par l'Anthropocosme, l'Homme-Univers. Opposer l'homme microcosme à l'Univers est briser la condition philosophique permettant une science magique, ce qui rend caduque la raison même d'admettre un microcosme.

Quant à la méthode et aux moyens d'investigation d'une telle « science magique vitale », il est évident que c'est à la *Connaissance résultante* de cette science qu'il faudrait faire appel pour disposer du *vrai moyen* d'investigation, c'est-à-dire : la clé qui donne Vie. C'est pourquoi la connaissance de la Raison vitale, c'est-à-dire du Phénomène universel, a caractère de « *Révélation* ».

Par la Révélation, la base de la thèse vitaliste reste mystique et rend toute science rationnelle inutile. La directive dans les applications devra, en principe, rester apparemment *empirique,* les raisons du phénomène étant connues seulement de quelques initiés.

C'est ainsi que se présente l'Empire pharaonique.

Et ceci explique le comportement des Grecs venus en Egypte, qui, croyant avoir affaire à une seule tradition de Connaissance, « vidée des raisons » de sa formulation, ont voulu rechercher les causes raisonnables, ce qui inaugura cette philosophie dialectique qui a tant séduit notre Occident, comme si des arguments intellectuels pouvaient se substituer à la connaissance du motif de la Vie.

L'étude de la pensée et de l'œuvre de l'Ancienne Egypte, à travers notre mentalité occidentale héritée des philosophes dialecticiens grecs, n'a donné aucun résultat et nous laisse déçus par la dissonance entre l'œuvre gigantesque de cet empire et la pauvreté de ce que l'égyptologie classique en a déduit.

Mais si nous prenons pour directive de notre recherche la base élémentaire que nous venons de présenter, nous pouvons espérer qu'une reconsidération de cette étude pourra mettre au jour une mentalité et une Connaissance qui échappent aujourd'hui.

Le progrès de notre travail devra permettre de compléter ce que cette « base-hypothèse » peut présenter d'imparfait.

C'est dans cet esprit que nous avons attaqué

l'étude d'un temple pharaonique, dont quelques résultats sont résumés en cet ouvrage.

Pour éviter les déviations que notre formation mentale occidentale rend par trop faciles, il faut nous laisser guider par les quelques principes suivants :

1° Le choix des symboles doit être considéré comme ayant fait l'objet d'une sélection sévère d'un *type fonctionnel.*

2° Tout symbole est alors *évocateur* d'une fonction « vitale ».

3° La « théorie » de la Science « magique » est formulée par le Mythe et les principes sont expliqués par les symboles des *Neter* et de leurs attributs.

4° La théologie est formulée par les thèmes du Mythe et doit guider tous les comportements dans la vie ordinaire et les applications pratiques dans tous les domaines.

En tenant compte de ces principes, suivons la mentalité de l'Egypte.

L'homme, ou principe humain en tant qu'incarnation des fonctions cosmiques, c'est-à-dire l'Anthropocosme, est le symbole universel auquel tout se rapporte. Cet Anthropocosme, dans son aspect humain actuel, sert de support pour les différentes fonctions vitales et donne ainsi les figurations des *Neter,* c'est-à-dire des principes vitaux constituant les personnages du *Mythe.* Pour représenter les fonctions vitales essentielles, on placera souvent sur un corps humain la tête des animaux qui incarnent ces fonctions, donc en sont les représentants organiquement vivants. Les couronnes, les costumes et les gestes complèteront la signification élargie (1).

La *Théologie,* comprenant la doctrine de la Genèse, l'enseignement de la Cause, du but et de la fin des choses vivantes, sert de base à tout comportement, à toute la pensée et même aux sciences appliquées et aux techniques ; elle est symbolisée par les synthèses des *Neter* et des hiéroglyphes. Le

(1) Voir fig. 9 : *Sekhmet.*

respect des formes symboliques s'étend jusqu'aux objets familiers.

Les temples et les monuments funéraires, construits ou creusés dans la roche, n'obéissent jamais à des buts esthétiques. Les sculptures et inscriptions ne sont jamais conçues pour une ornementation. Le tout devient beau parce que symboliquement véridique, conforme au lieu et à l'ambiance : il est harmonieux.

Il faut noter : *le but n'est pas didactique mais le devient* parce que l'œuvre est d'une observance rigoureuse à la règle philosophique théologique.

Cette observance va depuis la préparation de la terre de l'emplacement jusqu'au faîte du monument, créant ainsi une ambiance magique et sacrée (1).

Toute fonction vivante de l'être humain n'est que symbole d'une fonction cosmique réalisée organiquement. Avaler, rejeter, assimiler, dormir, s'asseoir, parler, désirer, implorer, prier, et ainsi de suite, ne sont que des fonctions cosmiques incarnées. Par exemple : avaler et rejeter seront pôle Nord et pôle Sud, mais aussi soir et matin et les solstices, c'est-à-dire tout ce qui est *prendre et rendre en fonction d'assimilation*. C'est dans cet esprit qu'il faut étudier l'*écriture* hiéroglyphique, c'est-à-dire sacrée.

Parmi tous les types animaux et végétaux connus en Egypte, un choix sévère est fait pour servir de symbole hiéroglyphique.

La pensée mathématique est exclusivement géométrique : une valeur mathématique est toujours proportionnelle, jamais absolue. La notion de l'infini n'existe pas, donc est éliminée de la fonction mathématique. L'espace est volume, un volume *dans* l'espace n'existe pas. Un volume ou espace est Esprit coagulé en matière plus ou moins dense. Le point mathématique n'est pas une abstraction, mais le sommet formé par la rencontre d'au moins trois arêtes de trois plans. Tout est volume, a volume. Le plan est l'aspect d'un volume coupé, mais par lui-même il n'existe pas, d'où la conception pha-

(1) Cf. Stella Kramrisch, *Le Temple hindou*, in *Le Temple de l'Homme*, I, Quatrième Partie, chap. VIII.

raonique du tracé représentant un monument figurant en même temps le plan et son élévation (1).

Tout est vivant, donc assimile, végète et se reproduit, ce qui s'étend aux monuments et aux statues, conçus et exécutés sur divers axes à la fois.

Toute l'Egypte pharaonique, de son origine à sa fin comme dans toutes ses œuvres, n'est qu'un Geste rituel.

Nous allons dans la suite montrer l'application de ces principes dans quelques-uns des aspects que nous avons notés jusqu'à présent.

II

LA TECHNIQUE DE LA PENSEE

La pensée ne s'occupe que des Idées avec pour conséquence des Idées. La croyance s'adresse à l'objet.

La pensée s'exprime en écriture ou en langue ou en création. La création est pensée agissante ou Verbe.

L'*écriture* peut laisser au lecteur le soin d'assembler le qualificatif au sujet, la *langue* exige d'indiquer la direction de l'action.

La pensée sans l'action n'existe pas.

D'autre part, il est certain que la base de la pensée est une condition contradictoire, puisque toute chose se représente pour nous en concept pouvant « être et aussi ne pas être ». Sans cette possibilité de négation, le raisonnement serait impossible. Ce fait de la contradiction, inhérent au concept, est la condition préalable pour une science de la logique.

Les conditions-bases pour la pensée et la méthode sont : l'*action ou activité et la négation.* L'action conditionne toute qualification, donc toute spécification, et la négation va conditionner tout raisonnement.

(1) Voir fig. 1 « La Maison de Vie ».

⁂

L'action ou activité fait le lien entre les deux concepts du sujet et de l'attribut. Mais le concept lui-même est la résultante d'une action (extérieure à nous) et d'une réaction (par la connaissance fonctionnelle, cérébralement inconsciente, innée, et définissant la forme de notre être).

Sans action, la pensée ne serait pas. La définition de l'action fait l'Idée et l'objet, or « définition » sous-entend délimitation.

Nous nous trouvons à l'origine devant une Activité sans nom, sans limite, essence de la fonction. C'est l'Energie non polarisée, une abstraction pour notre conscience psychologique. Alors toute délimitation, ou définition, n'est qu'un fractionnement de cette Unité absolue.

La délimitation exige un commencement et une fin, c'est une mesure, c'est, pour la conscience psychologique, une quantité.

La quantité représente ainsi, d'un point de vue absolu, une cessation de l'activité absolue.

Ceci peut être admis comme Idée pure d'un état métaphysique, ou peut se traduire mathématiquement par rapport à une référence admise pour un extrême connu de l'activité.

Du point de vue philosophique, nous resterons dans le domaine de l'Idée pure.

Il s'ensuit que l'Activité est l'Essence qui préside à tout et réside en tout. La multitude comprise en ce « tout » est donnée par les délimitations, c'est-à-dire les définitions fonctionnelles, ou fractions de l'Activité absolue.

Deux possibilités se présentent alors pour l'organisation de la pensée, dans le but d'établir la science : ce sera la considération de l'Idée et de l'objet définis, ou la considération de l'Activité qui fait l'Idée ou l'objet.

La première considération conduit au rationalisme, la deuxième conduit à une pensée vitale, c'est-à-dire fonctionnelle.

La première considération pose la définition en *finalité d'action* et la désigne par un « mot », un vocable, une idée arrêtée, englobée dans la synthèse du mot.

La deuxième considération n'admet que la fonction, activité caractérisée mais *sans finalité d'action*. Alors l'Idée et l'objet ne peuvent être désignés que par des symboles (schémas ou images), résumant une ou plusieurs *fonctions*.

Le sujet n'est plus qu'un ensemble de fonctions. Il est en même temps *sujet et attribut*.

Ici l'Idée, dans son expression vitale ou *ésotérique*, hiératique, peut être mise en liaison, en concomitance avec d'autres Idées, donc former une écriture, composée d'une seule suite de racines *substantifs*.

Ceci est le secret du caractère des textes primitifs, initiatiques.

La Pensée pharaonique (traditionnelle) est restée fidèle à cette philosophie et se conduit à travers cette deuxième considération.

⁂

Dans la construction de la phrase, le verbe représente l'action et définit sa nature, la fonction. Le choix du symbole se portera donc sur des images qui sont des racines, aussi bien *verbes* que *substantifs* et *adjectifs*. Exemple : un *oiseau* figure le substantif *oiseau*, puis également la *volatilité* en général. Il est donc la chose qui se maintient en l'air, ce qui monte et fuit l'attraction de la terre (une « centrifugation »), ce qui est volatil ou peut être volatilisé (par la chaleur, par exemple), il peut aussi signifier l'Idée.

Le choix d'un oiseau particulier précisera d'autres fonctions liées à la fonction générale de volatilité.

Ceci fait le hiéroglyphe.

⁂

Ainsi que nous l'avons vu, tout est, ou bien la conséquence d'une activité, ou le symbole d'une activité.

Par exemple, on peut dire : « le bassin contient de l'eau », et ne retenir que le concept de *bassin*, le *mot* bassin devenant la synthèse de toutes les notions qui s'y rattachent ; on peut aussi ne retenir que la notion de *contenance,* l'action de contenir caractérisant le bassin.

Mais il y a de multiples genres de récipients qui peuvent contenir un liquide, tels un vase, le cœur, la poche fœtale... Or, le bassin contient et *garde,* mais le cœur, en tant que vase, contient mais ne garde pas ce qu'il contient. Ainsi chaque forme peut répondre également à une ou plusieurs autres fonctions qui ne sont plus communes à d'autres formes semblables. A travers la fonction principale, caractérisant le bassin, et à laquelle participe le cœur, il y a *parenté fonctionnelle,* de même qu'entre tous les contenants et le cœur. Il y aura également certaine parenté entre le cœur et le fleuve. Le bassin creusé en terre *contient* et *garde,* le cœur *reçoit,* contient et *reflue.* Cet exemple est ici cité dans son image la plus simple.

La définition fonctionnelle reste vivante et manifeste des parentés vivantes, que le hiéroglyphe peut représenter en images, tandis que le *mot* ne permet plus d'être associé *d'une façon vive* à d'autres mots. Le mot n'évoque plus les fonctions, les qualités vives, il les tue.

Le mode de pensée vitaliste conduit à une philosophie de caractère *mystique.* On situera les principaux modes d'action comme *Principes abstraits* (les *Neter*) qui président à des lignées caractéristiques.

Toute fonction a deux aspects : *l'action* et *ce qui provoque* l'action, l'aspect mâle (positif) et l'aspect femelle (négatif). Or, *ce qui provoque l'action n'est pas la chose proprement dite, mais sa réactivité.* La *chose* est l'effet naturel complémenté et transitoire.

Exemple : l'action de *contenir* comprend en même temps la réaction de *donner forme,* cet ensemble définit le contenant.

Autre exemple : la digestion dans l'estomac, en tant qu'*action de digérer,* comprend *ce qui détruit l'homogénéité* et sa réaction qui fait cesser l'action digérante. L'ensemble détermine l'organe digérant.

Ainsi chaque *Neter* est une *trinité,* comprenant un masculin, un féminin et le produit, comme *Amon — Mout — Khonsou.* C'est le sens ésotérique du

Yin et du *Yang* chinois, que l'on représente exotériquement par un creux et un plein, ce qui trompe, parce que le contenant n'a pas son *masculin* dans le contenu, mais celui-ci n'est que le *complément*, donné par *une chose* qui est elle-même la conséquence d'une action et de sa propre réaction.

La Réaction est le renversement du sens de l'Action provoquée par la résistance immanente à la nature de l'activité, ou « Action en fonction ».

En principe, la réaction neutralise l'action. La conséquence est la *chose*, l'objet, une Quantité qui est Action (Energie) définie.

Il faut conclure : la complémentation énergétique fait l'*apparence* (sensible), et la complémentation des apparences, à son tour, annule les définitions. Ceci s'exprime par le double croisement.

Un exemple : le double croisement des sceptres du Roi mort.

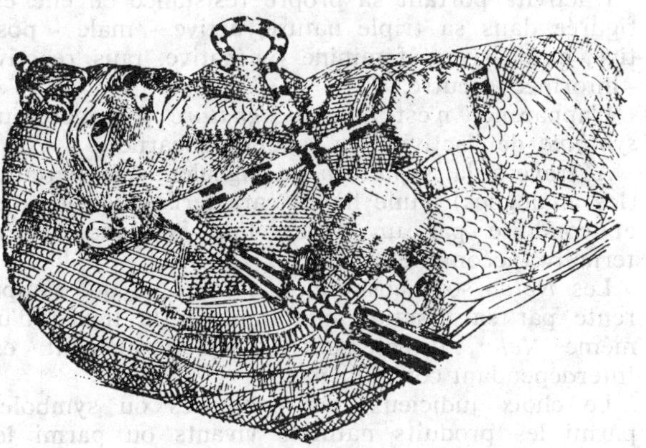

Fig. 38. — *Croisement des sceptres.*

Les sceptres sont : le *hekat*, représenté par un *crochet* symbolisant l'action, la semence, le ferment ; le *nekhakha*, que les égyptologues traduisent par le fouet ou flagellum, représenté par un bâton d'où sort un triple flux : effet de la Résistance immanente à l'Action, la substance de triple nature. Exprimé physiquement, c'est l'énergie agissant sur la substance pour la fixer, ce qui agit et subit l'action. Le *hekat* est tenu par la main *gauche,* le côté qui reçoit, le Nord, le haut ; le *nekhakha* est tenu par la main *droite,* le côté qui rend, donne, fait, le Sud, le bas. Le Roi *vif* est cette puissance active et réactive (mystique) qui fait la Nature. Le Roi sera mort quand cette puissance a donné corps, quantité, forme déterminée, ceci est le premier croisement. Mais lorsque la complémentation de cette apparence est réalisée à son tour — le deuxième croisement des sceptres — alors l'apparence cesse et la puissance créatrice est relibérée *après avoir connu la forme :* chaque sceptre se retrouve, le *hekat* à gauche, le *nekhakha* à droite.

Principe et mode de la Pensée pharaonique, dans leur aspect hiératique, peuvent se définir ainsi :

L'origine de toute chose étant une impulsion active, c'est l'activité, ou fonction, qui caractérise toute chose.

L'activité portant sa propre résistance en elle est figurée dans sa triple nature, active - mâle - positive, et passive - féminine - négative, puis réactive - informée - neutre.

L'apparence n'est qu'une *signature* passagère, un *symbole* de l'activité ou fonction incarnée.

A travers la *signature* se signalent les parentés (les analogues) d'une lignée caractéristique, dominée et conduite par un *Neter,* une Puissance active ternaire (accomplie).

Les *Neter* sont cosmiques, et tout ce qui s'apparente par sa fonction qualifiante à la lignée d'un même *Neter,* directement ou collatéralement, est interdépendant cosmiquement.

Le choix judicieux des signatures ou symboles, parmi les produits naturels vivants ou parmi les objets utilitaires et à fonctions invariables, constitue un ensemble de glyphes, formant une *écriture* à signification invariable à travers les temps, s'expliquant *ésotériquement* à travers la fonction (1). *Ceci n'est pas une langue parlée.*

(1) Par exemple, le tissage ou l'outil qui sert à tisser, quelle que soit sa forme primitive ou compliquée. *Idem* la houe ou le soc, pour labourer, ouvrir la terre et la rendre aimant pour la rosée fécondante.

La *houe,* employée comme phonétique *mer,* sert à écrire le mot *aimer, aimant.* Pour la forme du signe, voir fig. 3.

Toutes les fonctions essentielles peuvent se résumer en un certain nombre de symboles, désignés par un *son* dont la prononciation *affecte différents centres physiologiques*, ce qui permet l'établissement de l'alphabet d'une *langue sacrée* (mantramique). Des déterminations orientent le sens de la fonction indiquée. Ceci constitue ensuite l'écriture d'une *langue*, formée de mots résumant un sens fonctionnel. Ces mots représentent des concepts qui peuvent ensuite obéir à un système syllogistique rationnel.

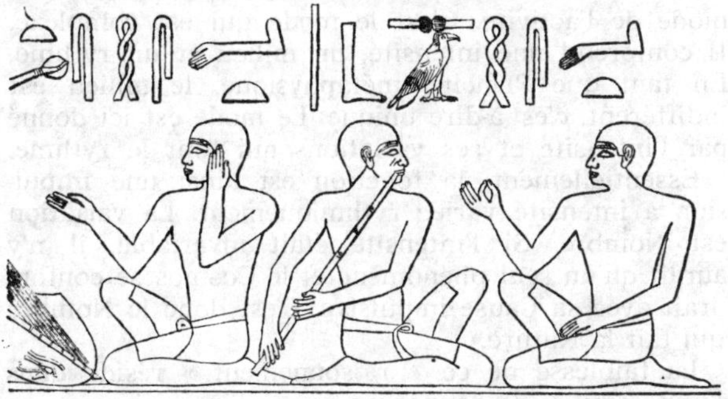

Fig. 39. — « *Psalmodier* » *avec la harpe, chanter et jouer de la flûte.*

Dans l'esprit *hiératique*, on ne recherche pas un concept de la fonction, mais *une identification du Soi avec la fonction que représente le Neter.*

Dans ce mode de pensée, le rationnel n'a pas de place. Ce n'est pas à un jeu d'idées que l'on fait appel, idées qui nécessitent une objectivation, mais on s'adresse à un état de conscience *fonctionnelle*, supérieure à la conscience psychologique.

Ceci ne permet pas une science théorique et n'est pas non plus une science empirique, mais ajoute, en réponse au « Comment », également la possibilité d'une réponse au « Pourquoi ».

Ce mode de pensée est valable aussi pour les arts et la science appliquée.

III

FONCTION, NOMBRE ET NETER

Nous appelons « fonction » *la nature* d'une activité. Elle comprend *une impulsion, un but et un mode.* L'impulsion est indéterminée, donc invariable. Elle est la même dans tous les cas, tant pour le *fiat lux* que pour une impulsion mécanique ou un impératif quelconque.

Le *but* de la fonction est variable, en raison du mode de l'activité. C'est le mode qui est complexe. Il comprend une intensité, un milieu et un rythme. En tant que Principe métaphysique, le milieu est indifférent, c'est-à-dire unique. Le mode est ici donné par l'intensité et ses variations qui font le rythme.

Essentiellement, la fonction est ainsi une impulsion à intensité variée rythmiquement. La variation est Nombre. Si l'intensité était invariable, il n'y aurait qu'un seul phénomène et le Cosmos se confondrait avec sa Cause impulsive. C'est donc le Nombre qui fait la Nature.

La faiblesse de ce « raisonnement » réside dans l'impossibilité de donner un nom à l'impulsion.

Nous ne la comprenons que mécaniquement. Elle est toujours liée au mouvement, c'est-à-dire à un déplacement ou une chute de potentiel. Ceci signifie : quelque chose qui va là où ce quelque chose ou son semblable n'est pas. La *chute* statique se rapporte à la caractéristique gravifique du milieu, la densité ; c'est indifféremment une chute vers en bas (solide) ou vers en haut (fluide-gazeux). Essentiellement, philosophiquement, l'impulsion mécanique est, comme toute impulsion, donnée par la négation en opposition à une affirmation : être et « ne pas être », le mystère de la scission originelle.

« Mystère » signifie ce qui échappe à la compréhension, mais nous constatons le fait dans la fonction sans pouvoir donner un nom à l'Impulsion (nous pourrions dire Dieu, ou Energie non polarisée, qu'importe, c'est la *Réalité* par excellence), nous devons conclure : il y a l'Impulsion unique, originelle et constante, et le Nombre nous révèle les modes par les variétés qui font la Nature.

C'est donc le Nombre qui est l'essentielle — mais aussi ultime — parole explicative de l'Univers.

Il ne s'agit pas de calcul, mais de l'ésotérisme du Nombre.

Par exemple : la notion de l'espace est caractérisée par l'*étendue,* et le volume est caractérisé par la *limite* de l'étendue. L'étendue sans limite peut être *éprouvée* par un aspect de notre conscience, elle ne peut pas être comprise cérébralement. Ce mot « comprendre » (*verstehen* en allemand, *understand* en anglais) sous-entend une limitation, un arrêt. Donc, pour comprendre l'étendue, le *Principe de la limitation* doit intervenir. Ce principe (*Neter*) ne dépend pas de notre volonté, de notre décision, il est immanent au *Principe de l'étendue,* une fonction *contractante,* immanente à tout *ce qui est* (existe). Ainsi l'être joue le rôle d'une « substance » qui porte en soi son styptique. Nous sommes toujours ramenés à une même origine.

Le Principe ou *Neter* de l'étendue est une abstraction, et le *Neter* de la limitation est ce qui caractérise notre *compréhension,* le *concret.* Or, l'Etendue est infinie, mais la limite est relative : la limite est limitée, elle entre dans la catégorie *Quantité.* Et c'est parce que la limite n'est pas infinie que les lois définies par notre science sont relatives, imaginaires, et que la science, en général, s'oppose à la Connaissance (*Gnosis*). Tout objet de la science, tout « concret », cesse d'être dans sa définition dès que la limite de sa qualification limitante est atteinte. La *fonction qualifiante* est limitation et a une *durée dans la forme,* mais n'en a pas *en tant que fonction,* parce que l'action « styptique », concrétisante, limitante, est immanente à *ce qui est,* donc est *continue.*

De ces considérations, il résulte : pour qu'un volume soit, il faut une action limitant l'Etendue. Ce sera un ferment, une semence, dans les choses concrètes, un « feu » dans le Principe. La Nature nous sert de symbole pour la connaissance de ce fait originel, car une concrétisation dans un milieu homogène — comme l'est nécessairement le milieu primordial — a son image dans une *coagulation,* semblable à la coagulation d'une substance albuminoïde féminine. Le blanc d'œuf en est l'exemple. Il se coagule, soit par l'effet de la chaleur, soit par l'effet du « feu » du ferment spermatique mâle. En Egypte, le milieu aquatique d'où provient cette substance coagulable (au caractère mystérieux) est figuré par *Amon,* le grand *Neter* que le « Roi », créature parfaite, appelle son père. S'il s'agissait simplement d'exprimer ce que nous venons d'envisager, ce symbole figuré par *Amon* n'aurait guère de raison d'être. Mais il s'agit là de l'anthropomorphisation d'une activité primordiale à *ramifications universelles,* et tous les sens ésotériques et leurs clés sont inscrits de diverses façons dans cette figure, disponibles pour la lecture de qui peut l'entendre. Par aucun autre moyen, *aucune explication de ces secrets ne peut être aussi précise et aussi complète* qu'elle l'est en cette symbolisation.

La limite des possibilités ne peut pas être donnée par le milieu passif, mais seulement par l'intensité de l'activité. Celle-ci s'exprime primitivement par un Nombre, c'est-à-dire que le Nombre en résulte et donc la définit.

Le premier volume est alors nécessairement sphérique n'étant qu'étendue, sans orientation, ayant seulement une mesure radiale, c'est une contraction ou première limitation par un « feu styptique » ou coagulant, central. L'Activité primordiale, source de toute fonction, est centripète, c'est le caractère du « placenta »; l'Espace est *milieu amniotique,* nourrissant (1). Par analogie ce sera, en Egypte pharaonique, *Noun,* figuré en Océan cosmique, le *Hylé* hermétique (2).

Pour que ce volume indéfini de la sphère devienne *forme,* il va falloir définir au moins trois directions : l'axe polaire et les quatre directions de la *croix* équatoriale. Ce sera la raison de toute la mécanique céleste, commandée par les Nombres établissant un système merveilleux qui en est la clé, et dont le long développement et le caractère spécial n'entrent pas dans le cadre de cet ouvrage.

Exotériquement, c'est-à-dire de l'extérieur, donc

(1) La physiologie considérera le placenta comme lieu d'apport nourricier, puisque de lui partent les vaisseaux maternels nourriciers. Certes, mais dans l'esprit fonctionnel, cette apparence est l'erreur.

(2) Voir fig. 16.

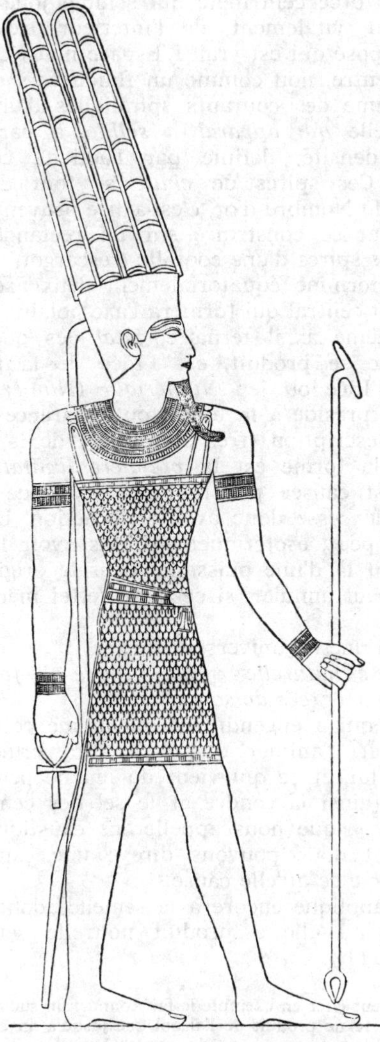

Fig. 40. — Amon, *Verbe créateur, Unité ternaire,* Amon *l'incognoscible.*

objectivement, nous voyons le monde du mauvais côté. Nous voyons les sphères des astres tourner, et leur force centrifuge nous paraît active, agissant contre la force centripète qui semble jouer un rôle passif. Vu, vitalement, de l'intérieur, c'est exactement l'opposé qui est vrai. L'Espace nourricier afflue vers le centre, non comme un fluide vers un solide, mais comme des courants spiraliques d'une sphère immatérielle *qui apparaîtra solide,* à partir d'une certaine densité, définie par l'activité coagulante centrale. Ces spires de *chute* se font d'après la fonction du Nombre d'or, c'est-à-dire peuvent démonstrativement se construire sur un rectangle 1 : ϕ, comme les spires d'une coquille d'escargot.

Ceci détermine équatorialement deux axes autour d'un point central qui formera l'axe polaire.

Ce système axial ternaire, *fatal* dès que l'action coagulante se produit, est l'Idée de la forme en général, l'Idée ou jeu *Numérique* (*Numerus numerans*) qui préside à la forme ou apparence concrète.

Cette description (très simplifiée) de la première Idée de la forme est la *première limitation.* Puisqu'elle est causée par la force styptique (contractante), elle cesse donc avec cette action. Un épuisement ne peut, ésotériquement, pas avoir lieu parce qu'il s'agit là d'une puissance causale originelle que rien ne peut annuler, si ce n'est l'effet même qu'elle engendre.

Ce sera une loi universelle que :

La cause naturelle, vitale, trouve la fin de son activité par l'excès de son effet.

Le feu qui a engendré et qui anime cessera d'engendrer et d'animer quand il aura brûlé ce qui vient de lui, et ce qui vient du feu ne peut devenir que feu (ainsi la cendre et le sel des cendres sont un « feu », que nous appellerons caustique). Qualitativement nous pouvons dire : une cause réduit à elle-même ce qu'elle cause.

Ceci s'applique encore à la semence dont l'activité cesse quand elle a produit nouvelle semence de sa nature (1).

(1) On peut citer en exemple le fait connu : un suc de raisin très riche en sucre ne produit de l'alcool que jusqu'à un certain degré, après lequel la présence même de cet alcool empêche la continuation de la fermentation alcoolique, donnant du vin sucré.

Et le grain, de blé ou d'orge, par exemple, livré à lui-même, dans des conditions de sécheresse qui l'empêchent de germer ou de pourrir, se brûle lui-même, ainsi que le prouvent les graines trouvées dans les tombes pharaoniques.

Un motif mécanique limité, c'est-à-dire un mobile ayant reçu une impulsion limitée, ira en « épuisant » cette impulsion. En réalité, il réduira cette impulsion à sa source qui est énergie. D'après le vieil axiome : tout se résout finalement en ce de quoi il est fait.

La résistance qui fait obstacle à l'exercice de l'impulsion se mesure. Ici le Nombre est ramené à la notion de « mesure », c'est-à-dire de définition de « quantité ». C'est sortir le Nombre de son caractère ésotérique. Celui-ci réside dans la *fonction* qui révèle, et non dans une mesure qu'il précise ou compte.

Le caractère fonctionnel des Nombres n'est pas relatif, accidentel, il est cosmique, il est la révélation consciente de notre connaissance innée. Nous ne pouvons pas mieux décrire l'absolu que par le nombre Un, en le considérant insécable, puisque « Un » en se multipliant se révèle par le nombre Deux.

Ici l'erreur doit être évitée dans la considération du sens ésotérique du Nombre. Deux n'est pas Un et Un n'est pas un *composé,* c'est la *puissance multiplicative,* c'est la *Conscience* de la multiplication, c'est l'*Œuvre* multipliante, c'est la *Notion* du *plus* par rapport au *moins* ; c'est une *Unité* nouvelle, c'est la sexualité, c'est l'origine de la Nature, Physis, le *Neter* Deux. Il est : la Culmination (moment séparateur de la pleine Lune, par exemple), il est la ligne, le bâton, le mouvement, le chemin, Wotan, Odin, le *Neter Thot,* Mercure, Esprit (1).

***

La philosophie du Nombre est fondée sur le caractère fonctionnel du Nombre. Celui-ci définit les

(1) Cf. *Le Temple de l'Homme,* I, Quatrième Partie, chap. III « Le sanctuaire V du temple de Louqsor ».

« possibilités » fonctionnelles dont l'application crée nos notions.

Nous n'attribuons pas la notion de division au *Nombre Deux,* c'est le Nombre Deux qui implique la fonction dualisante, d'où découle notre notion de la division.

Compter n'est pas une faculté réservée à l'homme, c'est la première forme innée de la Conscience. Ainsi le choix par affinité de la molécule chimique et sa valence est déjà une conscience innée du Nombre.

La scission originelle, ou polarisation de l'Energie, est le commencement du Nombre et un premier dénombrement. Ceci devient pour l'homme une connaissance *a priori* qui s'impose à notre conscience psychologique. Celle-ci ensuite classe et nomme ce que le Nombre lui impose.

C'est dans ce sens qu'il faut entendre l'affirmation pythagoricienne « que tout dans l'Univers est Nombre ». Les esprits « rationalistes » qui reprochent aux pythagoriciens le caractère « mystique » que ceux-ci attribuent, comme des puissances occultes, aux Nombres, ont tort de prêter à ces gnostiques des dispositions à un mysticisme puéril. Le Nombre, en tant que toute première manifestation de la Conscience, est ce qui spécifie, caractérise tout.

Que l'homme vienne ensuite, avec sa conscience psychologique — la conscience cérébrale de la conscience innée — nommer et dénombrer rationnellement, donc réduire le Nombre à des valeurs quantitatives, cela n'est qu'une conséquence qui elle-même découle du Nombre : une conscience organique devant une conscience innée, *deux* formes de la Conscience, scission et opposition.

CHAPITRE V

CROISEMENT

Ailleurs (1), j'ai essayé de marquer le caractère du « croisement » avec des exemples physiques, comme la réaction nerveuse inverse à une influence extérieure, telle la lumière sur le nerf optique provoquant l'effet complémentaire. Ce sont là des images primaires pour éveiller l'attention sur une mentalité caractéristique, que nous constatons en Ancienne Egypte ou retrouvons en Chine, et qui est typique dans l'expression de la Sagesse s'adressant à ses disciples. La Croix est α et ω et le « serpent d'airain » sur la Croix donne la vie...

L'Homme crucifié dans l'Espace est l'Anthropocosme.

La Croix est le plan équatorial du corps en révolution autour de lui-même. Ce sont les quatre orientations qui définissent le centre abstrait.

La Croix est le symbole de la Vie parce que la Vie n'est pour nous que la faculté de « réagir ».

Nous voyons la réaction mécanique, mais comprenons-nous la réaction vitale ? N'est-elle pas ce qui, intimement, cause la grossière réaction mécanique extérieure, c'est-à-dire du corps envers un autre corps ? Quand le corps organique réagit à une influence extérieure, nous sommes tentés d'appeler ceci une « réaction vitale », mais ce n'est encore qu'une réaction mécanique, subtile, d'un système nerveux, énergétique, provoquée par l'influence extérieure.

(1) *Le Temple dans l'Homme*, Le Caire, 1949.

Le vrai sens de « réaction vitale » est à chercher dans l'*intensité* de la réaction, puis dans la *Conscience* qui répond à un appel, c'est-à-dire la Puissance constitutive, définissante, spécifiante de « la chose ».

L'électricité des « champs de force » est croisement, l'induction électromagnétique est croisement, la sensibilité nerveuse est croisement, l'effet endocrinien est croisement, l'intelligence est croisement et, ainsi de suite, tous les phénomènes sont croisement, c'est-à-dire symbolisés par le point insaisissable *situé* par les quatre points cardinaux.

Toute cause est à considérer comme une activité qui sera relativement positive ou négative.

La conséquence phénoménale de la cause sera toujours « cathodique », parce que la résorption de l'activité causale sans résistance ne serait qu'une annulation, et que la résistance provoque nécessairement une réaction.

Le phénomène de l'influence électrique et de son effet d'induction est une image parfaite pour faire comprendre le principe vital, dont l'aspect physique n'est qu'un analogue. Voici les correspondances :

Quantité d'énergie = influence = premier champ de force ;

Rupture = alternance = rythme = nombre dénombré ;

Induction = premier croisement = réaction = intensité = phénomène sensible ;

Effet Tesla = deuxième croisement = effet vitalisant.

L'effet physiologique de la première induction sur le système nerveux est une exaltation par synchronisme des vibrations, qui peut aller jusqu'à provoquer la mort.

L'effet physiologique de l'effet Tesla est une animation, se manifestant par échauffement du sang et des sucs, et une exaltation de la sensibilité nerveuse (effet d'Arsonval).

Tout ceci est encore mécanique et paraît puéril en comparaison avec les effets analogues, mais de caractère vital.

Une faible *quantité* est transformée par induction en grande *intensité* (qualité). C'est très probablement le mystère des glandes endocrines, dont l'effet, par relais d'inductions, est exalté en intensité vitale.

Toute constatation sensible est effet de *croisement* (induction) du flux nerveux qui, lui, est déjà l'effet d'un premier croisement dans l'assimilation des nourritures.

Le corps humain est parcouru et entouré de flux énergétiques, les vrais canaux de la vie, les artères vitales, *mtw,* dont parlent les Anciens et que nos physiologues confondent avec les canaux du sang.

Il est indispensable de noter ceci pour interpréter les correspondances et orientations que la figuration du Temple pharaonique nous indique par les *joints* des pierres.

Le principe universel du croisement (la Croix) s'applique à travers toute la Pensée pharaonique. Il est la clé vitale pour tout ce qui paraît dans l'Univers.

Le principe de réactivité est appliqué en symbolique ésotérique. Il est imposé par le fait qu'une définition intellectuelle (non située) est impossible. Cette définition doit donc *être évoquée* par réaction, mais on ne peut la décrire sans la situer en Temps et Espace, donc sans la « fixer ».

Le symbole, en tant que synthèse, évoque par son caractère statique et concret l'ensemble fonctionnel et qualitatif duquel il résulte, c'est-à-dire qu'il évoque sa définition insituable vitalement.

Ce mode de pensée est la clé de la mentalité pharaonique (1). Celle-ci est d'ailleurs semblable à celle de la Chine (2).

C'est dans cet esprit qu'il faut regarder l'écriture architecturale du temple, telles les « transparences », de même que les « médiétés » dans le calcul, et le phénomène « musical » des rapports harmonieux. Ces rapports sont vitalement analogues au croisement de « la tête avec le corps » et des organes de la tête avec les organes du corps, tels les ovaires avec les yeux, les centres vitaux de l'encéphale avec les membres...

(1) Voir *Le Temple de l'Homme*, Première Partie, chap. II : « Symbolique ».

(2) Cf. Marcel GRANET, *La Pensée chinoise*, Renaissance du Livre, Paris, 1934. Ceci peut être mis en rapport avec le principe de la méthode « homéopathique » en thérapeutique.

Le *croisement* qui se transcrit figurativement par X, en « reflet » du miroir, en croisement des sceptres du pharaon momifié est, en réalité, une fonction « spirituelle » analogue à la neutralisation d'un acide par une base, formant un sel.

C'est l'*essence* du Phénomène, la *Loi cosmique* qui doit servir de guide à la pensée dans tous les cas.

L'alternance apparaît comme une compensation, alternance de la croissance en longueur et volume, en membres antérieurs et postérieurs, alternance des marées, alternance des ondes, alternance de vie et de mort, toute existence se manifeste par alternance. Ceci est l'apparence phénoménale qui est en réalité *croisement* et le croisement est pour l'alternance ce qu'est l'harmonie musicale pour le son. Le véritable sens du croisement est l'alternance du visible avec l'invisible, de l'abstrait avec le concret, de l'effectif avec le virtuel. Nous voyons l'un, le constatons avec nos sens, nous ne percevons pas son complément. C'est ce rapport qui est et ω, le Tout (1).

Toutes les images et analogies que nous pouvons imaginer n'ont pour but que d'*évoquer* la conscience informulée ou informulable du sens réel du croisement. Le tangible évoque l'intangible par négation : *cette étrange affirmation d'une certitude informulée qu'est la négation.*

C'est ce mystérieux miroir qui, vertical, renverse droite et gauche, puis, horizontal, renverse haut et bas, que l'Egypte pharaonique, dans un état de conscience supérieure, manie en toutes ses œuvres, nous les rendant si difficiles à décrire, mentalité que nous ne devons jamais oublier de reconnaître si nous voulons recevoir l'enseignement des Anciens.

Le croisement est une fonction que symbolise la Croix par le croisement de deux lignes, c'est-à-dire de deux chemins ou de deux doubles orientations.

De toute façon, l'effet du croisement est la détermination d'un point central neutre. Ce centre neutre est le but ésotérique du *geste* du croisement. Comme

(1) C'est cette alternance que l'on appelle aujourd'hui la vibration, l'onde des physiciens, ce qui ne fait que dévier le sens vital du phénomène physique.

tel, ce point central neutre n'est ni plan, ni un point mathématique sans réalité physique, il ne peut être que le centre d'un volume dont l'importance varie avec l'intensité des lignes ou chemins croisés. Ce volume n'est pourtant pas matériel, c'est le centre contractif, ou centripète, fonctionnel.

Ce centre neutre peut être comparé au neutron de l'atome, centre *magnétique* qui tient en équilibre tout l'édifice.

C'est la Loi à laquelle obéit toute la Pensée pharaonique : ce qui est en bas (semence) doit monter (nouvelle semence principe), pour être renversé en bas (nouvelle semence active).

L'affirmation que la *Terre est à l'image du Ciel* n'est pas seulement un renversement, mais également un croisement.

La Pensée pharaonique est fondée sur ce principe du croisement, tant en mathématique qu'en médecine, en architecture comme pour la signification du Mythe.

CHAPITRE VI

AVANT DE PRÉSENTER L'ARCHITECTURE DU TEMPLE

L'égyptologie classique, en tant qu'archéologie et philologie, s'adresse à des spécialistes ; mais l'enseignement, que la connaissance impliquée dans les faits constatés permet de recueillir, s'adresse au public qui s'intéresse aux « causes » de la vie. On est en droit d'admettre que la pensée directrice de la constitution de l'Empire pharaonique — qui, dans son écriture, son mythe, et enfin dans tous les éléments essentiels, a persisté pendant des millénaires — doit être d'une solidité telle qu'elle ne peut pas avoir vieilli et, dans sa réalité, doit de ce fait être encore au moins aussi actuelle que peuvent l'être nos dernières découvertes en microphysique.

On a voulu voir dans le mythe et sa symbolique un syncrétisme de diverses croyances et totémismes de tribus ; mais la mise au jour des tombes des premières dynasties montre que, dès l'origine historique, l'écriture, le mythe et le symbolisme sont complets et constituent une base solidement établie.

D'autre part, on cherchera en vain en Egypte pharaonique des documents écrits explicatifs, ou des « théories », dans le sens admis en Occident depuis l'influence grecque. La théorie appartient à l'époque des recherches et n'a plus de sens quand les problèmes sont résolus.

L'époque historique de cet empire se présente comme une époque d'application politique et religieuse d'une connaissance certaine et d'une science éprouvée ; elle ne se soucie plus de démonstrations et d'expériences, mais applique seulement la tradition conservée.

Il est alors compréhensible que la science reçue ne se transmette qu'en s'altérant de plus en plus. Il est psychologiquement juste de voir se compliquer un enseignement qui, lors des premières dynasties, était encore très pur et, de ce fait, est transcrit par les moyens essentiels et simples — c'est-à-dire dans un esprit synthétique — comme les Nombres, la géométrie, les symbioses biologiques.

Ce « progrès » dans la complexité par une extension de la symbolique se manifeste clairement depuis le Moyen-Empire et atteint son paroxysme avec la fin ptolémaïque de l'existence politique de l'empire des pharaons.

La *Connaissance* est en Egypte, elle y est depuis les temps les plus reculés et a nourri l'humanité pendant des millénaires. Finalement, une application routinière a pu inciter les envahisseurs — et notamment les Grecs raisonneurs — à chercher des « raisons » qui démontrent tel axiome, telle tradition, transmis et retransmis comme articles de foi sans plus de curiosité pour rechercher les causes et connaissances qui y conduisent.

Mais il y a une différence fondamentale entre la recherche des raisons de la Connaissance par le raisonnement *a posteriori* et cette même recherche dans l'intuition, dans l'illumination et dans l'expérience spirituelle avec sa *démonstration* expérimentale, en un mot : dans l'ésotérisme de la Nature.

La première conduit au rationalisme nécessairement mécaniste, parce que fondé sur des données quantitatives et leur interaction ; l'autre mène aux sources spirituelles, accessibles seulement à quelques privilégiés du « Temple ».

L'Ancienne Egypte n'expliquant jamais les raisons de son comportement, les papyrus donnent des applications pratiques en mathématique et en médecine qui impliquent la Connaissance que l'on ne révélait pas aux praticiens. Les conclusions générales de l'expérience et la théorie des lois, indispensables dans les phases de la recherche, qui sont propres à notre époque, n'ont pas de raison d'être en Egypte pharaonique, où pourtant nous rencontrons une œuvre civilisatrice extraordinaire et d'une durée exceptionnelle.

C'est le monument architectural, consacré au culte fondé sur la symbolique du Mythe, qui vient étayer l'évidence de cette certitude démontrant une science aux applications rayonnant en tout sens. Or jusqu'à ce jour le Temple pharaonique ne fut jamais étudié dans sa signification d'œuvre parlante, parce qu'il reste muet devant la question posée par une mentalité rationnelle et analytique.

La Connaissance ne peut être que synthétique ; de ce fait elle ne peut être transcrite intelligiblement que par le monument architectural, c'est-à-dire par une *simultanéité du plan et du volume,* complété, en Egypte, par la symbolique de l'écriture, de l'image et de la statuaire. A ceci s'ajoute toute une *grammaire* architecturale représentée par la forme des blocs de pierre, de leurs joints, des imbrications, des « transparences » et « transpositions » dans les murs ; grammaire subtile où la finition d'une gravure ou son aspect brut, l'absence de parties essentielles — tels l'œil ou le nombril — l'interversion de la droite avec la gauche, etc., viennent jouer le rôle d'accents, de déclinaisons, de conjugaisons, de conjonctions.

Un temple égyptien, étant consacré à un Principe déterminé, devient ce que nous appellerions la *bibliothèque* résumant d'une façon exhaustive tout ce que l'on peut savoir sur ce sujet.

C'est ce qui résulte de notre étude du temple de Louqsor, affirmation que nous allons essayer de prouver par les faits présentés en ce livre, qui est un développement et une suite du « *Temple dans l'Homme* ».

Il nous est pourtant impossible de réduire à une description « plane », c'est-à-dire rationnelle avec liaisons logiques, ce qui est simultanéité de plans et de volumes et simultanéité de complémentaires, seule forme descriptive possible pour l'enseignement ésotérique, à moins d'avoir recours à la parabole littéraire, ce qui ne serait qu'ajouter une énigme à celle de l'architecture.

Le lien entre les divers éléments donnés doit se faire *intuitivement,* surtout dans cet ouvrage où de longues parenthèses (nécessaires pour la précision de la pensée) pourraient paraître nous éloigner du sujet.

Pour la lecture architecturale, il faut tenir compte de toutes les impressions qu'éprouve celui qui pénètre dans la construction. D'abord s'impose la forme de la salle, c'est-à-dire *le plan.* Nous ne sommes jamais indifférents à cette forme dont le quadrangle nous satisfait par son équilibre, mais aussi semble nous emprisonner. L'impression est très différente entre un carré et un rectangle allongé, et, par exemple, si nous entrons dans la chambre ronde d'une tour, nous sommes désemparés pour commencer. Quant au volume, un plafond bas nous « écrase », tandis que nous « respirons » dans une pièce au plafond d'une hauteur harmonieuse. La voûte haute élève notre regard, malgré nous. Ainsi le simple plan combiné au volume nous « parle », et c'est cette combinaison dont nous pouvons nous servir en premier lieu pour nous exprimer sans faire appel au raisonnement. Elle s'adresse au sentiment qui résulte de notre rapport vivant avec le milieu vivant par sa forme.

C'est l'*Art,* dans son sens pur, qui s'exprime en un verbe que nous ne pouvons pas transcrire en mots. De même, par exemple, le chirologue ou le graphologue essaieront vainement de formuler des systèmes pour rendre scientifique leur pratique, celle-ci est et restera une « mancie » parce que l'ésotérisme — c'est-à-dire le sens intérieur, le sens du volume, le sens de la vie (ou vitaliste) — ne se transcrit pas en plan, c'est-à-dire rationnellement.

En géométrie, on sait qu'il est impossible de couvrir d'une façon continue une surface plane avec des pentagones qui pourtant s'ajustent dans l'espace pour former un dodécaèdre. L'ésotérisme s'adresse à un *sens du volume* que nous ne pouvons pas comprendre cérébralement sans le couper en tranches planes ou sans le supposer composé de plans en mouvement. *Le rationalisme est plan.* Seul le volume, donc en général l'architecture, permet d'exprimer l'ésotérisme d'un enseignement pour lequel un moment irrationnel est *premier mobile.*

Nous pouvons en un assemblage de mots décrire

la chronologie de la Création d'après la tradition, en parlant d'une Unité ternaire d'où résulte la dualité, active-passive, qui fait le quaternaire des Eléments. Nous pouvons aussi symboliser ceci par les portes, les tours et les étages de la façade d'une cathédrale, sans pour cela être plus avancés dans la Connaissance. Ce sont des mots, vides de sens vital, car la façade de cet édifice n'est encore qu'un plan.

Mais lorsque ce plan devient une façade verticale élevée sur un plan géométrique basé, par exemple, sur le Nombre d'or, alors la signification symbolique se complique d'une *fonction de croissance* d'une part, d'une situation spatiale d'autre part, puisque cette façade évoque les parois complémentaires qui vont faire le volume de l'édifice.

Alors le ternaire des portes devient vivant, ce qu'expliquera le *Rite* qui, en paroles et gestes, exprime ce que la parole écrite ne peut formuler. On consacrera l'édifice par la porte centrale, les fidèles entreront par la porte Nord, comme le fluide vivant entre au pôle Nord en notre globe terrestre, et la porte Sud deviendra la porte sainte des « régénérations ». (A comparer avec les « fêtes *sed* » pharaoniques.)

Nous pourrions ainsi analyser le sens ésotérique de la dualité des tours (ou du pylône double avec ses obélisques) et la quadrature du cycle des Eléments — ce qui permet seulement la situation dans l'espace, c'est-à-dire le volume.

Pour compléter cet exemple, signalons dans l'architecture une *quatrième dimension* : celle du Temps, donnée par l'*orientation*.

Lorsque nous essayons de décrire l'enseignement d'une architecture sacrée, il nous faut nécessairement procéder par description fractionnée, et le lien doit être fait par le lecteur (car personne ne peut le faire pour lui), après avoir facilité cette compréhension en spécifiant les situations précises. Mais n'en est-il pas ainsi pour toute compréhension des mobiles vivants dans l'étude de n'importe quoi ? Ne faut-il pas y voir une synthèse, indescriptible en simultanéité de lieu, de volume et de temps ? Dans quel but ? dira-t-on. Mais n'est-ce pas déjà un but valable que d'éveiller un sens d'intellection supérieure ?

La recherche scientifique actuelle conduit doucement, mais certainement, vers l'évidence de cette simultanéité logiquement inexprimable. Les mathématiques sont encore un subterfuge avant de nous ramener aux moyens architecturaux dont se servaient les Anciens, ceux-ci, en tant que mathématiciens, ayant reconnu l'impossibilité de léguer la Connaissance aux temps futurs sous la seule forme mathématique théorique, à moins que celle-ci ne devienne géométrie dans l'espace.

Or tout ceci paraîtra étrange et restera incompréhensible pour quiconque ne s'est jamais préoccupé du mystère de ce phénomène que l'on appelle « la Vie », et des problèmes connexes inséparables de la raison d'être et du but de la Vie.

Au siècle dernier, tant que l'on croyait voir en la vie un complexe mécanique qui pourrait se comprendre rationnellement, on ne considérait vivants que les règnes végétal et animal. Le règne minéral — inorganique — faisait partie d'un état vitalement inerte de la Nature.

Pour les Anciens, par contre, la Vie commençait avec l'Esprit, c'est-à-dire l'émanation active — mais encore abstraite — du Dieu Un, source indéfinissable. De nos jours, avec les progrès de l'atomistique, on commence à voir ce monde minéral, soi-disant inerte, peuplé d'atomes étrangement actifs, et chaque molécule devient en soi un univers où pullulent des astres-atomes en lesquels jouent des forces n'appartenant plus à l'ancienne physique de la gravitation, mais à des puissances d'affinités et de répulsions, de transformations d'énergie en lumière, et ceci sous la « supervision » d'un concentré d'énergie extraordinaire. Et cette Energie, dont on ne sait rien (ignorance que l'on masque sous le nom de « vitesse »), apparaît encore comme fin de tout. Malgré leur répugnance, les plus conformistes de nos scientistes commencent à soupçonner l'existence d'un monde métaphysique ; peut-être un jour aussi soupçonneront-ils des Puissances transcendantes, c'est-à-dire en deçà et au-delà de la matière, et qui apparaissent comme matière.

La Vie commence avec l'atome, mot d'ailleurs impropre, puisque cet atome reste composé et permet encore une scission, précisément en ces éléments énergétiques qui manifestent la Vie. Or avec l'atome on est encore loin de la vie organique, mais il est probable que l'on finira par découvrir comment les organes ne sont que la « cristallisation » ou matérialisation des qualités, c'est-à-dire de ces virtualités caractérisant les fonctions énergétiques primitives de l'atome : les transmutations naturelles, aujourd'hui indiscutablement démontrées, ne sont qu'une forme symbolique de cette action vitale, fondamentale pour toute vie, qu'est l'assimilation.

Pour le moment nous ne faisons qu'approcher cette frontière où la *fonction,* en physique, essaiera de se traduire en *fonction vitale* où, comme pour l'« alchimie », on croira pouvoir justifier le soi-disant rêve des Anciens par les faits scientifiquement constatés. Après cela, autant qu'on puisse le supposer, viendra la phase où l'on trouvera dans les affirmations métaphysiques et psychospirituelles de la vieille tradition, l'*expression synthétique* pour tous les domaines de la vie, y compris la vie énergétique, cinétique, de l'atome.

J'ai l'air de prophétiser et de croire à une sorte de retour en arrière. C'est une erreur. Il y a, depuis l'Egypte pharaonique jusqu'à nos jours, un acquis pour l'humanité — et cet acquis appartient à un domaine dont on ne tient pas compte — que la pensée ne sait pas définir, et qui, semble-t-il, est le seul moment du phénomène « Vie » qui évolue constamment : la Conscience.

Nos philosophes déclarent la Conscience indéfinissable parce qu'indissociable d'avec la pensée. Ceci est certain pour la conscience cérébrale ou psychologique. Mais le Soi n'a pas besoin de *se rendre compte* de lui-même pour qu'il y ait Conscience. Du seul fait qu'une chose quelconque *est,* elle est son Moi, c'est-à-dire qu'elle est qualifiée ; elle est en soi définie en temps, en espace et en fonctions propres. L'affinité chimique d'une molécule est une fonction sélective, donc une première forme de la conscience, et celle-ci évoluera jusqu'à devenir, en l'être organisé, une conscience psychologique. Or la conscience chimique de la molécule n'est que la manifestation d'une conscience globale fonctionnelle des puissances virtuelles du groupement énergétique de l'atome. Puis, de plus en plus proche de la réalité, nous constatons que cet atome est formé d'un noyau « siriaque » (Sirius = *Sothis* des Anciens Egyptiens, appelée par eux la Grande Pourvoyeuse), c'est-à-dire d'un soleil au noyau double, l'un positif et l'autre neutre, entouré de sept étages (de K à Q), effectifs ou virtuels, de particules négatives qui ont chacune une rotation propre, tournant à des vitesses énormes autour du noyau en des orbites elliptiques variées, subissant des précessions qui inclinent en tous sens les plans des orbites, créant des champs magnétiques... enfin que cet atome est un univers que nos mathématiques ne suffisent plus à calculer.

Dès lors qu'il y a identité de nature et de fonction, il n'y a plus ni grand ni petit. S'il nous faut un téléscope pour constater l'un et un microscope pour observer l'autre, il apparaît qu'il nous faut aussi la vision de l'esprit, car les sens ne peuvent plus constater la réalité des faits dans leur simultanéité complexe.

Enfin, l'atome des mécaniciens, c'est-à-dire des mathématiciens et ingénieurs, nous conduit droit vers l'Anthropocosme et ceci veut dire : nous trouverons dans les forces constitutives de la matière les dispositions virtuelles analogues à ce qui est manifeste en le but final de cet Univers, but qui pour nous est l'homme.

La vie paraît d'abord en l'atome, puis, en passant par l'homme actuel, elle veut devenir l'Homme final : Conscience cosmique.

C'est en la possibilité — acquise par une grande partie de l'humanité — de pouvoir constater et comprendre l'existence de cette réalité, que consiste *notre progrès* par rapport à une très petite minorité de privilégiés admis aux « Mystères » des Temples anciens.

Le « Temple dans l'Homme » s'est élargi.

Je préfère envisager l'existence comme étant causée par une scission ou séparation en soi d'une incompréhensible Unité, puis... comment le *Toum* des Sages pharaoniques, étant de la même nature que les eaux chaotiques, *Noun,* va coaguler celles-ci pour paraître *Atoum* (l'Adam originel) sous la forme de l'« Ogdoade », c'est-à-dire des Quatre éléments, eux-mêmes doubles : mâle et femelle. Ainsi le *Mystère héliopolitain* symbolise la fonction créatrice de ce « Feu » qui va, à *Memphis,* tomber en terre et être le luciférien *Ptah,* feu générateur en même temps que feu destructeur : *Sethien et Horien* (1)...

La *raison d'être de la Vie* est de prendre conscience de soi-même ; alors le *but de la Vie* est la Conscience cosmique, la Conscience du Tout, au-delà des contingences passagères, mortelles.

Admettre ceci et essayer de l'approfondir, ce qui est l'enseignement de toutes les religions révélées, vaut la peine de vivre.

(1) Cf. *Le Roi de la Théocratie pharaonique,* chap. « Le mythe » et *supra,* chap. « Idée et Symbole », fig. 9.

CHAPITRE VII

ARCHITECTONIQUE DU TEMPLE

Le Maître d'œuvre dit au disciple :

« Tu viens de la terre, elle t'a nourri et tu retourneras en terre. Cet élément prend et garde les autres éléments.

Sache que tout ce qui, de soi-même, se répand sans forme, a besoin d'un récipient. Ainsi l'Air retient le Feu de l'Univers, et l'Eau retient l'Air, comme la Terre est le vase qui porte l'eau et lui donne forme. Ainsi la Terre est le contenant du Tout. Je te parle de la terre sur laquelle tu marches, qui est l'image grossière de la Terre spermatique dont tu es fait.

Vois toujours, en les choses basses que te révèlent les sens, l'image des choses que ton esprit seul peut concevoir quand tes sens sont fermés sur le monde des aspects transitoires.

Je vais te parler d'Architecture et non de technique.

L'homme de la terre vit en ses maisons de terre. Le *Neter* vient du ciel et fait la terre ; la maison n'est que le vide enclos. Les formes du monde, où s'inscrivent toutes les lois du Devenir et du Retour, encadrent ce vide. Il faut apprendre à lire ces signes pour atteindre le Sanctuaire à travers le dédale des « Possibilités ». Apprends comment sont verrouillées les portes par le secret de Nature, sinon tu n'atteindras jamais le but.

Mais le vide ne se délimite que par la Loi des Nombres. Les Nombres imposent la forme des limites. Ceci est l'assise. Et par cette Idée l'informe

Esprit devient, croît et végète en matière formée, car tout se maintient par végétation.

Il y a croissance de la terre vers le ciel ; il y a formation en allant d'un horizon à l'autre. Alors il y a ce qui est dedans et ce qui est dehors. Du dedans vient la sève mûrie qui donne la semence ; du dehors vient la nourriture que le ciel apporte à la Terre. Cela est l'Idée du Temple, la Maison du Dieu.

Voici : l'homme qui habite sa maison y imprime sa pensée, le rythme de son être. La maison qu'habite un *Neter* est imprégnée de son Idée et de la nature de son être. C'est *sa* maison et non celle d'un autre ; ne cherche pas ce qui n'y sera pas. Mais le Tout concourt à définir ce *Neter,* car il est Lui et néanmoins inséparable du Tout.

Quand tu connais l'orientation du Dieu pour lequel tu veux construire une demeure, tu connais l'Idée qui prendra forme, c'est-à-dire la base du plan. Sur cette base trace le Nombre ou « géométrie » de ce *Neter*. Cet élément d'origine te guidera nécessairement vers toutes les formes qui peuvent en résulter, mais ne sera que guide et non image.

Connais le secret du Nombre car il engendre. Il est une semence qui porte un fruit de son espèce. Marque sur le sol du temple le plan de cette « fatalité », pour ceux qui viendront après toi quand arrivera le temps de replier cette demeure, afin d'en reconstruire une nouvelle sur cette base. Toute nouvelle forme est faite de la mort de la précédente. Le Ciel est une sphère qui roule le Devenir ; le *Neter* est du Ciel ; venu habiter sur la terre, il doit y prendre forme avec le ciel, comme une plante.

Ensuite dispose sur le Nombre les enclos, comme ils doivent l'être dans l'organisme vivant de ce *Neter,* suivant son « devenir ». Ainsi tu feras vivre la Géométrie. Or le Temps est croissance et devenir, c'est ta seule mesure véritable. Chaque *Neter* a son Temps, comme chaque semence qui donne fruit. Et sache que, pour l'homme, l'âme est fixée en quarante jours : *Maât* ; et il se meut au quatrième mois. Il peut vivre à sept mois de Lune : *Osiris,* ou bien en neuf mois de Soleil : *Horus*.

Transcris ces nombres en coudées, en doigts et pouces, et en diamètres, par le secret des Mesures, puis délimite tes maisons dans la Maison du *Neter*.

Ainsi l'idée indestructible prendra forme dans la matière passagère. Elle croîtra dans son plan, et de ce plan elle végétera vers le ciel. Ferme et ouvre les corolles des colonnes suivant la nature des mois de la gestation du *Neter*, depuis l'entrée jusqu'au *naos*, choisis les pierres dans cet esprit. Sache que l'œuvre de tes mains, si elle est conforme à l'Idée, sera créatrice, harmonieuse ; ainsi se fera le Temple indestructible. Qu'importe si la pierre et la terre s'écroulent : l'Idée est de la nature du *Neter* et se confondra en Dieu.

Tout ceci est l'Archi-texture.

Pour connaître les Nombres, sache que l'Unité est triple en sa Nature comme le Verbe de Dieu. Tout le Nombre est fondé sur cette trinité du point et sur le triangle de surface ; mais le volume ternaire est construit sur les quatre colonnes des éléments ou Qualités essentielles des choses. Seul peut aller du point vers le volume le Créateur qui, de Rien, fait le Tout.

Mais toi, créature, tu dois chercher le point en venant du volume ; car toute chose perceptible est volume, est espace ou Esprit enclos.

La logique de ton cerveau n'a aucun pouvoir sur le Nombre. Celui-ci est le Verbe de Dieu et commande à l'Intelligence. Laisse les chiffres qui dénombrent les choses à l'intelligence de la tête, et cherche le Nombre dans l'Intelligence de ton cœur.

Regarde ta main. Sur la face interne, qui est active, est tracé le destin de ton âme incarnée ; ne la confonds pas avec le dos de cette main où s'inscrit la Loi qui préside au Devenir. De ce côté, les trois phalanges des doigts donnent la proportion du Nombre sacré, la section de toute harmonie. Ne prostitue jamais ce Nombre sous peine de déchéance ; cependant son secret est bien gardé pour les profanes.

Ta main a quatre doigts : les éléments d'*Osiris* ; et douze phalanges : les lieux du ciel. Le cinquième doigt commande aux autres, comme l'Esprit à la forme. Il est la cinquième Essence des choses.

L'intérieur de ta main est agissant, mais je te dirai encore ceci : la deuxième phalange intérieure appartient à *Min-Amon,* le milieu procréateur. Maintenant, tu pourras faire parler les mains.

La première surface est le triangle, et sa racine est l'Unité incompréhensible. Lorsque cette Unité-surface — le triangle — se dédouble, il y a mâle et femelle, couple procréateur par les Quatre éléments : c'est le carré coupé par la diagonale.

Les Quatre éléments sont le carré du ciel. Sache que le côté d'un carré est l'assise de tout triangle rectangle. Trace en le carré les diagonales, elles forment quatre triangles qui sont égaux entre eux et font ainsi apparaître la loi essentielle qui régit les triangles rectangles, loi de toute science appliquée des Nombres. Tu n'en connais maintenant que la fonction. Cherche quelle en est la nature et sur cette base trace le Canevas de l'Architecture du Monde.

Le premier Nombre est Trois, le deuxième est Quatre, le troisième est Cinq ; ce sont les valeurs premières des côtés du triangle rectangle sacré, dont l'application a des conséquences innombrables.

Toute surface est courbe, parce que le monde est un Devenir et un Retour ; tout en lui est cyclique. Calcule comme si cette surface était plane, mais avec les Nombres qui rectifient ce plan en courbe : sinon tu seras arpenteur et non géomètre du Temple. Ne trace la courbe que pour le ciel et ce qui se rapporte à *Osiris* : le Devenir et Retour. Nos Nombres sont universels et nos mesures sont établies pour rectifier la droite en courbe, les plans en volumes, la longueur en temps, le ciel en l'homme, la genèse en vie. Dieu est le modèle car il est le Maître de tout en Tout.

Regarde croître l'homme quand il est détaché de sa mère, car l'âme vivante qui est en lui tend à former ce corps vers la perfection de la proportion.

L'homme est à l'image du ciel, regarde les imperfections du corps pour connaître les fautes qui lui restent à payer, mais sache qu'il *est l'Univers* ; c'est pourquoi tu le prendras pour modèle en tant que reflet du Dieu créateur. Toute l'œuvre de création est en l'homme ; mets l'homme à sa place

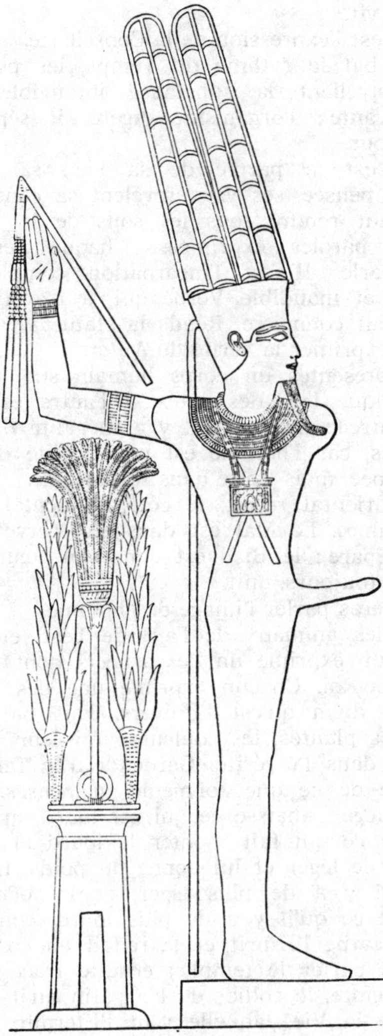

Fig. 41. — *L'aspect* d'Amon *représenté ici est un* Ka-mout-f *dont le sens littéral* « taureau-sa-mère » *signifie la semence primordiale agissant en elle-même ou conception par soi-même, c'est-à-dire la « création adamique » (Kadmon).*

dans le Temple. Il est né et il mourra : entre ces extrêmes il vit.

Cette vie est l'expression de la Conscience.

Le cœur bat le rythme du Temps, les poumons respirent et lient la substance intangible à la matière vivante ; l'organisme digère, il sépare le pur de l'impur.

Sa face est la parole de sa vie ; sa bouche exprime sa pensée, ses yeux révèlent sa conscience. Sa voix peut rendre tous les sons de la Nature, toutes les paroles exprimées. Chaque geste de l'homme parle. Il est l'incarnation complète de l'intangible et inaudible Verbe qui, à travers cette forme, se fait connaître. Rends la statue vivante en lui faisant exprimer la vérité du *Neter*.

Si tu représentes un corps humain sur le mur, ne montre que l'un des côtés si l'autre est identique ; montre-le de face s'il y a inégalité dans les deux parties, car l'homme est une dualité dans sa nature tombée, mais Unité dans son origine.

Le côté oriental *reçoit*, le côté occidental *donne* (chez l'homme). Le Mal est dans son cerveau qui, toujours, sépare ; le Bien est dans son cœur — *ib hati* — qui, toujours, unit.

Ainsi tu feras parler l'image de l'homme.

Regarde les animaux de l'air, de l'eau et de la terre. Chacun exprime un des aspects dont le tout est l'Homme-Roi. Chacun exprime une des paroles du langage divin qu'est l'Univers. Fais parler les animaux, les plantes, les couleurs ; fais-leur dire ce qu'ils sont dans la vérité. Garde-toi d'en faire des porte-parole de ce que toi-même tu penses. Elève ce qui est léger, abaisse ce qui est lourd, apprends à connaître ce qui fait monter le lourd et ce qui fait tomber le léger et lui donne du poids. L'Esprit est ce qu'il y a de plus léger, et l'« odeur du *Neter* » est ce qu'il y a de plus lourd, comme la semence incarne l'Esprit et le réduit en corps.

Ainsi fais parler le temple ; ensuite trace autour de lui l'enceinte, le collier de Feu, afin qu'il éloigne l'ennemi de la Vie, laquelle veut l'Eternité. Plante à l'entrée les mâts aimants du ciel, et que leur flamme se nourrisse de l'Esprit des quatre vents.

Je t'ai donné ici les rudiments d'une grande science, afin que tu apprennes à distinguer les bâtisseurs des demeures humaines d'avec le Maître Architecte du Temple, et que ceci te guide en ce que tu dois apprendre. »

⁂

Le disciple, resté solitaire, vit venir à lui le compagnon du Maître Architecte.

« Mon frère, je suis chargé de te conduire à travers la science de l'Architecture, en te montrant surtout les chantiers où tu peux constater ce qui ensuite, dans l'œuvre terminée, restera caché à tes yeux. Mais je serais un ingrat si je m'attribuais la Haute Science qui me fut enseignée. Aussi t'expliquerai-je ces choses comme me furent données les réponses à mes questions.

D'abord sache ceci : l'Eau n'est-elle pas le commencement de toute chose ? Aussi est-ce le niveau moyen des plus hautes eaux d'infiltration qui nous sert à établir l'horizontale et la marque de l'assise de nos monuments.

Les pères de nos pères ont depuis longtemps observé le temps que prend l'accroissement de la terre par l'apport du limon et du ciel, ce qui fait monter le niveau des eaux. Ainsi connaissons-nous d'avance le temps de l'effondrement de nos œuvres, rongées dans leurs bases, comme une racine qui meurt après avoir donné son fruit et qui réensemencera la terre ; et nous calculons sa vie au rythme des cycles du ciel, afin que la croissance de nos temples soit conforme aux changements des grandes saisons de l'Univers.

Voyons maintenant les principales directives de l'Architecture appliquée.

Sans philosophie il n'est pas d'Architecture, mais seulement une technique du bâtiment.

Le temple doit être lu comme un livre. S'il n'avait rien à enseigner il ne serait qu'une maison pour les hommes, au lieu d'être la Maison de Dieu. Si le *Neter* qu'il abrite est beau, la maison sera belle ; s'il est déplaisant, sa maison le sera également, parce qu'elle est la description du *Neter*.

S'il ne s'agissait que de décrire un mythe, on pourrait l'écrire sur les murs comme sur le papyrus : ce ne serait pas LE TEMPLE. Edifier la maison

Fig. 42. — *Le Roi portant la couronne rouge préside à la fête de l'hippopotame blanc, principe de gestation, l'*« Apet », *qui signifie en même temps « compter, dénombrer et gester ».*

du *Neter*, c'est créer l'Idée de celui-ci en tous sens, avec le matériau comme avec les mesures et les textes sur les pierres. L'Idée, ainsi matérialisée, est inscrite pour toujours dans la substance de l'Univers ; mais aucune faute ne doit être commise.

Le secret est dans l'intelligence du sens que représente le *Neter*. Or tout *Neter* n'est qu'un aspect du Tout qui est Unité ; il ne peut être considéré qu'intégré dans l'une ou l'autre des grandes lignées, celle à laquelle il appartient.

L'enseignement global est celui de la genèse du monde ; n'en situer qu'une phrase n'aurait pas plus de sens que de décrire une partie du corps humain sans la relier au corps complet par une fonction générale. Ceci est la première directive.

A quoi servirait cet enseignement, s'il n'était la clé d'une science applicable utilement pour notre vie, et plus encore pour la survie ? Il ne s'agit pas d'un jeu de la pensée, mais d'une réalité sacrée. Si la fantaisie ornait un *Neter* d'attributs dans un but esthétique, ce serait une faute impardonnable parce que son image doit être véridique, sans trace de mensonge, fût-ce par ignorance. C'est

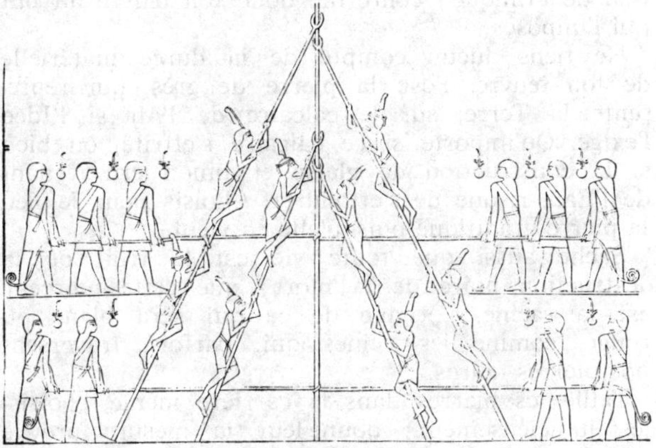

Fig. 43. — *Le Roi portant la couronne blanche préside à l'érection du* « mât de Min » *soutenu par quatre piquets fourchus, sur lesquels grimpent huit personnages portant une plume sur la tête, symbole de ce qui s'élève.*

ici la raison d'être d'un canon rigide que nul ne peut changer, sauf le Sage ayant la Connaissance des Temps et du secret de l'écriture.

L'enseignement est donné pour ceux qui vivent sur terre, qui viennent et reviennent pour y chercher la voie qui mène vers l'Immortel. C'est notre monde de la dualité, de la naissance et de la mort, et de la renaissance dans les corps. Tout y est double et l'un des deux définit l'autre ; tout y est croisé, le faible définit le fort, le bas mesure le haut et l'aversion appelle la sympathie. Ici règne le prince Sethien déchu qui, faisant le Bien crée le Mal, et faisant le Mal appelle le Bien. Cela détermine la *succession* dans l'architecture du temple, et c'est la deuxième directive.

Ceux qui ont su, déjà, renoncer au corps pour la seule vie de l'âme n'ont plus besoin de murs qui délimitent le vide et le fixent en formes mortelles. Pour ceux-ci le temps est venu où Dieu seul est le Temple ; il n'y a plus pour eux le temple sur terre. Sache donc ce que tu cherches ; mais si tu regardes le temple, sache que tu ne regardes pas l'unique Créateur, mais l'enseignement de ce Monde, issu de l'Unique ; conforme donc ton œuvre au but qui l'impose.

Ne tiens aucun compte de la durée matérielle de ton œuvre. Pose la pierre de grès, qui représente la Terre, sur le calcaire de l'Air si l'Idée l'exige. Qu'importe si ce calcaire s'effrite, ou bien si la construction de glaise et limon cru, venant de l'Eau, risque de s'effondrer. Choisis pour le Feu la pierre granitique puisqu'elle en vient.

Sache aussi que toute vie est le fruit de la destruction noire de la mort ; que cette noirceur est la racine, l'origine de ce qui sera blanc ou rouge, comme les veines qui, parfois, traversent nos pierres noires.

Taille les pierres dans la carrière même, choisis-les judicieusement ; donne-leur la mesure prévue sur le plan, car les joints doivent mesurer les images ; ils peuvent séparer la tête d'un personnage, ou couper une partie du corps. Choisis le lit de la pierre conformément au Principe qui doit être exprimé.

Que chaque chambre (chaque chapitre de ton livre) soit conçue comme une entité, quitte à construire des murs qui tomberont un jour ; mais ne lie deux murs accolés que si l'Idée « traverse » d'une salle à l'autre. Encastre tes clés dans le mur et le sol, aux endroits précis des Mesures et Nombres qui fixent le plan. Fais monter l'Idée du sol aux architraves, de la terre au ciel où sont inscrites les Lois ; fais monter vers Dieu les dieux, comme le soleil attire à lui la fleur de la plante.

C'est la troisième directive.

Le nombre des scènes figurées est limité par le canon général, mais chaque scène est le fond sur lequel s'inscrivent, par mesures et attributs, mille nuances de la pensée.

Sache que la porte est la clé de l'Idée transcrite dans le lieu où mène cette ouverture. Fais de cette porte une étude précise, car le temple ne sera consacré que si nulle faute n'est commise. Quant aux obélisques, ils vont chercher dans le ciel le Feu générateur du temple ; le Maître y inscrira les Lois qui font graviter les mondes.

Et maintenant viens, pour toucher de tes mains et voir de tes yeux la transcription de ce que je t'ai dit, car tu dois constater comment nous travaillons. Tu verras que nous « replions » soigneusement le temple passé, pour qu'il soit la semence et le lit de Vie d'où sortira le nouveau temple conforme au nouveau Temps. Tu compteras le nombre des couches de pierres des fondations, et tu en apprendras la signification. Tu observeras le choix des inscriptions : elles seront des guides pour ceux qui savent lire ; tu chercheras l'enseignement des dépôts de fondations et des pierres d'angle. Tu verras avec quel amour du Vrai nos Maîtres ont fondé l'empire de la Connaissance et de la grande Prière. »

CHAPITRE VIII

LA ROYALE MONTÉE VERS LE TEMPLE

La Sagesse, qui est de tous les temps et de tous les lieux, dit au Roi, purifié et baptisé des eaux doubles du monde, puis couronné de la haute et blanche couronne :

« Voici, tu es moi-même. Je t'ai conduit à travers l'Univers afin que tu deviennes mon Temple, mon « Même » en chair.

« Tous les règnes de la Nature sont en toi. Tu as reconnu en la Fonction le lien entre les faits, et comment les Nombres et les mesures unissent le Ciel à la Terre. Je t'ai fait subir l'épreuve de la séparation qui projette hors de toi ce qui est en toi, créant ainsi un monde illusoire à l'image de la Vérité, répondant à la tentation de la beauté et de la joie du Mal.

« Il te fallait reconnaître l'erreur de l'orgueil d'imaginer une science se substituant à la Conscience qui spécifie toute chose.

« Alors seulement tu as pu reconnaître l'universalité du geste, qu'il soit rapport de Nombres, avidité du vivant, geste d'offrance, lien vital des organes entre eux, ou appel de l'Esprit par le Pauvre rejeté de la Nature. L'Univers, en lequel moi en toi je suis Roi, est Un, malgré la diversité des phases du devenir de l'Inconnaissable en Temple de chair.

« Le Verbe agissant tisse, de Temps et d'Espace, la grille du plan du monde. Ce qu'il y a de *plus de l'un* à l'origine est compensé par ce qu'il y a de *plus de l'autre* à la fin, quand l'Esprit est devenu corps. Ainsi l'Un inconnaissable se reconnaît lui-même à travers son Verbe, qui est l'un des Trois dont les deux autres tiers se tissent en substance qui se contracte en matière. Le Verbe divin en la matière est le Ternaire qui sustente tout ce qui est.

« Du haut de la montagne d'où un seul regard contemple tout à la fois, je t'ai fait descendre dans l'obscurité de la tourbe des transformations, la *Douat*, où la semence, qui persiste, redevient larve et puis chrysalide, pour renaître vivante de la terre, rampant, nageant ou volant par les éléments. Tu as connu l'infernal cycle que prêchent les inventeurs de leur propre loi ; tu as vu comment ils finissent noyés dans les eaux d'Occident, pour renaître et recommencer.

« Vois le petit enfant qui se mord les doigts de pied et ignore même la répugnance, il ne sait pas encore qu'il est tombé en terre. Ses parents feront tout leur possible pour lui apprendre à aimer cette chute. Alors la plante de ses pieds laissera l'empreinte de son passage ici-bas, très bas. Les excréments du renouveau lui répugneront : cet enfant ne comprendra plus l'Unité du monde.

« Toi, ô Roi, déjà purifié dans la matrice de ta mère spirituelle, tu es entré sans souillure en ce monde par le portique qui encore unit l'Orient et l'Occident, parce qu'il est du sanctuaire, jardin sans saisons. Mais comment pourrais-tu ressortir de ce monde sans souffrance, la souffrance de l'avoir vécu en le contemplant ?

« Te voici en ta couronne blanche, devenu mâle entre les hommes de la Terre, mâle vierge, ayant en toi-même résorbé la femelle. Pour retourner à ton origine — en moi-même avant que je sois devenu toi, mais riche de la conscience de Tout — il faut maintenant te libérer de la chair de l'humain de l'Homme. C'est la terriblement heureuse mort de résurrection immortelle. »

⁂

Devant le fait de cette mort glorieuse, les peuples sont divisés : les uns ne la comprennent pas, les autres la pleurent et d'autres encore s'en réjouissent.

Ceux qui ne comprennent pas ignorent le caractère surnaturel du Mobile des Mobiles. Ils préfèrent accorder leur confiance à la science humaine et espérer que l'avenir rendra compréhensible une Cause indispensable, plutôt que de se perdre en la croyance. Ils aiment ce qu'ils comprennent, ils aiment leur chute en terre, ce qui ne les dispense pas de croire, mais ils concèdent cette croyance à la chimère du syllogisme.

Ceux qui pleurent cette mort glorieuse du Verbe corporifié sont humains. Ils accordent au divin leurs propres sentiments, mais l'exemple de cette ultime souffrance cosmique est un refuge de réconfort pour l'humanité souffrante et mortelle d'hier.

Ceux qui se réjouissent sont ceux de demain. Ils comprennent l'éternel Présent de la constante corporification du Verbe divin, dont la connaissance est la plus haute science qui puisse être, la synthèse de toute science.

En toutes les langues des hommes de la Terre, et sous l'une quelconque des images de la seule et unique Réalité, est exprimée la corporification du Verbe en matière vivante. Celle-ci est une chute de l'Unité en Dualité appelée : l'infidélité de l'Archange, Satan et Lucifer (car en « tombant » il a pris deux natures), Adam contre Eve, Abel et Caïn et, en Egypte pharaonique, *Seth* et *Horus, deux* frères de même origine, dont le mauvais retient le bon. Interpénétrés et hostiles, ils sont destinés à une même fin : la délivrance du Mal terrestre par la révolte du Bien, et du Bien, révolté, par la constance du souvenir archangélique du Mal. Ceci ne peut se faire que par la féminité, *Isis,* qui est, en la femelle qui a causé la chute, l'Espace de ce qui a volume, tenant de la substance spirituelle d'une part et du corporel d'autre part : l'Esprit (la barque sacrée) qui flotte sur les eaux (l'étendue) séparant le haut du bas, *Maât.* Ceci arrive quand *Isis* (les larmes de l'œil de *Râ*) aura, comme la rosée du ciel, blanchi en germe la noirceur de la racine issue de la semence qui est de nature duelle. Alors, de Noir-Rouge, *Seth,* stérile comme le feu brûlant du Désert, sera devenu la blancheur neutre, puissance de pérennité, un Feu animant.

Ainsi les images-symboles décrivent ce qui du surnaturel passe au naturel pour retourner à sa source, riche de la Conscience des consciences de toutes les possibilités.

Ceci a lieu quand le Roi-prêtre, habillé de blanc et couronné de la couronne blanche de gloire,

assis sur le trône rouge,

les pieds posés sur la puissance terrienne que les neuf flèches doivent élever vers le Ciel,

porté par les serviteurs habillés de lin et poussé par le vent de l'Esprit,

va vers la porte à deux battants — bardée de métal et encore fermée — du Temple où il sera revêtu du manteau de sombre violet quand, à genoux, il verra (après trois appels) la porte s'ouvrir avec fracas en séparant l'Orient de l'Occident.

Mais voici que le Roi-prêtre assis sur son trône élève les deux mains vers le Ciel, appelant la bénédiction divine, comme les deux obélisques aux pyramidions coiffés d'or et d'argent reçoivent le souffle des quatre vents qui font flotter les pavillons. Un rayon de l'œil de *Râ* reflété sur l'or dont sont casqués les Rois de la terre (les vassaux) vient illuminer les yeux du Roi des Rois ; le cri strident des trompettes d'argent anime son corps, le bruissement des sistres qui donnent tous les sons de ce monde fait son oreille, et sur la peau des timbales battent les rythmes de ses cœurs.

Ayant reçu réponse à son appel, le Roi-prêtre joint les mains en une prière d'imploration, puis il déverse sa bénédiction sur la foule humaine en joie d'où s'élève un cri unanime :

« *Per-aha ! Per-aha !* Tu es la Vie, la Santé, la Force (1). »

(1) Texte inédit.

CHAPITRE IX

LE TEMPLE MYSTIQUE

I

LE PARVIS

C'est ici le domaine de la recherche du bon chemin au milieu du chaos des possibilités. Trois routes s'offrent à nous : la Foi en l'affirmation traditionnelle, la Philosophie et ses multiples essais, la Science et son progrès cahoteux.

Les moyens dont nous disposons sont l'inspiration et l'intuition, la Pensée raisonnée et l'expérience.

L'inspiration et l'intuition sont personnelles ; la Pensée raisonnée demande confirmation par l'expérience, et l'expérience montre des faits isolés, sans lien vital entre eux.

Que cherchons-nous ? Nous avons besoin de savoir la signification de l'Univers, sa source et son but, afin de guider sainement notre existence et le progrès de nos facultés. Ensuite nous aimerions savoir d'où vient l'Homme et où il va.

L'affirmation traditionnelle nous parle d'une *Création* : l'homme est sur Terre parce que créé tel, sorti d'une Volonté à l'image de cette Volonté. C'est l'Univers-Homme, parce que c'est l'Homme qui regarde et questionne.

La philosophie analyse le problème et oublie que les moyens dont elle se sert ne peuvent révéler qu'eux-mêmes : la pensée ne peut pas expliquer la pensée, sinon ce serait une création.

La science expérimente sur des faits et ne peut que soustraire et décomposer les données finies.

C'est une analyse des composés. Elle trouve finalement une Energie qui, pour elle, ne peut être encore que quelque *chose*. Ce n'est pas une réponse.

Ainsi voici l'homme situé par sa pensée *devant* la façade du Temple qu'est l'Univers, cet homme qui, sans sa pensée, est *dans* ce Temple.

C'est la pensée qui nous chasse du Temple, nous expulse du Paradis.

Et c'est la Foi qui nous y rappelle.

Mais la Pensée existe, elle nous montre l'objet de la foi. Si elle ne nous montrait pas l'objet, la foi ne serait pas la foi, ce serait une identité de nous avec le Tout et du Tout avec nous. Tant qu'il y a croyance, il y a affirmation de la pensée : c'est l'homme hors de l'Univers qui croit en l'Univers.

Le cercle qui toujours se referme, ce circuit sans scissure est la damnation, Sisyphe et Tantale.

A genoux au milieu du parvis je voudrais briser ce cercle de la damnation. Ne plus croire, ne plus penser. Etre seulement en l'Etre. Pourquoi à genoux ? Pour éliminer de mon corps ce qui me fait marcher, éliminer ce symbole du déplacement, la course sans fin d'Ashaverus (1).

Ce circuit fermé est le Mal. C'est ce mal qui a motivé la venue des « Envoyés » inspirés, des Prophètes, des Apôtres. C'est ce mal qui a tourmenté tous les penseurs, les amants de la Sagesse qui, par raison, ont recherché la faille ; c'est encore lui qui met l'inquiétude et le désespoir au cœur des scientistes.

Ce mal crée un délire qui inspire aux hommes les actes les plus audacieux, les plus héroïques, dans un besoin d'évasion qui leur brûle le sang, en les incitant à faire appel à tous les oublis, à toutes les « eaux de feu », à tous les feux mêmes. Partir, quitte à voyager entre les étoiles ?... Et pourquoi pas le Néant pour fuir cette folie ?...

C'est déjà un espoir de reconnaître l'existence de ce mal et en quoi il consiste. C'est même l'essentiel. Le mal ne consiste-t-il pas en ce fait que l'homme veut rechercher autre chose que l'homme ?

(1) Ashaver : le « Juif errant ».

N'est-ce pas le sens tout simple de la devise des Temples de tous les temps : « Homme, connais-toi toi-même ? »

Mieux : Homme, reconnais-toi toi-même en Tout. Homme, tu ne trouveras jamais autre chose en le Tout que toi-même. Que pourrais-tu trouver, avec tes moyens, qui ne soit pas toi-même ? Peux-tu être hors du Tout ? Le monde peut-il être pour la souris autre chose que souris ?

Le circuit sans fin, je l'ai imaginé, je l'ai inventé : il n'existe pas, je n'ai pas à le briser. Les Védas nous montrent *Purusha,* l'Homme Cosmique. Les Evangiles nous montrent l'homme sans péché, Celui qui n'a jamais inventé de circuit sans fin, Celui que la Pensée n'a jamais chassé du Paradis. L'Egypte pharaonique nous montre Horus dans son but de Rédempteur... au fait, ils ne nous *montrent* rien du tout. Tous nous disent : Tu es cela ! Si tu ne crois pas que tu es cela, tu ne seras qu'un pauvre damné ; condamné aux tourments sans fin d'un circuit qui te ramène toujours au même problème. Et c'est vrai.

La seule voie, la seule vraie voie est celle du sphinx humain, ce sphinx qui pose la question à l'aveugle Œdipe, la ridicule question qui n'est sérieuse que pour l'aveugle de l'esprit, parce qu'il se croit voyant de la pensée.

Et l'orgueilleux dira : « Alors le monde, c'est moi ? » Il n'a pas encore compris comment la Pensée est le mal. Si *toi* tu es le monde, que suis-je, moi ? Suis-je *aussi* le monde ? Deux mondes ? Des quantités de mondes ? L'Homme est tous les hommes, une seule Vérité, un seul Homme, un seul Monde, un Tout.

Je ne suis pas un monde, le monde n'est pas moi, je ne suis pas *devant* le monde, il n'y a pas de séparation — sinon je retombe dans le mal.

Le Soleil se lève jeune à l'Orient, il grandit, il vieillit, et meurt sénile à l'Occident. Ainsi sont situées les orientations. Je regarde ces choses parce que je suis ces choses ; je nais à minuit, je parais pubère, je grandis, je vieillis, je meurs, je situe les orientations. Je ne suis pas *devant* ce que je constate, je constate parce que je suis cela.

Il y a le mal en moi, c'est lui qui subit ; mais

l'homme que je suis fut pierre avec la pierre, il est l'homme d'aujourd'hui, il sera l'homme de demain, sera la fin de cette apparence, apparence pour le mal en moi qui est aussi illusoire que l'apparence.

Nous ne devons pas faire de concessions à la pensée qui est le mal. Nous ne devons pas dire : *ce que je fus avant d'être,* parce que nous n'avons jamais cessé d'être ce que nous fûmes, sinon c'est l'Autre, l'illusoire, qui nous visite. Méphisto apparaît à Faust dès que celui-ci *se pose* les questions, dès qu'il se place devant la façade du Temple. Nous avons tous interrogé la Philosophie et les Sciences, et tous nous avons été déçus par la dialectique, et c'est ici l'erreur. Nous n'avons pas été déçus : c'est le mal en nous qui l'a été. Nous pouvons toujours poser des questions et ne pas avoir de réponse, ceci n'a aucune importance : c'est la « question » qui est absurde, comment la réponse serait-elle valable ? Comment pouvons-nous questionner contre ce que nous sommes ? La seule question valable est d'être en ceci ou cela, nous vivrons alors ceci ou cela et ce sera la vraie réponse.

Si je ne suis pas pierre avec la pierre, je ne la *connais* pas. Si je ne suis pas arbre avec l'arbre, je ne le *connais* pas. Si je ne suis pas celui qui est devant moi, je ne le *connais* pas, parce que *moi* je le pose, en tant qu'autre « moi », devant moi.

Et le pouvoir de l'identification est en l'homme, parce que le monde est l'Homme et qu'il ne peut être que l'Homme.

La Conscience de ceci est le Temple dans l'Homme.

II

LA PORTE

Là commence l'histoire, l'analyse du Monde. Je suis Feu, le feu, c'est-à-dire le mariage entre le Ciel et la Terre. Il tient d'en bas par sa racine, il tient du haut par sa source.

Le Feu est Deux, non pas double, il est le nombre Deux, l'Unité qui se multiplie. C'est la « conscience » de toute semence, l'assise de tout ce qui se maintient. *Ptah* en *Min* ithyphallique. Ce troisième du premier Verbe est né de la fonction Deux. C'est le Verbe, non le mot, ni la parole : c'est l'Action agissante.

Ce Feu Arcane est à l'origine et à la fin et en tout. C'est lui qui relie toutes les diversités. Sans retomber dans l'erreur on ne peut jamais parler de ces choses si ce n'est en montrant les parentés d'activités par des symboles.

La pointe du pyramidion « qui est dans le ciel », attire le Feu du monde, comme le font la pointe de l'épine des plantes et cette aiguille effilée de la feuille d'agave, sur laquelle le soir la libellule vient s'abreuver de ce Feu, porté par une très subtile rosée. Le sillon de la terre appelle « *Tameri* », comme une matrice avide, cette rosée portant le Feu, deux aspects du Feu, qui n'est qu'un : l'un en Feu de l'Eau, et l'autre en Eau de Feu. Deux formes d'appel, deux formes de réponse.

La toute première forme du Verbe est Nombre. Un est par soi-même indémontrable. Deux démontre Un par l'action du Mouvement. Quatre est l'orientation en plan, Huit est la première *chose,* le volume. Ainsi « avec la parole de *Thot* » tout est dit, et la première « chose » est Huit.

L'Univers n'est que Nombre, parce que le Nombre est, en neutralité, la définition de la fonction de l'Activité.

Quand l'Un — indémontrable, insécable, inimaginable et universel — devient Deux, il y a le sensible, le décomposable, la démonstration de Un. Si l'on dit alors que le Tiers, qui est cette démonstration, est Feu, l'Homme-Univers nomme ce qu'il connaît être au commencement et à la fin de toute chose : un Feu qui est en toute chose, dans la pierre à feu et dans le fer, dans n'importe quel composé et dans l'atome, comme dans la chaleur du sang et l'ardeur du poivre. *C'est toujours le Nombre Trois,* aux deux natures dont il est le fils premier né, le mariage du Ciel avec la Terre.

Quand *Thot* — qui de Un est devenu Deux — dit que « de Deux il devient Quatre », l'Homme-

Univers situe les « Orients » sur l'Axe Un-et-Deux qui allume et maintient le Feu du centre. Ce sont quatre directions, et si étrange que cela paraisse pour l'« Humain de l'erreur », ces orientations sont fixes et non relatives. Minuit fait équilibre à Midi et le Matin au Soir. Minuit est la mystérieuse, l'incompréhensible naissance ; l'Orient est l'apparition pubère du Feu ; Midi est la brillante maturité ; et l'Occident est la mort du corps sénile, les noces du visible avec l'invisible, la Conception. Le Matin, l'Orient de Feu, est *Deux* et *Trois : Cinq* ; Midi est l'équilibre des deux Feux : *Six* ; le Soir, l'Occident est la copulation de *Trois* avec *Quatre : Sept*. Ainsi l'axe avec l'équateur fait *Huit* qui est *Un* en la *chose,* toute chose sensible, le Volume Univers-Homme, par lequel sont tous les volumes. Trois colosses du Feu de la matinée veillent sur le combat de la Nature. Trois colosses du Feu de l'après-midi gardent le repos de ce qui est accompli : ainsi s'encadre la puissance de la porte centrale de l'équilibre de midi, l'Homme Cosmique, idée finie dans le cycle animé de sa forme.

L'Humain de l'erreur (celui qui voit avec ses sens, et non avec l'esprit par identification avec la fonction des nombres), cet Humain voit la matière en « statistique » (1) de ces fonctions. L'atome est le champ de bataille de ces forces, ou Puissances, qui font l'Espace. Il y a beaucoup de ces atomes dans cette « statistique » qui apparaît comme matière, mais il n'y en a *qu'un seul* pour la Conscience de la fonction.

Ainsi le Nombre est la plus pure et la plus parfaite expression de l'ésotérisme de la Connaissance. *Trois* est l'Essence, l'Activité, l'immortelle impulsion en tout ; *Cinq* est l'âme de toute figure et forme ; et au cœur des formes est *Huit. Quatre* et *Cinq* font le corps, ce sur quoi s'appuie l'apparence qui est *Sept.* Mais en *Six,* qui est lumière, s'équilibrent et s'annulent les forces vives devenant contenant et contenu.

Le Nombre est Fonction et il est en fonction. *Trois* ne s'ajuste en volume que par le triangle.

(1) Ici, « statistique » signifie : évaluation quantitative (de ses fonctions).

Quatre ne s'ajuste en volume que par le carré... ainsi chacun ne peut s'ajuster en volume que par la Nature (le *Neter*) qu'il symbolise. Or le volume est : axe nord-sud et quatre orientations, trois mesures et six pôles dont le symbole est le cube du *Neter Quatre*.

La Porte est la clé de toute mesure, c'est le lieu de la chute de l'impondérable dans le pondérable, de l'indéterminé dans le déterminé, par les deux Feux, Un par deux fois trois temps.

III

LE NARTHEX

Dans la conception du Temple, ce lieu est apparu en dernier. Dans l'initiation au Temple, il est le premier. Ici sont premièrement enseignés ceux qui ont su frapper à la porte au nom de *Hor-Thema-â* le dieu *Sabaoth* (1) d'Israël.

Ici l'immobile entre en mouvement et les eaux de la confusion séparent le disciple du rejeté, mais les deux sont sur le seuil du Temple. Le scepticisme aide la foi, des deux naîtra la Lumière. C'est l'opposition des faits, la projection de la pensée raisonnante qui ouvrira les cœurs à travers la conscience de l'incapacité de cette voie trompeuse. Les nouveaux voyants, les Princes de la future Royauté, sont groupés, tandis que ceux qui ont évité l'écueil de cette épreuve, sont conduits directement par le chemin extérieur des murs, les uns vers le péristyle, les autres vers l'hypostyle du Temple couvert, où ils accueilleront les nouveaux venus après les épreuves.

Le bavard se réjouit et se contente de mots. Le disciple doit se taire et agir. Son œuvre, qu'elle soit intellectuelle ou pratique, montrera sa compréhension d'une part, sa connaissance d'autre part.

Ce qui est *entendu* par l'Intelligence du cœur est mis à part et gardé pour toujours. Ce qui est seule-

(1) *Sabaoth* a le sens de « combat », lutte.

ment *compris* par l'intelligence cérébrale exige un nouveau combat à travers les antinomies.

L'émotivité est le fixateur de l'intelligence et de la mémoire. Les uns sont émus seulement par la forme de la Pensée, d'autres le sont seulement par les formes révélées par l'un des cinq sens. Le Sage est ému par toutes les formes à la fois. L'émotion a sa source active en le *Feu de Râ* qui manifeste ainsi, par le soleil organique, Celui qui, originellement, est tombé par *Ptah* en terre — sur le seuil de la Porte, la Lumière dans les Ténèbres.

Ce qui est fixé, contenant dans sa noirceur le joyau secret, *Min-Ptah,* est le centre qui doit lier le haut germe à la basse racine, un colosse noir méditant sur le trône de cette ligature. C'est ici la Mine des métaux. C'est aussi le concept qui parle autant au cœur qu'au cerveau. Alors commence pour le réprouvé l'épreuve de l'eau. Saura-t-il puiser dans l'élargissement du cœur l'air vivifiant chargé de l'Esprit ? Saura-t-il croître en plante vivante ?

IV

LA NEF. LE VAISSEAU

C'est le lieu de la prière qui est appel, le support du pesant, et le chemin des sept doubles étapes de la Passion : croire et douter, monter et descendre, lumière de l'Intellect et ombre de la compréhension, joie de la libération et tristesse de la prison du corps, espoir du mariage mystique et désespoir de l'amour mortel. Comme dans la fresque de Nicolas Flamel, l'homme noir constate : « Moult plaît à Dieu la procession, quand elle est faite en dévotion. » La barque d'*Amon* emporte, comme l'Arche sur les eaux de *Noun,* tout ce qui vit, et, dans le déluge, rejette ce qui est mort pour sauver ce qui serait mortel dans la constriction du corps.

Sept fois *Amon* dans la barque flotte sur les eaux, portant le souffle de vie dans l'éternel tabernacle, le *Naos* divin. Il descend et remonte Hapi, le Nil des eaux du ciel et des gouffres de la terre : sept couleurs, sept sons, sept cieux, sept points de vue de la pensée, sept colonnes de lumière, sept colonnes d'ombre.

Ce n'est qu'à la septième épreuve que le disciple vainqueur est admis à la communion, que la maison est ouverte pour recevoir son Maître, que la virginité peut concevoir sans faute ce qui de toute éternité était en elle, et qui maintenant vient à elle. L'annonce de la première extase, la nouvelle porte, qui est la troisième et ainsi manifeste la signification des deux premières. Il y a la porte par laquelle on entre dans la maison et la porte par laquelle on en sort. Et la maison est le contenant qui donne forme, comme un vase donne forme à l'eau. La maison capte, retient, contraint. La Sainteté est de pouvoir en sortir, libre de toute contrainte mais riche de la connaissance des formes.

V

LE PERISTYLE ; TRANSEPT ET VENTRE

Ce qui a été conçu doit gester. Le péritoine enveloppe les lieux de la gestation, la nouvelle mort et nouvelle (mais glorieuse) naissance. C'est la dernière mort purificatrice, le huitième mois, qui prépare la nouvelle naissance qui ne se fera plus vers en bas, mais vers en haut. Et le Haut est la tendance vers la source, vers ce qui est en même temps contenant et contenu, l'air spirituel.

Le disciple qui a déjà entrevu la Lumière doit maintenant souffrir le désert de cette Lumière ; c'est sa dernière mais terrible prison et le grand jeûne, car il doit se nourrir de lui-même en lui-même. La lumière sans ombre, la Lumière qui mange tout. Il doit connaître que le damné est celui qui le mieux sait prier. Il a *voulu* la lumière et il reconnaît qu'il a perdu celui qui, en lui, la voulait. Il faut maintenant être Lumière, sinon ce sera la chute irrémédiable et définitive dans ce qui est, devant ce qui n'est pas, dans ce qui est lourd devant ce qui est léger ; dans celui qui seulement perçoit, dans celui qui encore prie.

Mais ayant vaincu dans cette épreuve et ayant appris à *être* au lieu de penser, il recevra le baptême du Feu dans le *Haty,* le Cœur, étant lui-même Feu, auquel le feu ne peut plus nuire.

VI

LE TEMPLE COUVERT. ENTREE DANS LE CŒUR

Entrée, naissance à l'immortalité dans le Temple couvert, lieu du renouvellement sans mort, du nourrissement par le Nectar de la Rosée et l'Ambroisie de l'Air, *Hathor.* Le Lion du cœur qui ouvre et ferme, et gouverne le flux du sang du monde, et l'Aigle qui dans les poumons capte le feu solaire.

Le baptême du Feu se donne avec l'« Huile que l'on trouve dans la maison du Sage », disent les Proverbes, l'onction qui fait de l'homme ordinaire le Roi des hommes, celui qui seul a le droit de pénétrer dans le Temple, couvert du toit céleste.

D'abord les sens ont informé l'intérieur, nature végétante ; ensuite la mémoire a retenu ce que les sens ont dit, nature animale ; puis le cerveau a nié, nature humaine ; maintenant la Connaissance du Cœur parle à ce qui est extérieur, elle sépare ce qui lui est conforme, donc est pur, d'avec ce qui est impur. L'innombrable variété d'un monde en gestation se réduit en ce lieu au dualisme du Feu de l'origine, mais « ces deux » sont dorénavant un seul Feu, étant joints.

Adam et Eve, mâle et femelle, *Yang* et *Yin,* ne s'opposant plus, ils reviennent à l'Unité paradisiaque et cette unification se fera dans les sanctuaires du Temple du corps unifiant, la Tête.

Le Verbe s'est fait chair et maintenant la chair proclame le Verbe.

Ce qui s'est accompli mystérieusement jusqu'à ce moment, dans les pluies et les sécheresses, dans les cavernes de la terre, dans les vents en l'air, dans les nuages, dans les innombrables combats de la Nature, tout ceci va en ces sanctuaires être réduit à sa plus simple et subtile forme spirituelle, à travers la révélation de l'autel Amonien, à travers les couloirs cachés aux yeux des profanes qui ne savent pas voir, à travers les Nombres que les oreilles des profanes ne savent pas entendre. Ici s'accomplit ce que dit Hermès : *le visible devient invisible* dans ces salles « endocriniennes », qui reçoivent l'afflux et ne rendent que l'énergie ; et *l'invisible devient visible* à travers la Volonté qui ordonne que, par l'action, l'Esprit devienne manifeste.

L'homme a reçu l'onction, il est Roi, *l'Homme-symbole* de l'Homme universel immortel, qui lui a servi de modèle.

Le Temple divin anime ce Roi libéré alors du temple humain, son œuf gestant, afin de dominer sur toute œuvre périssable.

VII

LE SANCTUAIRE

L'épée brisée en dualité lors de son combat contre la souveraine Unité, a été ramenée à l'Unité primordiale pour être victorieuse contre *Seth* et tous ses monstres. L'Humain a souffert toutes les épreuves, éveillant le souffle divin qui est l'Homme immortel et depuis toujours a été sa Vie. L'Humain était l'image de l'Homme vivant en l'Esprit indivisible dans le sanctuaire, et que l'Humain n'a fait que parodier.

L'autel du sacrifice est le lieu de la conjonction de l'eau spirituelle d'*Amon* avec l'« *odeur* » active du Dieu, la formulation du Verbe. Par les cinq angles de la face parfaite (le pentagone *Hathorien*) les cinq verbes sortent et entrent, donnant ainsi les cinq intelligences. Agir et réagir en soi est l'œuvre créatrice.

C'est le mystère de la réaction qui, dans le sanctuaire (la tête de l'Univers), formule le Verbe, manifeste le monde, fait l'intelligence. Ici se révèle le secret de la Porte par les portes des sens. Il frappe pour entrer et Il reçoit la réponse ; Ashaverus ne répond pas, d'où sa condamnation à tourner dans le cercle fermé. La lumière frappe, entre, et ressort *voyante.* La voix reçoit de l'intérieur son propre écho ; chez les batraciens se forme l'oreille moyenne interne (provenant du pharynx) qui est première réponse à sa propre voix. La vie est la Conscience qui attend l'appel auquel elle répond. Dans Iounou du Nord l'Héliopolis d'en haut), *Toum* en *Noun,* en se masturbant, se crée lui-même : en l'Action, qui ne serait pas action sans cela, est immanente la résistance.

Le Soleil n'est Soleil que par ses vassaux, les planètes, issues de son être et qui reflètent, en Lunes, son Verbe. Réalité immuable cachée en l'illusion des apparences. Si nous regardons celui qui frappe à la porte sans qu'il entre et qu'il sorte, si nous regardons l'objet et non sa fonction, nous sommes trompés et perdus. Ceci est le sens secret de la porte : le renversement de la « lumière », de la tête en le cœur, de la forme en la fonction, de l'apparence par les sens en la réaction qui est Vie.

Par les fonctions qui font l'Homme il y a confondement avec l'Univers qui est l'Homme.

Le Sanctuaire sublime les Nombres en Principes qui pénètrent toute chose comme une fumée d'encens.

Au-dessus de tous les Principes règnent, dans leurs sanctuaires, les Trois. L'un est celui de l'odeur qui coagule, il donne à tout de la fixité, du métal au sang. Il oriente, il attache. Il est le sel de la Connaissance, mais il peut être le support du Mal. C'est lui qui dit en Adam : je n'ai pas trouvé ce qui est chair de ma chair. En lui réside le désir de l'*invariant* qui hante le savoir. Il est l'Archange qui, à la porte d'Orient, garde par le glaive de Feu le Paradis perdu.

L'autre, celui de Midi, est l'humeur qui sublime. Il sépare et conjoint, porte d'entrée et de sortie. Il rend volatil le plus fixe et saisit le plus subtil, il est l'Esprit mouvant qui est mû. Il est l'âme de la féminité, le lait de la vache céleste, *Mout,* puis *Hathor,* indifférent au Bon comme au Mauvais ; *l'esprit argentin,* depuis le métal jusqu'aux humeurs blanches et aux ovaires, *Amon* lunaire cristallin et *Amon-Râ* spermatique, le secret d'*Amon* caché.

Le troisième Principe est de la couleur de l'Occident, visible mais intangible, il est le siège de l'Intellect, la force de *Min* et la paternité qui fait mourir et renaître. Il fait mouvoir et n'est pas mû, lumière de la Conscience, venin du serpent, thériaque universelle. Il rend pubère l'enfant quand *Mout* par lui devient *Hathor*. Il est *Râ* en *Amon* quand, à l'heure de la mort du jour en la nuit, est conçue la glorieuse résurrection de minuit.

Chacun des Trois Principes — *Neterou* cosmiques — est pour soi ; mais ils sont une Unité dans le cycle jour et nuit de la genèse ; ils sont une Unité quand, au carrefour du pharynx cosmique, le verbe de l'ogdoade les a liés. Celui-ci forme l'espace dans le souffle des quatre, dont chacun est mâle et femelle : humide et froid, sec et froid, chaud et humide, sec et chaud.

C'est le Nombre Deux, principe de la multiplication.

La tête de l'Homme Cosmique est le lieu saint où règnent les *Neter* — les Principes — comme, en image, dans la tête humaine, règnent les formes de la Pensée.

Ici les besoins corporels et les désirs du cœur deviennent Volonté, impératif des *Neter*. Et la plus sainte des volontés est celle de nier l'illusoire pour la réalité cosmique des désirs du *Neter*.

VIII

L'ABSIDE EXTRA-MUROS

La séparation de la calotte crânienne qui appartient à l'homme au-delà du Temple.

Le sommet de l'humain... Saint Paul, le Ciel tombé face contre terre ; couronné d'épines : *Ecce Homo* ; casqué de fer, et qui se sera relevé, retourné face au Ciel, illuminé. Mais c'est ici également le temple de la fiction, le miroir réfléchissant gardant les mots faits à l'image du Verbe, en attendant que puisse s'y élever la couronne des réalités et de l'inspiration divine. Fontanelle de l'entrée de la vie et de sa sortie à la mort du corps.

Puisse cette Vie être captée en l'auréole de la couronne rouge en blanc, ou blanc en rouge ; *Aura* de l'Homme ; Conscience libérée de la prison des formes. C'est ici le lieu de la suprême sublimation, fin des formes passagères, où l'Esprit est corps après toutes ses tribulations. Mais n'est-il pas dit au sceptique : « Heureux celui qui aura cru sans toucher ? »

APPENDICE

NOTES CONCERNANT LES ILLUSTRATIONS

Figures 1 et 2 :

Les figures 1 et 2 font partie d'un seul grand tableau peint sur la paroi Nord de la tombe thébaine de *Neferhotep* (n° 49), scribe en chef d'*Amon* (fin de la XVIIIe dynastie). Cette tombe est décrite par Champollion (*Notices descriptives,* 1, p. 550).

La figure 1 représente deux bateaux civils voguant sur le Nil et prêts à s'engager dans le canal, bordé de fourrés de papyrus, de vignes et d'arbres, qui conduit au bassin et au quai donnant accès au grand temple d'*Amon* à Karnak. Devant le quai se trouvent les plans de deux sphinx.

Remarquer que le Nil, le canal, le bassin et le quai sont dessinés *en plan,* tandis que les sujets (végétaux, etc.) sont *en élévation* (cf. Deuxième Partie, chap. IV : « De la Pensée pharaonique »).

Les bateaux, endommagés sur l'original, sont ici restaurés d'après les éléments restants.

La figure 2 représente, de gauche à droite : le troisième pylône dont la porte est ouverte, avec ses mâts, « aimants du ciel », puis un obélisque ; le quatrième pylône précédé d'un grand porche revêtu d'or parfait, soutenu par deux colonnes ouvragées avec de l'électrum, dont les deux bases sont recouvertes avec de l'argent pur, « *pour qu'il soit doué de vie, comme Rê, éternellement* » (*Revue d'Egyptologie,* Tome 8, p. 112) ; vient ensuite le cinquième pylône, précédant un sanctuaire devant lequel un prêtre fait les purifications avec l'encens.

Cette représentation du temple de Karnak à la fin de la XVIIIe dynastie avec son quai, son bassin, ses jardins est unique.

La peinture étant sur la paroi Nord, la marche des personnages se fait suivant l'orientation réelle du temple de Karnak qui, effectivement, a le quai à l'ouest et les sanctuaires à l'est.

Les personnages sont de style amarnien.

Figure 3 :

Rituel de fondation : bas-reliefs des chapelles Nord de Thoutmès III du grand temple de Karnak.

Le rituel de fondation, dont l'origine remonte certainement à la première dynastie, comprend, avant les trois scènes représentées ici, la cérémonie de « *tendre le cordeau* », pendant laquelle le roi et *Sechat,* maîtresse des livres divins, déterminent l'orientation précise du temple et la date exacte de sa fondation.

Dans la troisième scène de cette figuration, l'ensemble du temple est figuré par un petit naos vu *de face* et son enceinte par une sorte d'ovale figuré *en plan.*

Figures 4, 5 et 6 :

Le Temple de l'Homme, III, p. 117.

L'étude systématique des joints de pierre traversant les bas-reliefs du temple de Louqsor a permis de classer les joints horizontaux en trois catégories :

a) *Joints de correspondance,* qui mettent en rapport physiologique les parties du corps humain projeté sur le temple.

b) *Joints de situation,* qui indiquent dans chaque personnage la correspondance entre telle partie du corps et telle partie du temple (figurant le corps humain).

c) *Joints conducteurs,* qui guident la lecture de certaines formules rituelles, éclairant ainsi leur intention, dont les figures 4, 5, 6 données ici sont un exemple.

Figure 7 :

Bas-relief de la salle d'Osiris, Temple de *Sethi* I, XIXe dynastie, Abydos.

(Pour le sens du sceptre *ouas,* voir *Le Roi de la Théocratie pharaonique,* pp. 179 *sqq.* et *Le Temple de l'Homme,* III, p. 372.)

Figure 8 :

Jonc et abeille : « *Roi du Sud et du Nord.* »

Figure 9 :

Bas-relief du temple de *Sethi* I, Abydos, sculpté sur une des colonnes de la salle hypostyle (deuxième colonne Nord de la travée conduisant à la chapelle de *Ptah*).

Quatre tableaux entourent le fût des colonnes. Sur celle-ci, le roi se dirigeant de l'est vers le sud présente deux vases de lait à *Sekhmet,* puis offre *Matâ* à *Ptah.*

A l'opposé, le roi se dirigeant de l'est vers le nord fait l'encensement à *Nefertoum,* puis à *Ptah.*

Figure 10 :

Bas-relief situé sur la paroi Nord de la « chapelle » de la tombe de *Ti,* Ve dynastie, Saqqarah.

Cette scène est située à proximité de l'équipe de haleurs tirant sur la corde qui ferme le filet disposé au-dessus d'un étang pour capturer les oiseaux.

Figure 11 :

Bas-relief de la paroi Ouest du corridor de la tombe de *Ptah-Hotep,* Ve-VIe dynasties, Saqqarah.

Le dépiquage du grain se faisait sur une aire circulaire, sur laquelle les animaux tournaient comme le ferait l'aiguille d'une montre sur son cadran. Maintenir les bœufs en ligne était une opération délicate qui nécessitait deux gardiens : l'un au centre pour freiner l'allure et l'autre à l'extérieur pour guider la marche.

Figure 12 :

a) Hiéroglyphe *sa,* relief en calcaire du reposoir de *Sésostris,* XIIe dynastie, Karnak.

b) Collier *ousekh* de *Tout-Ankh-Amon,* d'après H. Carter, *The Tomb of Tout-Ankh-Amon,* vol. II, Pl. LXXXI.

c) Tête de faucon, relief en calcaire du reposoir de *Sésotris,* XIIe dynastie, Karnak.

d) Signe du cœur, relief en calcaire, tombe de *Ramose,* XVIIIe dynastie.

Le faucon porte le symbole du cœur sur sa nuque, région du ganglion stellaire qui commande le réflexe oculo-cardiaque.

Figure 13 :

Bas-relief sculpté sur la paroi Ouest de la chambre A_8 de la tombe de *Mer-r-ou-Ka,* VIe dynastie, Saqqarah.

Figures 14 et 15 :

Peinture, paroi Nord de la tombe de *Khety,* XIIe dynastie (Béni-Hassan II, 13).

Cette scène complète est le seul cas connu actuellement, où l'on trouve inscrite au-dessus des « chanteurs » la vocalisation (h.h.h.h. et i.i.i.i.), accompagnée de claquements de mains et de danses. Cette indication est précieuse, car elle oriente sur la nature de ces chants rituels qui se rapprochent du « zicr » encore en usage actuellement en Egypte.

Figure 16 :

Sarcophage d'albâtre de *Sethi* I, XIXe dynastie. Tableau final du « Livre des Portes » décrivant le voyage nocturne de *Râ.*

Après avoir franchi la dernière porte gardée par un serpent, c'est-à-dire la dernière heure de la nuit, *Râ* surgit du *Nou.* La renaissance journalière du Soleil est prise comme symbole du mystère de la création. (Cf. *Le Roi de la Théocratie pharaonique,* p. 231.)

Figure 17 :

Karyokinèse - Fécondation. Lorsque l'ovule femelle est mûr, c'est-à-dire qu'il a éliminé la moitié du nombre normal de ses chromosomes, et qu'il a perdu son centrosome, il est prêt à être fécondé par le spermatozoïde mûr qui, lui aussi, a éliminé la moitié de ses chromosomes.

La fécondation comprend les phases essentielles suivantes :

a) L'ovule est entouré par de nombreux spermatozoïdes ; l'un d'eux a traversé l'enveloppe gélatineuse et atteint la surface du protoplasme qui se soulève vers lui et dans lequel il pénètre brusquement.

b) Après la pénétration du spermatozoïde qui se gonfle, l'ovule se contracte et s'entoure d'une membrane, ne permettant plus à aucun autre spermatozoïde de pénétrer. L'espace restant entre l'ovule et l'enveloppe se remplit d'un liquide clair.

c) Le spermocentre, qui est devenu centrosome de l'œuf, se divise.

d) Les deux centrosomes se séparent et forment deux pôles. Le pronucleus mâle s'avance vers le pronucleus femelle et les deux entrent en contact : c'est la fécondation, instant insaisissable.

e) Première division suivant *immédiatement* la fécondation : la membrane du noyau a disparu, les chromosomes se dirigent vers les deux pôles, chaque groupe comprenant moitié mâle, moitié femelle.

f) La cellule s'étrangle et va se diviser pour donner deux nouvelles cellules qui se diviseront à leur tour.

(Pour clarifier ce schéma, les chromosomes, admis à quatre pour l'*Ascaris,* ont été chaque fois dessinés, les mâles en noir et les femelles en gris.)

Figure 18 :

Symbole des Quatre éléments, tiré de *Viatorium Spagyrimum,* de H. Jamsthaer, in « *La Science, ses progrès, ses applications* », I, p. 78, Larousse.

Figure 19 :

Position des signes du zodiaque dans le corps humain, *Martyrologium der Heiligen,* Strasbourg, 1484. (Cf. *Le Temple de l'Homme,* III, p. 200 et II pl. 51 *a.*)

Figure 20 :

Croix reliquaire en or de style byzantin de la cathédrale de Cosenza, XIIe siècle. Cette croix en or ouvragé est décorée en émail cloisonné.

Figure 21 :

Tombe d'*Amen-Hotep-Si-Se,* Thèbes (XVIIIe dynastie). Peinture de la paroi Nord.

Figure 22 :

Schéma du Triangle sacré.

Figure 23 :

Peinture du mur Nord de la tombe d'*Amen-Hotep-Si-Se,* Thèbes (XVIIIe dynastie).

Figure 24 :

Bas-relief peint sur la paroi Sud du couloir d'accès de la tombe de *Ramsès* IX (XXe dynastie), Thèbes. A droite : le roi offre *Maât* à *Maât* debout sur le même socle que *Ptah* figuré ici sous l'un des aspects d'*Osiris*. A gauche : le roi sous forme d'*Osiris* momifié et ithyphallique, un bras levé au-dessus de la tête, est couché en plan incliné dans la montagne et forme l'hypoténuse d'un triangle dont le serpent ondulé représente le côté et la base. Devant le roi momifié au-dessus des cartouches au nom de *Ramsès* IX, le scarabée *Khepri* roule sa boule solaire avec ses pattes arrière hors de la montagne. Cette scène est rare ; on n'en connaît que deux autres exemples sur deux papyrus.

Le texte accompagnant l'*Osiris* est ainsi traduit : « *Osiris, celui qui se réveille en santé, celui qui est à la tête de l'Occident, grand* Neter, *résidant dans la* Douat, *cette terre sacrée, c'est la butte de* Khepri » (*c'est-à-dire la butte des transformations*).

Ce tableau donne par ses mesures *le mètre* et *la coudée royale :* 0,5236 m qui représente l'*arc* de 60° sous-tendu par la corde égale au rayon mesurant 0,5 m.

Cf. *Le Temple de l'Homme,* III, pp. 244 à 251 pour toute autre explication.

Figure 25 :

Sur les deux schémas, l'homme est plus petit que cinq et que $\varnothing^2$, car il ne s'agit ici que de l'évocation de la fonction. En réalité, la hauteur de l'homme est égale à quatre coudées et non à cinq. Sur le schéma de droite, la construction géométrique figure la fonction :

$$\sqrt{5} + 3 = 5{,}236 \quad \text{et} \quad \frac{\sqrt{5} + 3}{2} = 2{,}618 = \varnothing^2$$

Figure 26 :

Façade du troisième pylône du grand temple d'*Amon* de Karnak. Dessin exécuté d'après les bas-reliefs des parois Est et Ouest de la grande colonnade du temple de Louqsor.

Figure 27 :

Schéma de la fonction géométrique de la porte du troisième pylône de Karnak.

Figure 28 :

Partie centrale exécutée d'après un croquis de l'auteur. Signes du zodiaque d'après *Les très riches heures du duc de Berry.* Les noms des saints et leurs symboles relatifs aux douze signes d'après Andreas CELLARIUS, *Harmonia Macrocosmica,* Amsterdam, 1660, p. 162.

On peut encore signaler les rapports suivants : Adam = Saturne ; Moses = Jupiter ; Josua = Mars ; Christus = Soleil ; Johannes = Vénus ; Elias = Mercure ; Beata Maria = Lune ; et pour les constellations : *Orion,* anciennement *Osiris,* est devenu *saint Joseph* et *Sirius,* l'étoile d'*Isis,* est devenu le *roi David.*

Figure 29 :

Frontispice de *Gloria Mundi,* in « *La Science, ses progrès, ses applications* », I, p. 78, Larousse (partie centrale seulement).

Sur cette figure, chaque planète est accompagnée d'un des signes du zodiaque : Vénus et le Taureau, le Soleil et le Lion, la Lune et le Cancer (l'écrevisse), Jupiter et le Sagittaire, Mars et le Bélier ; Saturne devrait avoir le Capricorne ou le Verseau et Mercure la Vierge ou les Gémeaux.

Figure 30 :

En haut à gauche, verticalement : *spectre normal,* dans lequel la variation des longueurs d'ondes est proportionnelle aux distances entre les radiations. Sur la planchette, horizontalement, le *spectre prismatique* : les longueurs d'ondes sont « tassées » dans le rouge et « étalées » dans le violet. La relation entre ces deux spectres est donnée par la courbe de I à H.

Les tubes musicaux sont établis d'après les proportions données par les tables de TSAI-YU (hauteur, diamètre intérieur, diamètre extérieur). Cf. Louis LALOY, *La Musique chinoise*, pp. 51 *sqq*.

La position des tubes n'est pas arbitraire, mais, suivant sa hauteur, chacun vient se ranger le long de la courbe.

En résumé : les lignes horizontales (de I à H) du spectre normal et les tubes musicaux sont entre eux comme les abscisses et les ordonnées de la courbe.

Figure 31 :

A gauche : le roi, précédé de *Ihi, Neter* de l'Harmonie, fait l'offrande du collier pectoral à *Hathor,* assise sur le trône. *Hathor,* « Dame de *Dendérah* et de la *Ménat* », tient dans sa main gauche le sistre, instrument de musique, et, de la main droite, présente le collier « *ménat* », symbole de l'harmonie musicale.

Le *sistre* et la *ménat* sont les attributs des musiciennes, et ce sont des Divinités musiciennes qui, dans un conte célèbre, président à l'accouchement des rois. Or, sur cette représentation unique, *Hathor,* « *Maison de Hor* », est elle-même le collier *ménat,* dont le contrepoids constitue son corps. Elle soutient sur son bras droit l'enfant *Horus* qu'elle a gesté et auquel elle donne la Vie. Ce « collier animé *ménat* », en or et ouvragé de pierres précieuses, est posé sur un socle qui a pour hauteur *une coudée et une palme* (32 doigts) et pour largeur *une coudée et deux palmes* (36 doigts), soit de proportion 8 à 9 : le ton musical.

Ainsi, *Hathor* est le « symbole-synthèse » de la gestation d'*Horus* et de l'harmonie, le ton musical : « *genharmonie* ».

Figure 32 :

Cf. *Le Temple de l'Homme,* I, p. 178.

Figures 33 et 34 :

Schémas d'après Kepler, *op. cit.*

Figure 35 :

Orbite de Saturne circonscrite au cube. Orbite de Jupiter inscrite dans le cube et circonscrite au tétraèdre. Au centre, l'orbite de Mars inscrite dans le tétraèdre et circonscrite au dodécaèdre.

Figure 36 :

Projections orthogonales : l'orbite de Mars circonscrite au dodécaèdre ; l'orbite de la terre inscrite dans le dodécaèdre et circonscrite à l'icosaèdre ; l'orbite de Vénus inscrite dans le précédent et circonscrite à l'octaèdre ; l'orbite de Mercure inscrite dans ce dernier.

Le cuivre attribué à Vénus, dont l'orbite est circonscrite à l'octaèdre, se rencontre dans la nature à l'état natif, sous forme de petits octaèdres réguliers. Le plomb est attribué à Saturne, dont l'orbite est circonscrite au cube ; or, le sulfure de plomb se trouve dans la nature en très beaux cristaux cubiques ; c'est le plus commun et le plus intéressant des minéraux de plomb.

On n'a jamais rencontré jusqu'à présent aucun exemple de cristallographie (règne minéral) obéissant à la fonction pentagonale.

Figure 37 :

Détail de la paroi Sud de la tombe de *Oukh-Hotep,* nomarque de Cusae (XIIe dynastie).

Pour l'étude de cette tombe, cf. *Le Temple de l'Homme,* III, pp. 207-232.

Figure 38 :

Sarcophage de *Tout-Ankh-Amon,* vallée des rois à Thèbes.

Figure 39 :

Détail de bas-relief du Mastaba de *Akht-Hotep* (V[e] dynastie), Saqqarah.

Devant la harpe, le chanteur applique sa main gauche contre le maxillaire inférieur et l'oreille, « comme le font encore aujourd'hui les chanteurs de « zicr » pour faire vibrer certaines lettres répondant à l'effet magique de l'*Aum* hindou ».

Pour l'analyse d'une scène analogue à Cusae, cf. *Le Temple de l'Homme,* III, p. 218.

Les positions des mains des deux chanteurs font partie d'une véritable « écriture » ou notation musicale désignée sous le nom de « chironomie », qui correspond à une sorte de graphique de la mélodie ; autrement dit, la direction d'un ensemble musical par les mouvements de la main, en usage dans toute l'Antiquité grecque et au Moyen Age, est une méthode qui a pris naissance en Egypte.

Cf. Dr Hickmann, « Observations sur les survivances de la chironomie égyptienne dans le chant liturgique copte », in *Annales du Service des Antiquités de l'Egypte,* tome XLIX.

Figure 40 :

Bas-relief d'Abydos, temple de *Sethi* I, XIXe dynastie.

Figure 41 :

Min ithyphallique, bas-relief d'Abydos, temple de *Sethi* I, XIXe dynastie.

Figures 42 et 43 :

Bas-relief représenté dans les chapelles Nord de *Thoutmès* III du grand temple de Karnak.

Cet ensemble — la fête de l'hippopotame blanc et l'érection du mât de *Min* — est absolument unique. Il n'existe qu'un seul autre exemple de la fête de l'hippopotame blanc : le relief d'Apriès, de Memphis. (Cf. T. Säve-Söderbergh, « *On Egyptian Representations of Hippopotamus Hunting as a Religious Motive* », in *Horae Sœderblomianae,* Uppsala, 1953.)

L'hippopotame mâle, généralement peint en rouge, et un animal Sethien, maléfique, contre lequel *Horus* lutte sans relâche. L'hippopotame femelle blanc représenté ici est le symbole de la matrice gestante.

A propos des deux hippopotames, nous attirons l'attention sur cette phrase : « Gester n'est que : faire et défaire, créer et détruire, affirmer et nier, contracter et dilater. » (Cf. *Le Mystère de tous les jours.*)

L'érection du mât de *Min* est fréquemment représentée, et toujours en présence du *Min* ithyphallique, principe de la fécondation ; la représentation des quatre groupes de personnages se trouve également dans le temple funéraire de *Pépi* II (VIe dynastie), Saqqarah.

Dans la petite chapelle de *Sésotris,* à Karnak, on voit deux scènes relatives à l'érection du mât. Dans la première, le roi couronné de blanc renverse les vases rouges et offre une oie à la tête coupée (fixation du volatil) ; dans la deuxième, le mât qui, pour une raison inconnue, a pour nom *Ka,* est hissé. La figure 43 pourrait s'interpréter par : « Apprends à connaître ce qui fait monter le lourd... »

(Cf. P. Lacau et H. Chevrier, *Une chapelle de Sésostris I*[er] *à Karnak,* I, pp. 114-118.)

TABLE DES MATIÈRES

PREMIÈRE PARTIE

DEUXIÈME PARTIE

Achevé d'imprimer en septembre 2004
sur les presses de l'imprimerie Maury Eurolivres
45300 Manchecourt

N° d'éditeur : FH103109.
Dépôt légal : 1er trimestre 1978.
N° d'impression : 04/09/109505.

Imprimé en France